BAOGUAN SHIXUN
报关实训

主　审 ◎ 张援越
主　编 ◎ 刘庆珠
副主编 ◎ 张淑欣
参　编 ◎ 陈　鑫　王桂英　王　燕

首都经济贸易大学出版社
·北京·

前言
PREFACE

中国是目前世界上重要的贸易大国,对外贸易的繁荣对中国经济的发展起着不可低估的作用。在对外贸易中,报关是其中重要的一环。报关作为一种职业越来越受到人们的关注,报关员资格全国统一考试的报考也逐年升温。然而,报关又是一种操作性、专业性很强的工作,仅仅通过考试获得一纸证书还难以完全胜任这项工作。本书编写的目的,就是针对这种欠缺,设计多种形式的练习,用来弥补证书学习和专业学习中的不足,突出报关工作的实践性。

对实训教材的编写,重要的一点是不要做成习题集,要尽量将书本上的定义、规范、程序等内容分解到实际工作的场景中,这样才有现实意义,也才能让学生明白报关工作的重要性。

本书的编写,融合了作者多年的外贸工作和数年报关教学的经验,在编写体例上基本遵循报关员资格考试大纲的要求,在内容上比较全面地涵盖了报关工作各方面的专业知识,同时考虑到实际工作的需要,在专业知识的实训之后安排了报关职业实操训练,从而有效解决了校内学习与实际工作存在差距的问题。本书的使用可以安排在系统学习报关专业基础理论课程的过程中,也可以作为毕业前或者上岗前的综合训练教材。鉴于此,本书的内容不单纯局限在对专业知识的理解上,更强调对专业知识的实际运用。通过各种形式的实训练习、案例分析,使学生的视野更加开阔,思维更加活跃,可以用更加开放的视角来认识报关工作。

对于实训的方式和方法,我们仍然在不断探索之中,本书努力遵循教高 16 号文件的精神,积极探索商科院校真正意义上的工学结合,将有关知识化解到真实的项目中,不仅让学生会干,还要学会思考,为将来提供不断提高的空间。

本书在编写过程中参考了历年报关员资格考试中的试题,在此深表感谢!希望广大读者使用本书后,多提宝贵意见。对于书中难免的错漏之处,敬请读者批评指正。作者的联系邮箱是:graceliu227@yahoo.com.cn。

编者
2009 年 7 月

目 录
CONTENTS

第1部分 报关专业基础训练

第一章 报关在进出口业务中的位置 …… 3

进出境货物报关是进出口业务中的一个重要环节,其工作质量的好坏与工作效率的高低直接影响着进出口货物的通关效率和相关企业的经济效益,因此,要做好报关工作首先要熟悉进出口业务流程,了解常见的商业票据;同时,要注意培养较强的服务意识和风险意识,因为在贸易流程中任何一个环节的疏漏都有可能给企业带来难以弥补的经济损失和信誉损失。

导言 …… 3
知识点汇编 …… 3
知识点测试 …… 13
实训项目 …… 17

第二章 报关基础知识 …… 23

报关工作是进出口业务链条中一个承前启后的环节,同时也是一个专业性非常强的工作环节。要做好报关工作,扎实的基本功必不可少。在开始报关工作之前,对报关工作中涉及的基本概念必须了然于胸,并通过实际工作不断提高对这些概念的理解和认识。

导言 …… 23
知识点汇编 …… 23
知识点测试 …… 28
实训项目 …… 38

第三章 报关与对外贸易管制 …… 52

对外贸易管制不仅范围大,而且其时效性、政策性、强制性的特点决定了其内容总是常有常新,所以在从事报关工作时要时刻关注这方面的情况,保持高度的职业敏感度。虽然贸易管制的内容纷繁复杂,但是作为报关的一部分内容来学习,重点是掌握其在报关环节中的实现手段和方式。

  导言 ······ 52
  知识点汇编 ······ 53
  知识点测试 ······ 54
  实训项目 ······ 59

第四章 海关监管货物及其报关程序 ······ 72

这部分内容不仅是报关实务中的重点,而且也是重要的报关职业技能之一,学习的重点是掌握海关监管货物,而报关程序,只要理解了一般进出口货物的报关程序,其他的报关程序也就迎刃而解了。海关监管货物千差万别,各具特色,正是这些特色决定了与之相对应的报关程序和海关监管重点。

  导言 ······ 72
  知识点汇编 ······ 72
  知识点测试 ······ 81
  实训项目 ······ 98

第五章 进出口商品归类 ······ 137

本章的训练从基本功开始,另外将实际工作中出现的与商品归类相关的问题作为案例进行讨论分析,从不同的方式和角度使学生理解,在报关实践中出现商品归类不正确的情况很常见,因此掌握正确的处理方式和途径尤为重要。

  导言 ······ 137
  知识点汇编 ······ 137
  知识点测试 ······ 139
  实训项目 ······ 145

第六章 进出口税费 ······ 152

进出口货物完税价格的确定、税率的适用、税费的计算及原产地申报是应该掌握的基本技能,而为了更好地服务于企业,对于税费的外延和内涵也要进一步掌握,实际工作中常见的优惠原产地证书的申报工作也是需要重点理解和反复演练的。

  导言 ······ 152
  知识点汇编 ······ 153

知识点测试 …………………………………………………………… 159
实训项目 ……………………………………………………………… 169

第七章　报关单填制 ……………………………………………………… 178
　　本章采用的实训方式，有别于传统的教材编排方式，改变了按照报关单栏目顺序讲解练习的传统模式，而更加注重报关单栏目之间的内在逻辑关联性，转而按照逻辑模块训练，使训练效率和效果大大提高。
导言 ……………………………………………………………………… 178
知识点汇编 ……………………………………………………………… 179
实训项目 ………………………………………………………………… 186

第2部分　报关实操训练

第八章　准咨询员 ………………………………………………………… 201
　　在这一章里，学生将作为海关的咨询员，对企业和有关人员提出的问题给予答复，这些问题已经完全将教材的顺序打乱，将知识点分解，是考察学生对有关内容掌握的深度、灵活度的一种很好的训练。
导言 ……………………………………………………………………… 201
实训项目 ………………………………………………………………… 201

第九章　报关职业实操训练 ……………………………………………… 205
　　本章以不同的海关监管货物类型为训练模块，这些模块的选择以实际工作中报关业务量为支撑，真正再现了实际报关现场常见的海关监管货物，同时在每个模块中又以真实、全面的业务背景为训练情境，与报关实景极为接近，每个情境中所设计的问题重点在于引导学生学会条例清楚地思考，遇事既讲求原则又灵活处理，从而逐渐形成良好的工作习惯。
导言 ……………………………………………………………………… 205
实训项目 ………………………………………………………………… 205

参考答案 …………………………………………………………………… 244
主要参考书目 ……………………………………………………………… 305
主要参考网络资源 ………………………………………………………… 305

第1部分　报关专业基础训练

◇ 第一章　报关在进出口业务中的位置

◇ 第二章　报关基础知识

◇ 第三章　报关与对外贸易管制

◇ 第四章　海关监管货物及其报关程序

◇ 第五章　进出口商品归类

◇ 第六章　进出口税费

◇ 第七章　报关单填制

第一章

报关在进出口业务中的位置

导言

《中华人民共和国海关法》规定:"进出境运输工具、货物、物品,必须通过设立海关的地点进境或者出境。"本书所称的报关,主要是指进出境货物的报关,而不包括进出境运输工具和物品的报关内容。

进出境货物报关是进出口业务中的一个重要环节,其工作质量的好坏与工作效率的高低直接影响着进出口货物的通关效率和相关企业的经济效益,因此,要做好报关工作首先要熟悉进出口业务流程,熟练掌握常见商业票据,同时,要注意培养较强的服务意识和风险意识,因为在贸易流程中任何一个环节的脱钩都有可能导致难以弥补的经济损失和信誉损失。

本章作为报关实训的第一章,就是要强调报关在进出口业务中的位置,使相关学习者能够树立正确的全局观念,从而为学好和干好报关工作打下基础。在进行本章实训之前,应该具备基本的进出口实务和缮制进出口单据的知识。

知识点汇编

国际贸易,或称对外贸易、进出口贸易,是指一国或地区同别国或地区进行商品或服务交换的活动。广义的国际贸易包括货物贸易和服务贸易,狭义的国际贸易仅限于货物贸易。

进出口业务就其基本业务程序而言,可概括为以下三个阶段:准备阶段、磋商和订立合同阶段、履行合同阶段。

一、出口贸易的基本业务程序

(一)出口交易前的准备

出口交易前的准备工作,主要包括下列事项:

1. 落实货源和做好备货;

2. 加强对国外市场与客户的调查研究,选择适销的目标市场和资信好的客户;

3. 制订出口商品经营方案或价格方案;

4. 开展多种形式的广告宣传和促销活动。

(二)出口交易磋商和合同订立

在做好上述准备工作之后,即可通过函电联系或当面洽谈等方式,就出口交易的具体内容同国外客户磋商交易。当一方的发盘被另一方接受后,交易即告达成,合同就此订立。

(三)出口合同的履行

出口合同订立后,买卖双方就应该根据合同规定,各自履行自己的义务。主要包括下列各环节的工作:

1. 认真备货,根据合同规定,按时、按质、按量准备好货物;

2. 落实信用证,做好催证、审证、改证等工作;

3. 及时租船订舱,安排运输保险,并办理出口报关手续;

4. 缮制、备妥有关单据,及时向银行交单结汇、收取货款。

二、进口贸易的基本业务程序

(一)进口交易前的准备

进口交易前的准备工作,主要包括下列事项:

1. 拟订进口商品经营方案或价格方案;

2. 在对国外市场和外商资信情况调查研究的基础上,经过货比三家,选择适当的采购市场和供货对象。

(二)进口交易磋商和合同订立

进口交易磋商和合同订立的做法与出口贸易基本相同,但特别应做好比价工作,以便在与外商谈判中争取对自己最有利的条件。

(三)进口合同的履行

履行进口合同一般包括以下事项:

1. 按合同规定向银行申请开立信用证;

2. 及时派船到对方口岸接运货物,并催促卖方备货装船;

3. 办理货运保险;

4. 审核有关单据,在单证相符时付款赎单;

5. 办理进口报关手续,并验收货物。

三、货物描述

(一)品质条款

品质条款是国际货物买卖合同中的主要条款之一,根据《联合国国际货物销售合同公约》,卖方交货必须符合约定的质量,如果卖方交货不符合约定的品质条件,买方有权要求损害赔偿,在一定条件下要求修理、减价或者交付替代货物,直至拒收货物或者解除合同。

在国际贸易中,表示品质的方法分为两大类:文字说明表示和样品表示。

1. 用文字说明表示。用文字说明表示商品的质量又称为"凭文字说明买卖",其主要方式是使用规格来确定质量,如成分、含量、纯度、大小等;也可以通过规定商品的等级或标准来确定。

2. 用样品表示。实物样品是从一批商品中抽出来或者由生产部门设计、加工出来的,并且能够反映和代表整批商品品质的少量实物。在以样品表示商品品质作为交货的质量依据时,该样品称为"标准样品"。买卖双方为了发展贸易而寄送样品供对方参考的,叫做"参考样品",不能作为交货的质量依据。

根据样品提供者的不同,样品可分为卖方样品、买方样品和对等样品。在向买方送交标准样品时,卖方应当留存一份或者数份同样的样品,即"复样",备日后交货或者处理争议时核对之用。

卖方认为按买方来样供货没有切实把握的话,可以根据买方来样加工出一个类似的样品交给买方确认,这种样品称为"对等样品",或称"回样"、"确认样品"。

另外,在国际贸易中,还有质量机动幅度和品质公差的概念。

质量机动幅度条款是指为了避免质量条款的规定过于严格造成卖方交货困难,在合同中确定对特定质量指标在一定幅度内可以机动。

品质公差是在工业品生产过程中,对产品的质量指标产生一定的误差有时难以避免,如对手表可以允许其有一定的走时误差,交货质量在此范围内即可认为与合同相符。

卖方交货质量在机动幅度或品质公差的范围内,一般按照合同单价计价,但也可以在合同中规定按照质量不同增减价格的条款。

(二) 数量条款

国际贸易中通常采用的数量计算方法有:按重量计算、按容积计算、按个数计算、按长度计算、按面积计算、按体积计算。

其中,重量是一种最为常见的货物数量计量方法,合同中重量的不同计量方法有:毛重、净重、公量、理论重量和净净重量。

在国际货物买卖中,交易双方通常要在合同中规定数量机动幅度条款,又称为"溢短装条款",即指在规定具体数量的同时,再在合同中规定允许多装或者少装一定的百分比。

在采用溢短装条款时,具体伸缩量的掌握可以由卖方决定,也可以由买方决定,也有由承运人决定的情况。

(三)包装条款

按照合同规定的包装要求提交货物也是卖方的主要义务之一。包装条款一般包括包装的方式和包装的标志两个方面。

根据货物种类和特点的不同,包装的方式也不尽相同。通常有箱、袋、包、桶、集装箱、托盘等。此外,对于可以自行成件的商品,只需加以捆扎即可的,为裸装。对于大宗的液态或者成粉、粒、块状的商品,可直接装入运输工具内运送的,为散装。在运输中为保护货物不被损坏或散失而采用的运输包装又称为大包装或者外包装。销售包装又称小包装、内包装,其主要作用是美化商品,便于商家销售和消费者购买。

(四)包装标志

包装标志是为了方便货物的识别、运输、仓储、检验和交接,防止错发、错运和错提货物,而在商品的外包装上标明或刷写的标志,按其作用的不同,可分为运输标志、指示性标志和警告性标志。

定牌是指买方要求在出口商品和包装上使用买方指定的商标或者牌号。

中性包装是指在出口商品和内外包装上不注明生产国别的包装,主要是为了适应国外市场的特殊需要或者为了打破某些进口国家的关税和非关税壁垒。中性包装又分为定牌中性包装和无牌中性包装。

四、价格与贸易术语

(一)三种主要贸易术语

在我国的对外贸易中,经常使用的主要贸易术语为 FOB、CFR 和 CIF 三种。近年来,随着集装箱运输和国际多式联运的发展,采用 FCA、CPT 和 CIP 贸易术语的情况也日渐增多。

1. FOB(Free On Board … named port of shipment),即装运港船上交货(……指定装运港)。此术语是指卖方在约定的装运港将货物交到买方指定的船上。按照《2000年国际贸易术语解释通则》规定,此术语只适用于海运和内河航运。如合同当事人不采用越过船舷交货,则采用 FCA 术语更为适宜。

按 FOB 条件成交时,卖方要负责支付货物装上船之前的一切费用。但各国对于"装船"的概念没有统一的解释,有关装船的各项费用由谁负担,各国的惯例或习惯做法也不完全一致。为了说明装船费用的负担问题,双方往往在 FOB 术语后加列附加条件,这就形成了 FOB 的变形。主要包括以下几种:

(1) FOB Liner Terms(FOB 班轮条件)。这一变形是指装船费用按照班轮的做法处理,即由船方或买方承担。所以,采用这一变形,卖方不负担装船的有关费用。

(2) FOB Under Tackle(FOB 吊钩下交货)。这是指卖方负担费用将货物交到买方指定船只的吊钩所及之处,而吊装入舱以及其他各项费用,概由买方负担。

(3) FOB Stowed(FOB 理舱费在内)。这是指卖方负责将货物装入船舱并承担包括理舱费在内的装船费用。理舱费是指货物入舱后进行安置和整理的费用。

(4) FOB Trimmed(FOB 平舱费在内)。这是指卖方负责将货物装入船舱并承担包括平舱费在内的装船费用。平舱费是指对装入船舱的散装货物进行平整所需的费用。

在许多标准合同中,为表明由卖方承担包括理舱费和平舱费在内的各项装船费用,常采用 FOBST(FOB Stowed and Trimmed)方式。

FOB 的上述变形,只是为了表明装船费用由谁负担而产生的,并不改变 FOB 的交货地点以及风险划分的界限。《2000 年国际贸易术语解释通则》指出,对这些术语后的添加词句不提供任何指导规定,建议买卖双方应在合同中加以明确。

2. CFR(Cost and Freight ... named port of destination),即成本加运费(……指定目的港),指卖方负责租船订舱,支付运费,在合同规定的装运期限内在装运港将货物交付至运往指定目的港的船上,负担货物越过船舷以前的一切费用和货物灭失或损坏的风险。

3. CIF(Cost Insurance and Freight ... named port of destination),即成本加保险费、运费(……指定目的港),指卖方负责租船或订舱,支付从装运港至目的港的运费,办理货运保险,支付保险费,在合同规定的装运期限内在装运港将货物交付至运往指定目的港的船上,负担货物越过船舷以前的一切费用和货物灭失或损坏的风险。

CIF 的变形有:

(1) CIF Liner Terms(CIF 班轮条件),卸货费由支付运费的一方,即卖方负担。

(2) CIF Ex Ship's Hold(CIF 舱底交货),买方负担将货物从舱底起吊卸到码头的费用。

(3) CIF Landed(CIF 卸到岸上),卖方负担将货物卸到目的港岸上的费用,包括驳船费和码头费。

(4) CIF Ex Tackle(吊钩交货),卖方负责将货物从船舱底部吊起卸到船边一直到卸离吊钩为止的费用。

上面 CIF 的变形也同样适用于 CFR 术语。

(二) 佣金与折扣

佣金一般是指代理人或经纪人、中间商等因介绍交易或代买代卖所获得的报酬。折扣则是指在商品交易中给予对方的价格优惠。

佣金又有明佣和暗佣之分:

明佣,是指在买卖合同、信用证或发票等相关单证上公开表明的金额。在单证中,通常表示在贸易术语后面,如"CIF C5% HONGKONG"。这个"C"就是 COMMISSION,即佣金。

暗佣的金额则是对真正买主保密,由卖方(出口商)暗中支付给中间商的费用,它的数额一般不在发票等相关单据上显示。等到卖方收妥货款之后,另行支付给中间商。

折扣则是指卖方在一定条件下给予买方的价格减让,用 D(DISCOUNT)表示。

(三)三种主要贸易术语之间的换算

FOB\CIF\CFR 三种贸易术语之间的换算公式:

1. FOB 价换算为 CFR 价或 CIF 价。

$$CFR = FOB + F(运费)$$

$$CIF = [FOB + F(运费)] \div [1 - 保险费率 \times (1 + 投保加成率)]$$

2. CIF 价换算为 FOB 价或 CFR 价。

$$FOB = CIF \times [1 - 保险费率 \times (1 + 投保加成率)] - F(运费)$$

$$CFR = CIF \times [1 - 保险费率 \times (1 + 投保加成率)]$$

3. CFR 价换算为 FOB 价或 CIF 价。

$$FOB = CFR - F(运费)$$

$$CIF = CFR \div [1 - 保险费率 \times (1 + 投保加成率)]$$

五、运输条款

(一)海洋运输

海洋运输分为班轮运输和租船运输两种。

1. 班轮运输。班轮运输的特点是:四固定和一负责。四固定即固定航线、固定停靠港口、固定船期和固定运费率,一负责即货物由班轮公司负责配载和装卸。

班轮运费由两大部分构成,即班轮基本运费和附加运费。根据不同商品,班轮运费计收标准通常有:

(1)按货物的毛重计收,称为重量吨,重量吨的实际计量单位为公吨,运价表内用"W"表示。

(2)按货物的体积或者容积计收,称为尺码吨,尺码吨的实际计量单位为立方米,运价表内用"M"表示。

以上这两种计算运费的重量吨和尺码吨统称为运费吨。

(3)按毛重或体积从高计收,即由船公司选择其中收费较高的一种作为计费标准,运价表内用"W/M"表示。

附加运费是按规定除基本运费外加收的费用,主要有超重附加费、超长附加费、直航附加费、转船附加费、港口附加费等。

2. 租船运输。租船运输是指租船人向船东租赁船舶用于货物的运输。租船运输业务中,船期、航线、运价、港口等均不固定,双方的权利义务和责任豁免按租船合同的规定执行。租船运输主要有定程租船和定期租船两种。

(1)定程租船,又称航次租船,是指由船舶出租人负责提供船舶或船舶的部分舱位,在指定港口之间进行一个航次或数个航次、承运指定货物的租船运输。船方必须按租船合同规定的航程完成货物运输任务,并负责船舶的运营管理及其在航行中的各项费用开支。定程租船方式中,合同应明确船方是否负担货物在港口的装卸费用。如果船方不负担装卸,则应在合同中规定装卸期限或装卸率,以及与之相应的滞期费和速遣费。如租方未能在限期内完成装卸作业,为了补偿船方由此而造成延迟开航的损失,应向船方支付一定的罚金,即滞期费。如租方提前完成装卸作业则由船方向租方支付一定的奖金,称为速遣费。通常速遣费为滞期费的一半。

(2)定期租船,是按一定时间租用船舶进行运输的方式,船方应在合同规定的租赁期内提供适航的船舶,并负担为保持适航的有关费用。租船人在此期间可在规定航区内自行调度支配船舶,但应负责燃料费、港口费和装卸费等运营过程中的各项开支。

3. 海运提单。海运提单的种类,按是否有批注分为清洁提单与不清洁提单;按是否已装船分为已装船提单和收讫备运提单;按运输方式分为直达提单和联运提单;按提单的抬头分为记名提单、不记名提单和提示提单;按航运的经营方式不同分为租船契约提单和班轮提单;按运费支付方法不同分为运费预付提单和运费倒付提单;按提单的格式和条款是否全面分为全式提单和简式提单。

(二)航空运输

航空运输方式主要有班机运输、包机运输、集中托运和航空快递业务。

在航空运输中,航空公司或者航空货运代理公司作为承运人签发航空运单作为其接收货物的依据以及与托运人之间运输合同的证明。货到目的地后,收货人凭承运人发出的到货通知书提货。航空运单依签发人不同可分为主运单和分运单。主运单是航空公司签发的,分运单是航空货运代理公司签发的,两者在内容上基本相同,法律效力上也无不同。

航空运费一般按照 W/M 方式计算,即取货物实际重量(千克)与体积重量(6 000立方厘米折合1千克)中高者计算。

(三)集装箱运输

集装箱的装箱方式有两种,整箱货(FCL)和拼箱货(LCL)。整箱货一般由发货人在工厂或者仓库进行装箱,并直接运交集装箱堆场等待装运,货到目的地后,收货人可以直接到目的地集装箱堆场接货,这种交接方式称为"堆场到堆场 CY－CY"。拼箱货指货量不足一个整箱,需要由承运人在集装箱货运站负责将不同发货人的货物拼装在一个集装箱内,货到目的地后,承运人在目的地集装箱货运站拆箱将货物分拨,收货人就此提货,这种交接方式称为"货运站到货运站 CFS－CFS"。另外,集装箱运输也可以实现"门到门 DOOR－DOOR"方式。

(四)国际多式联运

国际多式联运是指按照多式联运合同,以至少两种不同的运输方式,由多式联运经营人将货物从一国境内接管货物的地点运至另一国境内指定地点交付的货物运输。根

据该定义,结合国际上的实际做法,构成国际多式联运必须具备以下特征:

1. 具有一份多式联运合同。该运输合同是多式联运经营人与托运人之间权利、义务、责任与豁免的合同关系和运输性质的确定,也是区别多式联运与一般货物运输方式的主要依据。

2. 使用一份全程多式联运单证。该单证应满足不同运输方式的需要,并按单一运费率计收全程运费。

3. 至少两种不同运输方式的连续运输。

4. 必须是国际货物运输。这一点不仅是与国内货物运输的区别点,而且主要涉及国际运输法规的适用问题。

5. 必须由一个多式联运经营人对货物运输的全程负责。该多式联运经营人不仅是订立多式联运合同的当事人,也是多式联运单证的签发人。

六、保险条款

(一)基本险

我国海洋运输货物保险的基本险分平安险、水渍险和一切险三种。

1. 平安险,其含义是"单独海损不负责任"。

2. 水渍险。水渍险的责任范围,除包括上述平安险的各项责任外,还包括被保险货物由于恶劣气候、雷电、海啸、地震、洪水等自然灾害所造成的部分损失。

3. 一切险。一切险的责任范围,除包括上述平安险和水渍险的各项责任外,还负责被保险货物在运输途中由于外来原因所致的全部或部分损失。

基本险责任起讫,采用国际保险业惯用的"仓至仓条款",即保险责任自被保险货物运离保险单所载明的起运地仓库或储存处所开始运输时生效,包括正常运输过程中的海上、陆上、内河和驳船运输在内,直到该项货物到达保险单所载明目的地收货人的最后仓库或储存处所,或被保险人用作分配、分派或非正常运输的其他储存处为止。

(二)附加险

附加险是基本险的扩大和补充,因此,不能单独投保,只能在投保了某项基本险的基础上加保。加保的附加险可以是一种或几种,由被保险人根据需要选择确定。由于附加险所承保的是外来原因所致的损失,而外来原因又有一般外来原因与特殊外来原因之分,所以附加险有一般附加险与特殊附加险两类。

一般附加险主要包括的险种有偷窃、提货不着险,淡水雨淋险,短量险,混杂、玷污险,渗漏险,碰损、破碎险,串味险,受潮受热险,钩损险,锈损险,包装破裂险。

特殊附加险包括的险种有交货不到险,进口关税险,舱面险,拒收险,战争险,黄曲霉素险,罢工险。

七、支付条款

(一)汇付

汇付方式可分为信汇、电汇和票汇三种。

信汇(Mail Transfer,简称 M/T),它是汇出行应汇款人的申请,将信汇委托书寄给汇入行,授权解付一定金额给收款人的一种汇款方式。信汇方式的优点是费用较为低廉,但收款人收到汇款的时间较迟。

电汇(Telegraphic Transfer,简称 T/T),是汇出行应汇款人的申请,拍发加押电报或电传给在另一国家的分行或代理行(即汇入行),指示解付一定金额给收款人的一种汇款方式。电汇方式的优点是收款人可迅速收到汇款,但费用较高。

票汇(Remittance by Banker's Demand Draft,简称 D/D),是汇出行应汇款人的申请,代汇款人开立以其分行或代理行为解付行的银行即期汇票(Banker's Demand Draft),支付一定金额给收款人的一种汇款方式。

汇付在国际贸易中多用于预付货款、货到付款。

(二)托收

托收是出口人委托银行向进口人收款的一种方法,由接到委托指示的银行处理金融单据和商业单据以便取得承兑或付款,或者凭承兑或付款交出商业单据,或者凭其他条件交出单据。

托收的种类分为光票托收和跟单托收。光票托收是指金融单据不附带商业单据的托收。跟单托收是指金融单据附带商业单据或不用金融单据的商业单据的托收。跟单托收按照交付货运单据条件的不同分为付款交单(D/P)和承兑交单(D/A)。付款交单又分为即期付款交单(D/P AT SIGHT)和远期付款交单(D/P AFTER SIGHT)。

在托收业务中,银行虽然处理金融单据和商业单据,但它完全是根据出口人的指示来处理,银行能否收到货款,依赖买方的信用。所以,托收与汇付一样也属于商业信用。

(三)信用证

信用证是国际货物买卖中最重要的一种结算方式,分为光票信用证和跟单信用证两大类,在进出口业务中一般都使用跟单信用证。

跟单信用证的业务流程大体要经过申请开证、开证、通知、议付、索偿、偿付、赎单等环节。

信用证的特点是:首先,开证行负首要付款责任;其次,信用证是一种自足文件;最后,信用证是一种纯单据业务。

信用证是一种银行对出口人的有条件的付款承诺,对出口人来说,其取得了银行信用,只要做到与信用证规定相符,"单单一致、单证一致",银行就可以保证支付货款;对进口人来讲,他也可以通过信用证的单据要求,在一定程度上确保出口人按时、按量交付货物。

八、国际贸易方式

(一)经销

经销是指出口企业与国外经销商达成书面协议,在约定的经销期限和地区范围,利用经销商就地推销某种商品的一种方式。当事人之间是一种买卖关系。

(二)代理

代理是以委托人为一方,独立的代理人为另一方,在约定的时间和地区内,以委托人的名义与资金从事业务活动。按照委托人授权的大小可分为总代理、独家代理和一般代理。

独家经销(在我国习惯称为包销)与独家代理,二者均能在一定程度上起到扩大销售渠道、减少自相竞争的作用。二者的主要区别为:

1. 性质不同:代理人与委托人之间是委托代理关系;包销商与出口人之间是买卖关系。

2. 风险不同:独家代理不承担经营风险;包销人自担风险,自负盈亏。

3. 目的不同:独家代理人赚取的是佣金,而包销商赚取的是商业利润。

4. 专营权不同:独家代理人在特定地区和期限内,享受代销指定商品的专营权;包销商拥有包销的专营权,包括专买权和专卖权。

(三)招标和投标

招标和投标是一种贸易方式的两个方面。招标是指招标人(买方)发出招标通知,说明拟采购的商品名称、规格、数量及其他条件,邀请投标人(卖方)在规定的时间、地点按照一定的程序进行投标的行为。投标是指投标人(卖方)应招标人的邀请,按照招标的要求和条件,在规定的时间内向招标人递价,争取中标的行为。

(四)拍卖

拍卖是由专营拍卖业务的拍卖行接受货主的委托,在一定时间和地点,按照一定的章程和规则,以公开叫价竞购的方法,最后由拍卖人把货物卖给出价最高的买主的一种现货交易方式。

(五)寄售

寄售指寄售人(卖方或者是货主)先将准备销售的货物运往国外寄售地,委托当地代销人按照寄售协议中的条件和办法代为销售的方式。

(六)加工贸易

加工贸易是指经营企业进口全部或者部分原辅材料、零部件、元器件、包装物料,经加工或者装配后,将制成品复出口的经营活动。目前我国常用的加工贸易主要有:进料加工和对外加工装配(来料加工)业务两种。

(七)对销贸易

对销贸易是以货物或劳务、工业产权和专有技术等无形财产的进口和出口相结合并互为条件的贸易方式。其基本形式可以归纳为：易货贸易、互购贸易、补偿贸易。

1. 易货贸易，是买卖双方之间进行的货物或劳务等值或基本等值的直接交换，不涉及现金收付。

2. 互购(对购)贸易，指一方向另一方出口商品和劳务的同时，承担以所得款项的一部分或全部向对方购买一定数量或金额商品或劳务的义务。

3. 补偿贸易，指交易的一方在对方提供信贷的基础上，进口设备或技术，而用向对方返销进口设备及或技术所生产的直接产品、相关产品、其他产品或劳务所得的价款分期偿还进口价款的一种贸易做法。

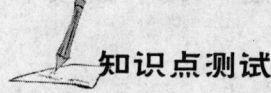

知识点测试

以下题目是近年报关员资格考试中有关进出口实务的题目，重点突出、题目典型，大家可以测试一下自己对这部分知识的掌握程度如何。为方便起见，以后所有报关员资格考试的题目均简称为"真题"。

价格与贸易术语

1. CIF 贸易术语有多种变形，其意义主要在于(　　)。(2007年真题单选第24题)
   A. 明确装货费由谁负担
   B. 明确风险划分的界限
   C. 明确运费由谁承担
   D. 明确卸货费由谁负担

2. 按照《2000年国际贸易术语解释通则》，下列贸易术语中适用于多种运输方式的是(　　)。(2007年真题多选第24题)
   A. FCA　　　　　B. FAS　　　　　C. DAF　　　　　D. CPT

3. 下列选项在对外贸易交易中被称为"折扣"的是(　　)。(2006年真题单选第21题)
   A. Allowance　　B. Insurance　　C. Commission　　D. Freight

4. 《2000年国际贸易术语解释通则》将全部贸易术语分为四组，其中，属于"到达术语"的一组是(　　)。(2006年真题单选第22题)
   A. E　　　　　　B. F　　　　　　C. C　　　　　　D. D

5. 我国出口货物使用的下列贸易术语中，哪一个是错误的？(　　)(2005年真题单选第22题)

A. FCA SHANGHAI　　B. FOB LONDON　　C. CIF TOKYO　　D. CFR BUSAN

6. 根据《2000年国际贸易术语解释通则》,下列贸易术语中仅适用于水运运输方式的是( )。(2005年真题多选第22题)

　　A. CFR　　　　B. CIF　　　　C. CPT　　　　D. CIP

7. 我某公司对外报某商品每桶 USD60 CIF 汉堡(保险费率为1%,保险加成率10%),外商要求改报 CFRC3 汉堡,则计算的公式为:CFRC3 = 60(1 - 1.1 × 1%)/(1 - 3%)。_____(2005年真题判断第21题)

8. 根据《INCOTERMS2000》,下列贸易术语中适用于各种运输方式的是( )。(2004年真题单选第17题)

　　A. FOB　　　　B. CFR　　　　C. CIF　　　　D. CPT

9. 我某公司对外报某商品每箱 USD200 FOB 上海,外商要求改报 CIFC3 西雅图,则计算时应使用下列哪个公式(设每箱运费5美元,保险加成率10%,保险费率1%)?( )(2004年真题单选第18题)

　　A. CIFC3 = 200/(1 - 1.1 × 1% - 3%)
　　B. CIFC3 = 205/(1 - 1.1 × 1% - 3%)
　　C. CIFC3 = 205/(1 - 1.1 × 1%)
　　D. CIFC3 = 200/(1 - 1.1 × 1%)

支付方式

1. 根据《跟单信用证统一惯例》(UCP500),处于第一付款人地位的是( )。(2007年真题单选第25题)

　　A. 进口方　　　B. 开证行　　　C. 通知行　　　D. 议付行

2. 按照《跟单信用证统一惯例》有关规定,在国际贸易合同中货物的数量前如使用"大约"、"接近"等约量词时,交货数量变动幅度应不超过10%。_____(2007年真题判断第25题)

3. 下列选项中,属于汇付方式的有( )。(2006年真题多选第21题)

　　A. D/P　　　　B. M/T　　　　C. T/T　　　　D. D/D

4. 在信用证支付方式下,银行根据买方的申请,以买方的名义向卖方开出保证付款的信用证,只要卖方提交符合信用证要求的单据,银行就保证付款。_____(2006年真题判断第20题)

5. 报关单填制中,"CIF"、"CFR"、"FOB"等成交方式是中国海关规定的《成交方式代码表》中所指定的成交方式,与《2000年国际贸易术语解释通则》中的贸易术语的内涵一致。_____(2006年真题判断第21题)

6. 下列哪种单证属于商业类单证?( )(2005年真题单选第20题)

　　A. 银行汇票　　B. 支票　　　C. 本票　　　D. 发票

7. 下列付款方式中不属于汇付的是（　　）。(2004年真题单选第19题)
   A. M/T　　　　　　B. T/T　　　　　　C. D/D　　　　　　D. D/P

8. CIF Liner Terms 的含义是 CIF 班轮条件,买方不负担卸货费用。_____(2004年真题判断第15题)

9. 下列有关货款支付方式的表述,错误的是（　　）。(2008年单选第24题)
   A. 汇付方式多用于预付货款、货到付款
   B. 在托收业务中,作为结算工具的票据和单据的传输与资金的流动呈相反方向,故属逆汇
   C. 按《UCP600》有关条文规定,在信用证业务中,只要受益人提交符合信用证条款的单据,开证行就应承担付款责任
   D. 按《UCP600》有关条文规定,如果未作明示,信用证是可以撤销的

运　输

1. 在国际货物运输中,根据不同商品,班轮运费计收方式通常有（　　）。(2007年真题多选题第25题)
   A. 按货物的毛重计收　　　　B. 按货物的体积/容积计收
   C. 按商品价格计收　　　　　D. 由货主和船公司议定

2. 海运单的内容和海运提单基本相同,因此海运单的"收货人"一栏也可做成可转让形式的抬头,如"凭指示"等。_____(2007年真题判断第23题)

3. 在集装箱货物运输交接中,拼货箱的交接方式是 CFS–CFS。_____(2007年真题判断第24题)

4. 在国际贸易实务的有关单证中,英语"VIA"后面跟的名词表示中转地,而"IN TRANSIT TO"后面跟的名词则表示目的地。_____(2006年真题判断第22题)

5. 国际多式联运的基本条件有6项,其中包括（　　）。(2005年真题多选第23题)
   A. 必须具有一份多式联运合同
   B. 必须使用一份全程多式联运单据
   C. 必须由一个多式联运经营人对货物运输的全程负责
   D. 必须是全程单一运费费率

6. 在记名提单、不记名提单和指示提单中,使用最为广泛的是指示提单（　　）。(2005年真题判断第20题)

7. 由于使用海上货运单提货方便、费用节省、便于防止假单据欺诈,所以海运单的使用范围正逐渐扩大。_____(2005年真题判断第22题)

8. 下列英语缩写中与集装箱运输有关的是（　　）。(2004年真题多选第18题)
   A. FCL　　　　　　B. LCL　　　　　　C. CY　　　　　　D. CFS

9. 指示提单经过背书可转让,又具有一定保护性,故在国际贸易中广为使用。

_____(2004年真题判断第16题)

10. 在定程租船合同中,FIO的意思是( )。(2008年单选第25题)

    A. 船方管装不管卸,租金中包括装货费不包括卸货费

    B. 船方管卸不管装,租金中包括卸货费不包括装货费

    C. 船方不负责装卸,租金中不包括装卸费

    D. 船方不负责装卸,也不负责理舱和平舱,租金中不包括有关费用

11. 航空运单分为总运单和分运单,前者是航空公司签发的,后者是航空货运代理公司签发的,两者具有相同的法律效力。_____(2008年真题判断第23题)

12. 在国际多式联运中,货物运输使用一份全程多式联运单据,并按单一运费率计收全程运费。该单据不可转让。_____(2008年真题判断第24题)

商　品

1. 下列关于商品重量的表述错误的是( )。(2006年真题单选第20题)

    A. 毛重是商品本身的重量加其包装材料的重量

    B. 皮重是指商品内外包装材料的重量

    C. 净重是指商品本身的实际重量

    D. 公量是指用科学方法除去商品中的水分后再加上标准水分所得出的重量

2. 下列表述中,哪一项最符合法定重量的含义?( )(2005年真题单选第21题)

    A. 纯商品的重量加上直接接触商品的内包装材料的重量

    B. 商品本身的重量加上包装的重量

    C. 商品本身的重量

    D. 件重量乘以件数得出的总重量

3. 在国际贸易中,根据货物种类的不同,对包装方式的要求也不尽相同。对于大宗颗粒或液态商品,如粮食、水泥、石油等,可直接装入运输工具内运送,称为裸装。_____(2005年真题判断第19题)

4. 中性包装是指在商品和外包装上均不使用任何商标和牌号,也不注明生产国别。_____(2004年真题判断第17题)

5. 下列关于货物包装的表述正确的是( )。(2008年真题多选第25题)

    A. 运输包装又称大包装或外包装,其主要作用在于保护货物在运输中不被损坏或散失,并方便货物的搬运和储存

    B. 采用定牌是为了利用买方或者其品牌的声誉,提高商品销路

    C. 无牌中性是指在商品和包装上均不使用任何商标、牌号,也不注明国别

    D. 运输标志的作用是提示有关人员在装卸、搬运和储存货物时应注意的事项

保　险

1. 下列选项中属基本险别的是( )。(2004年真题多选第20题)

A. 海运险　　　　B. 陆运险　　　　C. 航空险　　　　D. 邮包险
2. 一般附加险包括(　　)等险别。(2008年真题多选第24题)
A. 淡水雨淋险　　B. 短量险　　　　C. 舱面险　　　　D. 钩损险

单据与贸易流程

1. 装箱单是用以说明货物包装细节的清单,又称为(　　)。(2005年真题多选第21题)
A. 包装单　　　　B. 花色码单　　　C. 下货纸　　　　D. 关单
2. 根据《联合国国际货物销售合同公约》,如果卖方交货数量多于约定数量,买方(　　)。(2004年真题多选第17题)
A. 可以收取多交货物的全部
B. 可以收取多交货物的一部分
C. 可以拒绝收取多交货物的全部
D. 可以拒绝收取全部货物
3. 装货单的作用是(　　)。(2004年真题多选第19题)
A. 承运人确认承运货物的证明
B. 海关对出口货物进行监管的单证
C. 承运人通知船长收货装运的命令
D. 说明货物包装细节的清单
4. 出口合同如果采用CIF术语和信用证付款方式,其履行程序通常是备货、落实信用证、安排装运、办理保险、报验、报关、制单结汇、交单议付等。_____(2004年真题判断第18题)
5. 形式发票是在贸易合同订立前开立的,主要用于进口方向当局申请批汇或进口许可证,不能用于托收和议付。_____(2008年真题判断第25题)

实训项目

1. 根据给出的材料设计业务流程。

【项目设计】

第一步,准备材料。这些材料可以是一份进口或者出口合同,也可以是一套完整的报关单据,或者是由学生自拟的一份合同,其中的各项交易条件完全由学生自由发挥编制。

第二步,设计流程。在确定了材料的前提下,由学生根据材料的内容拟定完整的进口或者出口业务流程。流程的设计一定要和材料紧密联系,避免将流程设计成"放之四海而皆准"的标准流程。

第三步,指导总结。由教师根据材料选取的优劣、流程设计的清晰与否,以及材料与流程的结合程度进行评价。

本项目涉及的知识结构:

出口业务流程图(见图1-1)、进口业务流程图(见图1-2)。

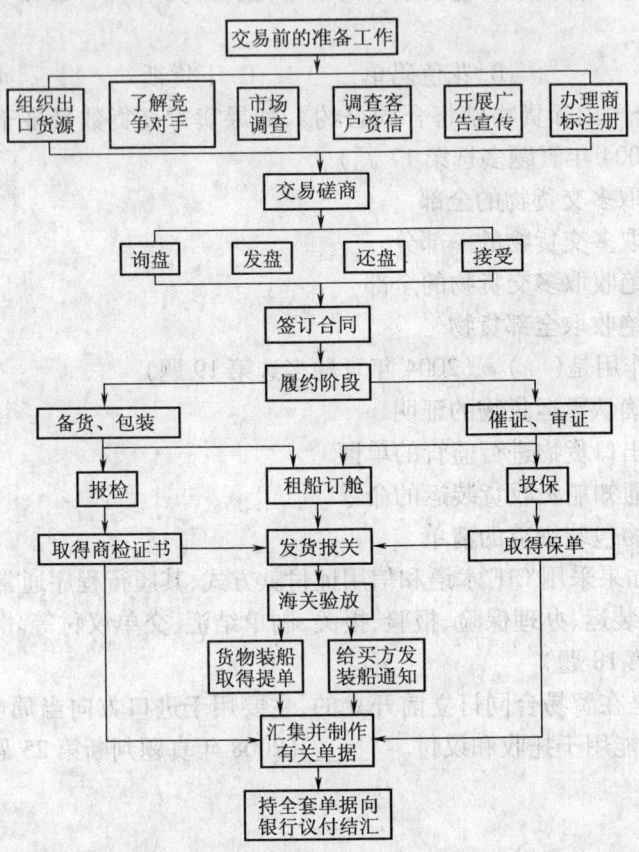

图1-1 出口业务流程图

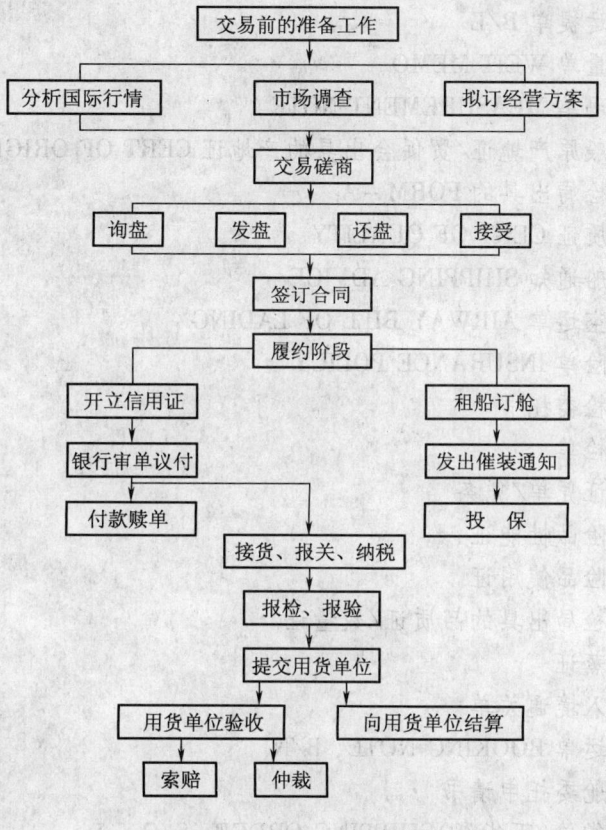

图1-2 进口业务流程图

2. 根据给出的材料回答有关单据问题。

【项目设计】

了解进出口业务中应该熟练掌握的商业票据和相关单据,尽量收集在实际业务中用过的单据,由教师根据单据提出问题,学生回答,从而考量学生对单据的认识和理解程度。

本项目涉及的知识结构:

进出口业务中应该熟练掌握的商业票据和相关单据

结汇环节:信用证 L/C

合同 S/C, SALES CONFIRMATION, PURCHASE ORDER, CONTRACT, INDENT

发票 INVOICE

形式发票 PROFORMA INVOICE

装箱单 PACKING LIST
海运提单 B/L
重量单 WEIT MEMO
尺码单 MEASUREMENT NOTE
一般原产地证/贸促会出具的产地证 CERT OF ORIGIN
商检局出具的 FORM – A
品质证 CERT OF QUALITY
装船通知 SHIPPING ADVICE
航空运单 AIRWAY BILL OF LADING
保险单 INSURANCE POLICY

商检环节：报检委托书
报检单
换证凭单/凭条
危险品性能证
危险品使用证
商检局出具的品质证/数量证
熏蒸证
出入境通关单

货代环节：托运单 BOOKING NOTE, B/N
订舱委托申请书
装货单（下货纸）SHIPPING ORDER, S/O
收货单（大副收据）MATE'S RECEIPT
载货清单（舱单）MANIFEST
提货单（小提单）DELIVERY ORDER, D/O
集装箱发放/设备交接单 EIR
集装箱装箱单 CLP
租船合同 FIXTURE NOTE

报关环节：报关单
核销单
中华人民共和国进口许可证
中华人民共和国出口许可证
配额证明
中华人民共和国自动进口许可证
加工贸易手册

3. 案例分析。

【项目设计】

收集实践中由于报关工作上的问题造成对进出口业务不利影响的真实案例进行深入分析。在学生讨论和教师的总结分析中，一方面重温有关知识点，另一方面需要教师对有关职业素质进行透彻的剖析。

曾经有这样一个真实的案例。某省计划从天津新港出口一批机器，共计21台。由于机器过大，将其拆解分装在26个箱子里。货主自拟报关单后交由报关行报关，其中件数申报为26，然而订舱委托、调箱单、提单确认等一系列重要单据中均标示为21。货物顺利装船出口后，此票货物办理到核销、退税环节时，由于提交的报关单与提单件数不符，海关拒绝签发出口退税证明联，并惊动缉私局调查此票货物的合法性。货主马上与货代公司、报关行联系，并向海关说明，而后根据海关条例规定缴纳改单费改单，加之确实没有走私行为迹象，才使退税顺利完成。

4. 模拟演练。

【项目设计】

根据实训项目1中设计的业务流程，将学生分组，一组一个流程，联合演练全部业务流程。不同组之间可以适当给其他组设置"障碍"。

本项目涉及的知识结构：

本实训项目要求学生对报关业务中经常用到的进出口实务要熟练掌握。作为从事国际贸易的一种必备知识，进出口实务的内容十分广泛，如果仅作为报关工作所需，对进出口实务的掌握可以做相应的取舍，着重在知识点的普遍了解，更深层次的研究可以不必涉及。

有关进出口实务的内容，看似繁杂，实则有规律可循，其规律就是以合同条款为主线，将主要交易条件一一归纳整理，最终形成能够约束交易双方的法律文件——合同。因此，每一份进出口合同都浓缩着进出口业务的内涵，对合同内容的深入理解就意味着抓住了整个交易的核心。

按照这样的思路，可以将报关中必须熟知的进出口实务结构归纳如下：

货物描述 $\begin{cases} 品质表示方法 \\ 数量表示方法 \\ 包装表示方法 \end{cases}$

价格与贸易术语 $\begin{cases} 货物的价格表示方法 \\ 常用的六种主要贸易术语 \\ 佣金与折扣 \\ 主要价格术语之间的换算 \end{cases}$

运输条款 {
　海运 { 班轮运输 / 租船运输 / 海运提单的类型
　空运 { 空运单 / 航空运费
　集装箱运输 { 集装箱交接方式 / 海运集装箱的运作流程
　多式联运
}

保险条款 {
　中国人保的三种基本险别
　中国人保的附加险别
　保险金额和保险费
}

支付条款 {
　汇付：电汇、信汇、票汇
　托收：D/P、D/A
　信用证
}

贸易方式 {
　经销
　代理
　招标、投标
　拍卖
　寄售
　加工贸易
　对销贸易
}

第二章

报关基础知识

导 言

报关工作是进出口业务链条中一个承前启后的环节,同时也是一个专业性非常强的工作环节。因此,要做好报关工作,报关从业人员扎实的基本功必不可少。而基本功的磨炼是从掌握明确的基本概念开始的,在开始报关工作之前,这些基本概念必须了然于胸,并通过进一步的工作继续提高认识水平。

报关工作中的基本概念归纳起来就是一个问题的两个方面,一个是申报者——申报单位,另一个就是管理者——海关。作为初学者,不仅要明确自己属于哪一种申报单位,更重要的是明确不同申报单位所应承担的法律责任。同时,报关工作经常与海关接触,对海关的性质、基本任务、权力特点及行政体制等内容要深入了解。只有知己知彼才能行动正确,为自己和所服务的客户带来经济效益。

知识点汇编

一、报关的含义

报关是指进出口货物收发货人、进出境运输工具负责人、进出境物品的所有人或者他们的代理人向海关办理货物、物品或运输工具进出境手续及相关海关事务的过程。

按照报关的对象,分为运输工具报关、货物报关和物品报关。

按照报关的目的,分进境报关和出境报关。

按照报关的行为性质,分为自理报关和代理报关。自理报关是指进出口货物收发货人自行办理报关业务。根据我国海关目前的规定,进出口货物收发货人必须依法向海关注册登记后方能办理报关业务。代理报关是指进出口货物收发货人委托报关企业代理其办理报关业务的行为。代理报关按照法律行为责任承担者的不同,又分为直接代理报关和间接代理报关。直接代理报关是报关企业接受委托人的委托,以委托人的名义向海关办理报关业务的行为。间接代理报关是指报关企业接受委托人的委托,以报关企业自身的名义向海关办理报关业务的行为。目前,我国报关企业大都采用直接代理报关形式代理报关,间接代理报关只适用于经营快件业务的国际货物运输代理企业。

二、进出境物品的报关

进出境旅客行李物品必须通过设立海关的地点进境或出境,接受海关监管。进出境旅客必须将所带的行李物品填写《中华人民共和国海关进出境旅客行李物品申报单》,如实向海关申报,交海关查验。进出境旅客可以自行办理报关纳税手续,也可委托他人办理报关纳税手续。

海关验放进出境旅客行李物品,以自用合理数量为原则。自用是指进出境旅客本人自用、馈赠亲友而非为出售或出租。合理数量是指海关根据进出境旅客旅行目的和居留时间所规定的正常数量。

进出境旅客经由实施"红绿通道"验放制度的海关进出境,应按照海关公布的选择"红绿通道"的规定,旅客携带有需要向海关申报的物品应选择申报通道(红色通道),办理行李物品进境或出境手续。经海关验核签章的申报单证请妥善保管,以便回程时或者进境后凭以办理有关手续。携带无需向海关申报的物品的旅客可选择无申报通道(绿色通道),如果对自己携带的物品不清楚应否申报应该选择申报通道(红色通道)。

三、报关单位

报关单位是指依法在海关注册登记的进出口货物收发货人和报关企业。报关单位划分为两种类型,即进出口货物收发货人和报关企业。

进出口货物收发货人是指依法直接进口或者出口货物的中华人民共和国关境内的法人、其他组织或者个人。进出口货物收发货人依法向国务院对外贸易主管部门或者其委托的机构办理备案登记成为对外贸易经营者。对于一些未取得对外贸易经营者备案登记表但按照国家有关规定需要从事非贸易性进出口活动的单位,如境外企业、新闻机构、经贸机构、文化团体等依法在中国境内设立的常驻代表机构,少量货样进出境的单位,国家机关、学校、科研院所等组织机构,临时接受捐赠、礼品、国际援助的单位,国际船舶代理企业等,在进出口货物时,海关也视其为进出口货物收发货人。进出口货物收发货人经向海关注册登记后,只能为本单位进出口货物报关。

报关企业,是指按照规定经海关准予注册登记,接受进出口货物收发货人的委托,以进出口货物收发货人的名义或者以自己的名义,向海关办理代理报关业务,从事报关服务的境内企业法人。目前,我国从事报关服务的报关企业主要有两类:一类是经营国际货物运输代理、国际运输工具代理等业务,兼营进出口货物代理报关业务的国际货物运输代理公司;另一类是主营代理报关业务的报关公司或报关行。

报关活动相关人主要指的是经营海关监管货物仓储业务的企业、保税货物的加工企业、转关运输货物的境内承运人等。报关活动相关人在从事与报关相关的活动中,违反《中华人民共和国海关法》(以下简称《海关法》)和有关法律、行政法规的,要承担相应的行政、刑事法律责任。

作为报关活动相关人的从事加工贸易生产加工的企业有两类:一类是未向海关办理报关注册登记的企业,但因其从事保税料件的加工业务,故也须向海关办理保税加工的注册登记手续,接受海关监管;另一类是已向海关办理了报关注册登记的企业,但因其保税料件加工业务是受经营单位的委托而开展的,在这种情况下该企业应视为报关活动相关人,而不是报关单位。

四、报关企业注册登记制度

《海关法》规定:"进出口货物收发货人、报关企业办理报关手续,必须依法经海关注册登记,报关人员必须依法取得报关资格。未依法经海关注册登记的企业和未依法取得报关从业资格的人员,不得从事报关业务。"法律明确规定了对向海关办理进出口货物报关手续的进出口货物收发货人、报关企业实行注册登记管理制度。因此,依法向海关注册登记是法人、其他组织或者个人成为报关单位的法定要求。

对申请材料齐全、符合法定形式的收发货人,由注册地海关核发《中华人民共和国海关进出口货物收发货人报关注册登记证书》,收发货人凭以办理报关业务。《中华人民共和国海关进出口货物收发货人报关注册登记证书》有效期限为三年。

临时注册登记单位在向海关申报前应当向拟进出境口岸地或者海关监管业务集中地海关办理临时注册登记手续。办理时应当持本单位出具的委派证明或者授权证明及非贸易性活动证明材料。临时注册登记单位海关不予核发注册登记证书,仅出具临时报关单位注册登记证明。临时注册登记有效期最长为7日。法律、行政法规、海关规章另有规定的除外。

报关企业注册登记分两步进行,第一步是报关企业注册登记许可,第二步是报关企业注册登记手续。报关企业注册登记许可应当具备的条件包括:① 具备境内企业法人资格条件;② 企业注册资本不低于人民币150万元;③ 有健全的组织机构和财务管理制度;④ 报关员人数不少于5名;⑤ 投资者、报关业务负责人、报关员均无走私记录;⑥ 报关业务负责人具有5年以上从事对外贸易工作经验或者报关工作经验,无因走私违法行为被海关撤销注册登记许可的记录;⑦ 有符合从事报关服务所必需的固定经营场所和设施;⑧ 海关监管所需要的其他条件等。申请报关企业注册登记许可,应当提交下列文件材料:① 报关企业注册登记许可申请书;②《企业法人营业执照》副本或者《企业名称预先核准通知书》复印件;③ 企业章程;④ 出资证明文件复印件;⑤ 所聘报关从业人员的《报关员资格证》复印件;⑥ 从事报关服务业可行性研究报告;⑦ 报关业务负责人工作简历;⑧ 报关服务营业场所所有权证明、租赁证明;⑨ 其他与申请注册登记许可相关的材料。

报关企业申请分支机构注册登记许可应当符合下列条件：① 报关企业自取得海关核发的《中华人民共和国海关报关企业报关注册登记证书》之日起满二年；② 报关企业自申请之日起最近两年未因走私受过处罚。报关企业每申请一项跨关区分支机构注册登记许可，应当增加注册资本人民币50万元。报关企业跨关区设立的分支机构拟取得注册登记许可的，应当具备下列条件：① 符合境内企业法人分支机构设立条件；② 报关员人数不少于3名；③ 有符合从事报关服务所必需的固定经营场所和设施；④ 分支机构负责人应当具有5年以上从事对外贸易工作经验或者报关工作经验；⑤ 报关业务负责人、报关员无走私记录。另外，还要附上海关要求的申请文件材料。

五、海关的性质和任务

《海关法》规定："中华人民共和国海关是国家的进出关境监督管理机关。海关依照本法和其他有关法律、行政法规，监管进出境的运输工具、货物、行李物品、邮递物品和其他物品，征收关税和其他税、费，查缉走私，并编制海关统计和办理其他海关业务。"《海关法》中对海关的性质和任务做出了明确的规定，中国海关主要承担四项基本任务，一是海关监管（不是海关监督管理的简称），是指海关运用国家赋予的权力，通过一系列管理制度与管理程序，依法对进出境运输工具、货物、物品的进出境活动所实施的一种行政管理。二是代表国家征收关税和其他税、费。三是查缉走私，是指海关依照法律赋予的权力，在海关监管场所和海关附近的沿海沿边规定地区，为发现、制止、打击、综合治理走私活动而进行的一种调查和惩处活动。四是海关统计，是对进出口货物贸易进行统计调查、统计分析和统计监督，进行进出口监测预警，编制、管理和公布海关统计资料，提供统计服务。

六、海关的设关原则和领导体制

海关的设关原则是"国务院设立海关总署，统一管理全国海关。国家在对外开放的口岸和海关监管业务集中的地点设立海关。海关的隶属关系，不受行政区划的限制。海关依法独立行使职权，向海关总署负责"。对外开放的口岸是指由国务院批准，允许运输工具及所载人员、货物、物品直接出入国（关）境的港口、机场、车站以及允许运输工具、人员、货物、物品出入国（关）境的边境通道。海关监管业务集中的地点是指虽非国务院批准对外开放的口岸，但是海关某类或者某几类监管业务比较集中的地方，如转关运输监管、保税加工监管等。"海关的隶属关系，不受行政区划的限制"，表明了海关管理体制与一般性的行政管理体制的区域划分无必然联系，如果海关监督管理需要，国家可以在现有的行政区划之外考虑和安排海关的上下级关系和海关的相互关系。

中国海关实行垂直管理体制,在组织机构上分为三个层次:第一层次是海关总署;第二层次是广东分署,天津、上海2个特派员办事处,41个直属海关和2所海关学校;第三层次是各直属海关下辖的562个隶属海关机构。海关总署是中国海关的领导机关,是中华人民共和国国务院下属的正部级直属机构,统一管理全国海关。

七、海关的权力

《海关法》在规定了海关任务的同时,为了保证任务的完成,赋予海关许多具体权力。海关权力是指国家为保证海关依法履行职责,通过《海关法》和其他法律、行政法规赋予海关的对进出境运输工具、货物、物品的监督管理权能。海关权力属于公共行政职权,其行使受一定范围和条件的限制,并应当接受执法监督。

依照《海关法》的规定,海关可以行使下列权力:行政审批权、税费征收权、行政检查权、行政强制权、行政处罚权、佩带和使用武器权、连续追缉权、行政裁定权、行政奖励权。

行政审批权包括海关对进出口货物收发货人提出的转关运输申请的审核、对参加报关员资格全国统一考试报名资格的审核等。

税费征收权包括代表国家依法对进出口货物、物品征收关税及其他税费;根据法律、行政法规及有关规定,依法对特定的进出口货物、物品减征或免征关税;以及对经海关放行后的有关进出口货物、物品,发现少征或者漏征税款的,依法补征、追征税款的权力。

行政检查权是海关保证其行政管理职能得到履行的基本权力,主要包括检查权,查验权,施加封志权,查阅、复制权,查问权,查询权,稽查权。

行政强制权是《海关法》及相关法律、行政法规得以贯彻实施的重要保障。具体包括扣留权、滞报金、滞纳金征收权、提取货物变卖、先行变卖权、强制扣缴和变价抵缴关税权、税收保全、其他特殊行政强制权。

行政处罚权是指海关有权对尚未构成走私罪的违法当事人处以行政处罚,包括对走私货物、物品及违法所得处以没收,对有走私行为和违反海关监管规定行为的当事人处以罚款,对有违法情事的报关企业和报关员处以暂停或取消报关资格的处罚等。

佩带和使用武器权,这是指海关为履行职责,可以配备武器。海关工作人员佩带和使用武器的规定,由海关总署会同公安部制定,报国务院批准。

连续追缉权是指进出境运输工具或者个人违抗海关监管逃逸的,海关可以连续追至海关监管区和海关附近沿海沿边规定地区以外,将其带回处理。

行政裁定权,包括应对外贸易经营者的申请,对进出口商品的归类、进出口货物原产地的确定、禁止进出口措施和许可证件的适用等海关事务的行政裁定的权力。

行政奖励权包括对举报或者协助海关查获违反《海关法》的案件的有功单位和个人给予精神或者物质奖励的权力。

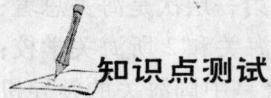

知识点测试

报关的含义

1. 按照法律规定,下列不列入报关范围的是( )。(2007年真题单选第1题)
   A. 进出境运输工具   B. 进出境货物
   C. 进出境物品   D. 进出境旅客

2. 下列关于进出口货物报关的表述,正确的是( )。(2005年真题多选第2题)
   A. 进出口货物报关是指进出口货物收发货人或其代理人向海关办理货物进出境手续及相关海关事务的过程
   B. 进出口货物报关只能在进出境地海关办理
   C. 进出口货物报关可以由进出口收发货人自行办理,也可以委托报关企业代为办理
   D. 进出口货物报关应由依法取得报关员从业资格,并在海关注册登记的报关员办理

3. 进境运输工具载有货物、物品的,运输工具负责人应当在规定时限向海关传输原始仓单主要数据,并在进境货物、物品运抵目的港以前向海关传输原始仓单其他数据。_____(2008年真题判断第3题)

报关单位及报关员

1. 下列关于进出口货物收发货人和报关企业报关行为规则的表述,错误的是( )。(2007年真题单选题第2题)
   A. 两者办理报关业务时,向海关递交的纸质进出口货物报关单必须加盖本单位在海关备案的报关专用章
   B. 两者均应对其所属报关员的报关行为承担相应的法律责任
   C. 两者均可以代理其他单位办理报关业务
   D. 两者均可在其注册登记地直属海关关区内各口岸或者海关业务集中的地点办理报关业务

2. 按照海关对报关员记分考核管理的有关规定,一次记10分的情形是( )。(2007年真题单选第3题)
   A. 在海关签印放行前,因报关单填制不规范,被海关退单的
   B. 未按规定在随附单证上加盖报关专用章的
   C. 电子数据报关单的有关项目填写不规范,海关退回责令更正的
   D. 出借本人报关员证件的

3. 下列关于报关企业及进出口货物收发货人报关范围的表述,正确的是( )。

(2006年真题单选第1题)

A. 两者均可在关境内各海关报关

B. 两者均只能在注册地海关辖区内各海关报关

C. 报关企业可以在关境内各海关报关;进出口货物收发人只能在注册地海关辖区内各海关报关

D. 报关企业只能在注册地海关辖区内各海关报关;进出口货物收发货人可以在关境内各海关报关

4. 下列关于报关企业和进出口货物收发货人报关行为规则的表述,正确的是(　　)。(2006年真题单选第2题)

A. 进出口货物收发货人在海关办理注册登记后,可以在中华人民共和国关境内各口岸或者海关监管业务集中的地点代理其他单位报关

B. 进出口货物收发货人依法取得注册登记许可后,可以在直属海关关区各口岸或者海关监管业务集中的地点办理本单位的报关业务

C. 报关企业如需要在注册登记许可区域以外从事报关服务的,应当按规定向注册地直属海关备案

D. 报关企业如需要在注册登记许可区域内从事报关服务的,应当依法在关区各口岸设立分支机构,并且在开展报关服务前,按规定向注册地直属海关备案

5. 海关人员审核电子数据报关单时,要求报关员向海关提交货物样品,海关告知后报关员拒不提供,导致海关退回报关单的,海关对该报关员一次记分的分值为(　　)。(2006年真题单选第3题)

A. 1分　　　　B. 2分　　　　C. 5分　　　　D. 10分

6. 在某项加工贸易活动中,不可视作报关活动相关人的是(　　)。(2006年真题单选第4题)

A. 具有报关权,受加工贸易经营企业的委托,开展保税加工业务的企业

B. 没有报关权,在海关办理了保税加工注册登记手续,受加工贸易经营企业的委托,开展保税加工业务的企业

C. 具有报关权,由其经营并自行开展保税加工业务的企业

D. 没有报关权,亦未在海关办理保税加工注册登记手续,受加工贸易经营企业的委托,开展保税加工业务的企业

7. 取得报关单位资格的法定要求是(　　)。(2005年真题单选第1题)

A. 是对外贸易经营者

B. 是境内法人或其他组织

C. 经海关注册登记

D. 有一定数量的报关员

8. 报关企业注册登记许可,应由下列哪个部门作出?（ ）(2005年真题单选第4题)

　　A. 海关总署　　　　B. 直属海关
　　C. 隶属海关　　　　D. 海关总署授权的直属海关或隶属海关

9. 报关企业报关注册登记证书和进出口货物收发货人报关注册登记证书的有效期（ ）。(2005年真题单选第5题)

　　A. 均为2年
　　B. 均为3年
　　C. 报关企业为3年,进出口货物收发货人为2年
　　D. 报关企业为2年,进出口货物收发货人为3年

10. 下列企业、单位中不属报关单位的是( )。(2004年真题单选第1题)

　　A. 经海关批准在海关临时注册登记的境内某大学
　　B. 在海关注册登记的经营进出境快件业务的某快递公司
　　C. 在海关注册登记的某外商投资企业
　　D. 在海关注册登记的经营转关运输货物境内运输业务的某承运人

11. 下列关于报关单位和报关员关系的理解错误的是( )。(2004年真题单选第5题)

　　A. 取得《报关员资格证书》的人员必须受聘于某个报关单位,且由其所在报关单位为其向海关办理注册登记后才能成为报关员
　　B. 报关单位的进出口报关事宜应由报关员代表本单位向海关办理
　　C. 报关员基于所在企业授权的报关行为,其法律责任应由报关员承担
　　D. 对脱离报关员工作岗位和被企业解聘的报关员,报关单位应及时收回其报关员证件,交海关办理注销手续,因未办理注销手续而发生的经济法律责任由报关单位负责

12. 长春市某进出口公司A,购买韩国产新闻纸一批。货物进口时由大连口岸转关至长春海关办理该批货物的报关纳税手续。承担该批货物境内转关运输的是大连某运输公司B。在运输途中,因汽车驾驶员王某吸烟,不慎引发火灾,致使该批新闻纸全部灭失。在这种情况下,关于该批货物的纳税义务,下列表述正确的是( )。(2003年真题单选第11题)

　　A. 新闻纸虽已灭失,但A公司是该批货物的收货人,故应由A公司承担纳税义务
　　B. 因火灾是由王某个人造成的,应由王某个人承担该批货物的纳税义务
　　C. 因货物的转关运输是由B公司负责的,且该批货物的灭失发生在运输途中,故应由B公司承担纳税义务

D. 因货物已灭失,不会对国内经济造成任何冲击,故该批货物无须缴纳任何税费

13. 进出口货物收发货人进口货物可采用的报关方式有( )。(2007年真题多选第1题)

    A. 自理报关
    B. 委托报关行以委托人的名义代理报关
    C. 委托已在海关办理报关注册的货代公司以委托人的名义代理报关
    D. 委托报关公司以报关公司的名义代理报关

14. 下列关于报关企业跨关区分支机构的表述,正确的是( )。(2007年真题多选第3题)

    A. 报关企业跨关区分支机构注册登记许可期限为3年
    B. 经海关批准后,报关企业跨关区分支机构可以延续注册登记许可
    C. 报关企业跨关区分支机构的报关员人数不少于5名
    D. 报关企业跨关区分支机构负责人应当具有5年以上报关工作或者外贸工作经验

15. 下列属于首次申请报关员注册所应具备的条件是( )。(2007年真题多选第4题)

    A. 必须通过报关员资格全国统一考试,取得报关员资格证书
    B. 必须与所在单位建立劳动合同关系或者聘用合同关系
    C. 应当经过海关报关业务岗位考核合格
    D. 应当经过在一个报关单位连续3个月的报关业务实习

16. 海关依法可以注销企业注册登记许可的情况有( )。(2006年真题多选第3题)

    A. 注册登记许可有效期届满的
    B. 被工商行政管理部门吊销营业执照的
    C. 提供虚假资料,骗取注册登记许可的
    D. 报关企业依法终止的

17. 间接代理报关只适用于经营快件业务的国际货物运输代理企业。_____(2007年真题判断第1题)

18. 报关企业和进出口货物发货人须经海关注册登记许可后方可向海关办理报关单位注册登记手续。_____(2007年真题判断第2题)

19. 报关员姓名、身份证件号码、所在报关单位名称和海关编码发生变更,以及报关员更换报关单位的,应当向海关申请办理报关员注册变更手续。_____(2007年真题判断第3题)

20. 报关员对记分执行海关的记分行政行为有异议的,可向记分执行海关提请行政

复议。_____(2007 年真题判断第 4 题)

21. 报关企业注册登记许可条件中对企业人员的要求包括( )。(2005 年真题多选第 4 题)
    A. 报关员人数不少于 5 名
    B. 投资者、报关业务负责人、报关员无走私记录
    C. 报关业务负责人具有 5 年以上从事对外贸易工作经验或者报关工作经验
    D. 报关业务负责人、报关员要通过海关规定的业务考核

22. 下列表述中属于报关单位共有特征的是( )。(2003 年真题多选第 10 题)
    A. 具有对外贸易经营权
    B. 经海关注册登记,取得报关资格
    C. 能独立承担相应的经济和法律责任
    D. 是境内法人或其他组织

23. 报关员注册有效期为 3 年,有效期届满报关员需要继续从事报关业务的,应当在有效期届满 20 日前向海关提出延续报关员注册的申请。_____(2006 年真题判断第 2 题)

24. 我国报关企业目前大都采取直接代理形式代理报关,即接受委托人(进出口货物收发货人)的委托,以报关企业自身的名义向海关办理进出口报关手续。_____(2006 年真题判断第 4 题)

25. 海关规定,除进出口货物的申报外,申请办理加工贸易合同备案、变更和核销等报关业务也应由依法取得报关员从业资格,并在海关注册登记的报关员办理。_____(2005 年真题判断第 1 题)

26. 已向海关办理了报关注册登记的企业,在接受加工贸易经营单位的委托开展加工贸易生产时,应视其为报关活动相关人。_____(2005 年真题判断第 2 题)

27. 虽然报关活动相关人不具有报关权,也不直接参与进出境报关纳税活动,但因其与报关活动密切相关,因此也需承担相应的海关义务和法律责任。_____(2004 年真题判断第 1 题)

28. 报关员遗失报关员证件,应在规定的期限内向海关申请补发,在申请补发证件期间不得办理报关业务。_____(2004 年真题判断第 2 题)

29. 符合报名条件、参加报关员资格全国统一考试并取得《报关员资格证书》者即成为报关员。_____(2003 年真题判断第 8 题)

30. 李某在某报关公司担任会计,2007 年参加了报关员资格全国统一考试,但未通过。因公司业务需要,李某于今年 8 月份开始借用本单位张某的报关员证向海关报关。根据海关现行规定,下列表述正确的是( )。(2008 年真题单选第 1 题)
    A. 海关对张某一次记 5 分

B. 海关对张某予以警告,责令其改正,并可以处1 000元以下罚款

C. 海关取缔李某的非法报关活动,没收违法所得,可以并处10万元以下罚款

D. 李某不得再报名参加报关员资格考试

31. 下列情形不属于注册变更范围的是( )。(2008年真题单选第3题)

    A. 报关员更名

    B. 报关员所在"顺通报关行"更名为"海洋报关公司"

    C. 报关员所在单位海关编码的第5位"9"变更为"2"

    D. 报关员自"顺通报关行"辞职,应聘到某合资企业继续从事报关工作

32. 根据海关规定,无需办理报关注册登记许可,可直接向海关办理报关注册登记的单位有( )。(2008年真题多选第1题)

    A. 兼营进出口货物代理报关业务的国际货物运输公司

    B. 有权从事对外贸易经营活动的境内个体工商业者

    C. 有权从事对外贸易经营活动的境内商贸组织

    D. 需从事非贸易性进出口活动的台湾企业驻沪办事处

33. 下列关于报关单位分类管理的表述,正确的是( )。(2008年真题多选第2题)

    A. A类报关企业代理B类进出口货物收发货人开展报关业务的,适用B类管理措施

    B. C类报关企业代理D类进出口货物收发货人开展报关业务的,适用D类管理措施

    C. AA类报关企业代理A类进出口货物收发货人开展报关业务的,适用AA类管理措施

    D. A类报关企业代理AA类进出口货物收发货人开展报关业务的,适用A类管理措施

34. 报关单位必须在取得对外贸易经营权并依法在海关注册登记后,才能办理报关手续。_____(2008年真题判断第1题)

35. 报关企业注册登记许可条件之一是企业的注册资本不低于150万元人民币,报关企业跨关区分支机构的注册资本不低于50万元人民币。_____(2008年真题判断第2题)

36. 在海关注册登记的加工企业,不属于海关对报关单位分类管理的范围。_____(2008年真题判断第4题)

报关单位与报关员的法律责任

1. 海关对于未取得报关从业资格的人员从事报关业务( )。(2005年真题单选第2题)

A. 予以取缔,没收违法所得,可以并处 10 万元以下罚款
B. 予以取缔,没收违法所得,可以并处 10 万元以下罚款,且规定其 3 年内不得参加报关员资格全国统一考试
C. 以走私行为论处,给予相应的行政处罚
D. 无权处理该人员,但可以对其所属报关单位处以罚款

2. 根据《中华人民共和国海关法》的规定,报关人员向海关工作人员行贿的,海关有权进行行政处罚。下列处罚正确的是( )。(2004 年真题单选第 2 题)
A. 由海关暂停其报关从业资格,并处以罚款
B. 由海关取消其报关从业资格,并处以罚款
C. 由海关注销其报关注册登记,并处以罚款
D. 情节轻微,由海关责令改正,暂停其报关从业资格,并处以罚款;情节严重的,取消其报关从业资格

3. 李某供职于某报关行,2002 年参加了报关员资格全国统一考试,未获通过,故又报名参加今年的报关员资格全国统一考试并通过了报名确认。李某于今年 8 月份即开始借用该单位其他报关员的名义向海关报关。根据海关现行规定,对李某的这一行为,海关可以( )。(2003 年真题单选第 13 题)
A. 以走私行为论处,并给予行政处罚
B. 对李某不予处罚,但应暂停该报关行的报关资格
C. 取缔其非法报关活动,没收违法所得,可以并处罚款
D. 取消其参加今年报关员资格全国统一考试的资格

4. 下列属于报关员报关执业禁止行为的有( )。(2006 年真题多选第 1 题)
A. 故意制造海关与报关单位、委托人之间的矛盾和纠纷
B. 同时在两个或两个以上报关单位执业
C. 将报关员证转借或者转让他人,允许他人持本人报关员证执业
D. 涂改报关员证

5. 报关单位有下列情形之一的,海关予以警告,责令改正,并可以处人民币 1 000 元以上 5 000 元以下罚款。( )(2005 年真题多选第 1 题)
A. 一年内所属报关员有两人次以上被记分考核达到 30 分的
B. 报关企业取得变更注册登记许可后或者进出口货物收发货人单位名称、企业性质、企业住所、法定代表人(负责人)等海关注册登记的内容发生变更,未按照规定向海关办理变更手续的
C. 未向海关备案,擅自变更或者启用"报关专用章"的
D. 报关员离职,未按规定向海关办理相关手续的

6. 根据海关规定,报关企业接受进出口货物收发货人的委托,办理报关手续时,应

当对委托人所提供情况的真实性、完整性进行合理的审查。审查内容包括( )。(2004年真题多选第1题)

A. 证明进出口货物实际情况的资料,包括进出口货物的品名、规格、用途、产地、贸易方式等

B. 有关进出口货物的合同、发票、运输单据、装箱单等商业单据

C. 进出口所需的许可证件及其他随附单证

D. 海关要求的加工贸易手册及其他进出口单证

7. 根据海关现行规定,专业报关企业在报关活动中应遵守的报关行为规则包括( )。(2004年真题多选第2题)

A. 报关时须向海关出示委托人的报关委托书

B. 对报关委托人所提供情况的真实性、完整性进行合理审查,并承担因未履行此项义务而带来的相应法律责任

C. 按海关规定设立专职报关员办理报关纳税等手续,并应对报关员的报关行为承担法律和经济责任

D. 代委托人履行纳税义务

8. 报关企业、进出口货物收发货人应对其所属的报关员的报关行为承担相应的法律责任。_____ (2006年真题判断第1题)

9. 在直接代理报关中,代理人代理行为的法律后果直接由代理人承担;而在间接代理报关中,代理人代理行为的法律后果由代理人间接承担。_____ (2003年真题判断第10题)

10. 报关企业违反海关监管规定,海关予以警告,责令其改正,并可以处人民币1 000元以上5 000元以下罚款的情形有( )。(2006年真题多选第4题)

A. 未按照规定向海关办理企业名称变更手续的

B. 启用报关专用章未向海关备案的

C. 所属报关员离职之日起7日内向海关报告,但未办理注销手续的

D. 所属报关员1年内3人次以上被海关暂停执业的

11. 报关员应当履行的义务有( )。(2008年真题多选第4题)

A. 妥善保管报关员证

B. 配合海关查验

C. 参加海关举办的报关业务岗位考核

D. 配合海关对走私违规案件的查处

海关权力

1. 依法对特定的进出口货物、物品减征或免征关税是海关的权力之一,这种权力属于( )。(2007年真题单选第4题)

A. 行政许可权

B. 税费征收权

C. 行政裁定权

D. 行政强制权

2. 根据我国缉私体制,不具有查缉走私权力的单位是( )。(2006年真题单选第5题)

  A. 海关   B. 公安部门   C. 税务部门   D. 检察部门

3. 海关行使下列哪些权力时需经直属海关关长或者其授权的隶属海关关长批准?( )(2005年真题单选第3题)

  A. 在调查走私案件时,查询案件涉嫌单位和涉嫌人员在金融机构、邮政企业的存款、汇款

  B. 在海关监管区和海关附近沿海沿边规定地区,检查走私嫌疑人的身体

  C. 检查有走私嫌疑的进出境运输工具

  D. 询问被稽查人的法定代表人、主要负责人员和其他有关人员与进出口活动有关的情况和问题

4. 在下列哪种情况下海关行使检查权需经直属海关关长或其授权的隶属海关关长批准?( )(2004年真题单选第4题)

  A. 在海关监管区和海关附近沿海沿边规定地区以外,检查进出境运输工具

  B. 在海关监管区和海关附近沿海沿边规定地区,检查走私嫌疑人的身体

  C. 在海关监管区和海关附近沿海沿边规定地区以外,检查有走私嫌疑的运输工具

  D. 在海关监管区和海关附近沿海沿边规定地区,检查有藏匿走私货物、物品嫌疑的场所

5. 海关对有走私嫌疑的运输工具和有藏匿走私货物、物品嫌疑的场所行使检查权时( )。(2003年真题单选第14题)

  A. 不能超出海关监管区和海关附近沿海沿边规定地区的范围

  B. 不受地域限制,但不能检查公民住处

  C. 在海关监管区和海关附近沿海规定地区,海关人员可直接检查;超出这个范围,只有在调查走私案件时,才能直接检查,但不能检查公民住处

  D. 在海关监管区和海关附近沿海规定地区,海关人员可直接检查;超出这个范围,只有在调查走私案件时,经直属海关关长或其授权的隶属海关关长批准才能进行检查,但不能检查公民住处

6. 下列行政行为中,属于海关行使行政强制权的是( )。(2007年真题多选第2题)

  A. 依法提取变卖处理超期未报关货物

B. 对超期申报的货物征收滞报金

C. 扣留纳税义务人价值相当于应纳税款的货物

D. 取消有违法情事的报关企业的报关资格

7. 下列选项中,属于海关行政许可事项的是( )。(2007 年真题多选第 22 题)

A. 报关企业注册登记

B. 报关员资格核准和注册登记

C. 暂时进出口货物的核准

D. 保税仓库设立审批

8. 下列属于海关在监督管理活动中应当行使行政处罚权的有( )。(2006 年真题多选第 2 题)

A. 未按规定在纸质报关单上加盖报关专用章的

B. 向海关申报进口货物品名不实的

C. 加工贸易企业遗失加工贸易登记手册的

D. 报关员与他人通谋走私,构成走私罪的

9. 进出口货物纳税义务人在海关依法责令其提供纳税担保,而纳税义务人不能提供纳税担保的,经直属海关关长或其授权的隶属海关关长批准,海关可以采取下列税收保全措施( )。(2005 年真题多选第 3 题)

A. 书面通知纳税义务人开户银行或者其他金融机构暂停支付纳税义务人相当于应纳税款的存款

B. 书面通知其开户银行或者其他金融机构从其存款内扣缴税款

C. 扣留纳税义务人价值相当于应纳税款的货物或者其他财产

D. 扣留并依法变卖其价值相当于应纳税款的货物或其他财产,以变卖所得抵缴税款

10. 海关作为国家进出关境的监督管理机关,对下列事务具有行政许可权( )。(2004 年真题多选第 3 题)

A. 企业报关资格的许可

B. 报关员的报关从业许可

C. 企业从事对外贸易经营业务的许可

D. 企业从事海关监管货物仓储业务的许可

11. 海关有权对尚未构成走私罪的违法当事人处以行政处罚。海关行政处罚的种类包括( )。(2003 年真题多选第 12 题)

A. 没收货物、物品及违法所得

B. 对有走私行为和违反海关监管规定行为的当事人处以罚款

C. 对有违法事情的报关单位和报关员处以警告以及暂停或取消报关资格

D. 对有走私情事的进出口企业处以暂停或取消对外贸易经营许可

12. 海关对进出境运输工具的检查不受海关监管区域的限制。_____（2006 年真题判断第 5 题）

13. 海关统计是国家进出口货物贸易统计，是国民经济统计的组成部分。_____（2004 年真题判断第 5 题）

14. 我国实行联合缉私、统一处理、综合治理的缉私体制，海关在打击走私中处于主导地位并负责与有关部门的执法协调工作。_____（2003 年真题判断第 9 题）

15. 海关对于暂准进出境货物，应在收发货人缴纳相当于税款的保证金或者提供其他形式的担保后，方可暂免征收关税。海关的此项权力属于（　）。（2008 年真题单选第 2 题）

    A. 税费征收权   B. 行政强制权   C. 行政处罚权   D. 行政审批权

16. 工商行政管理部门查获的应当给予行政处罚的香烟走私案件，应移送（　）依法处理。（2008 年真题单选第 4 题）

    A. 海关   B. 税务部门
    C. 上一级工商行政管理部门   D. 烟草专卖部门

17. 下列选项中属于海关税费征收权范围的有（　）。（2008 年真题多选第 3 题）

    A. 对逾期缴纳进出口税费的，依法征收滞纳金
    B. 依法对特定的进出口货物减征或免征关税
    C. 对经海关放行后的进出口货物，发现少征或漏征税款的，依法补征、追征税款
    D. 进出口货物的收发货人超过规定期限未缴纳税款的，经直属海关关长批准，将应税货物依法变卖，以变卖所得抵缴税款

实训项目

1. 根据新闻内容深入理解报关的含义，同时回答以下问题：
（1）该段新闻中是否涉及需要办理报关手续的货物？
（2）是否所有跨越关境的东西都要履行报关手续？
（3）试总结在什么情况下才会产生货物的报关？

新华网莫斯科 2009 年 1 月 20 日电（记者赵嘉麟）俄罗斯天然气工业股份公司 20 日宣布，俄方当天已恢复向乌克兰境内输送天然气。

俄罗斯天然气工业股份公司在其官方网站上发布消息说，公司当天向乌克兰石油天然气公司联合调度局递交申请，希望通过所有主要配气站向乌方每昼夜输送 4.238

亿立方米天然气,其中3.488亿立方米天然气为过境向欧洲输送,7 500万立方米天然气用于供给乌方。莫斯科时间当天上午约10时,俄天然气首先通过库尔斯克州的苏贾配气站,进入乌方境内。

俄罗斯天然气工业股份公司同一天还表示,今年全年俄方对欧洲供气量将达1 200亿立方米,对乌克兰供气量将达400亿立方米。

俄罗斯天然气工业股份公司19日与乌克兰石油天然气公司在莫斯科签署了2009年至2019年天然气购销合同。俄方同意2009年对乌供气价格将在欧洲价格基础上给予20%的折扣,而乌方同意2009年俄过境乌对欧洲输气的费率维持2008年标准不变。在供气费用结算上,双方将完全排除中间机构。

由于在2009年天然气供应价格和过境费用以及债务偿还等问题上未能达成协议,俄罗斯天然气工业股份公司1日中断对乌克兰供气,同时仍维持过境乌克兰对欧洲输气。7日,俄方以乌方无法保障全量输送过境天然气为由,停止经乌向欧盟供应天然气。

俄罗斯与乌克兰围绕天然气问题的争斗已持续多年。由于乌克兰天然气储量匮乏,每年需耗费的800亿立方米天然气,约3/4需要进口,其中对俄罗斯的天然气依赖程度很大。此外,俄罗斯出口到欧洲国家的天然气80%以上需经过乌克兰的输气管道输送。俄乌之间所形成的这一奇特的依存关系,使它们围绕天然气问题的争斗变得日益复杂。

早在2005年,俄罗斯与乌克兰就俄向乌提供的天然气涨价问题出现争议。在谈判无果的情况下,俄罗斯从2006年起降低了通向乌天然气管道的送气压力,一些欧洲国家的天然气供应也因此受到影响。虽然后经再度谈判,俄乌双方暂时化解了在天然气价格问题上的矛盾,但此后双方围绕天然气价格和债务偿还问题上的争执依然不断。有分析家指出,究其原因,一是双方经济利益发生冲突;二是近年来乌克兰积极向北约靠拢直接威胁到了俄罗斯的战略安全,两国关系逐渐疏远。

本项目涉及的知识结构:

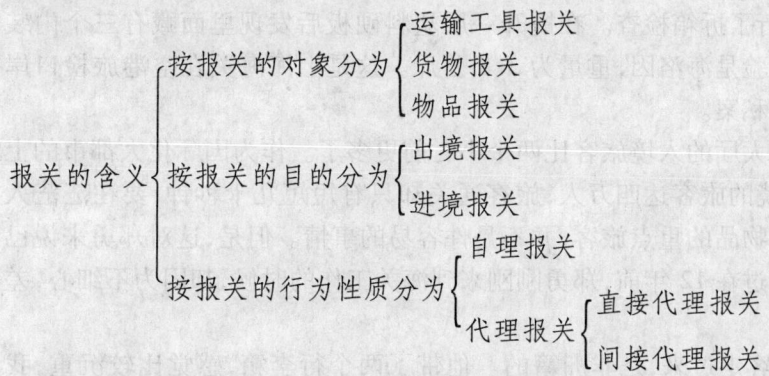

2. 根据报道的内容理解进出境物品报关的初步知识,同时回答以下问题:

(1)如何理解和区分进出境物品与进出境货物？
(2)对于旅客自身携带的进出境物品，正确的申报方式是什么？
(3)是否可以对外交人员检查其携带的有关物品？如果外交人员携带了违禁物品该如何处理？

CCTV.com消息（东方时空）：这个时候是机场入境旅客相对集中的时间。郑勇机警地注视着每一个入境旅客。根据情报分析，最近几天，会有走私分子携带违禁物品在浦东机场出入境。

两年前，正是在这样一位年轻女子的行李箱中发现了隐藏着的阴谋。2004年4月6日早上6点多，郑勇和往常一样，对入境的旅客进行例行检查。这时，他发现一个身材臃肿的年轻女子看起来似乎有些奇怪。

郑勇：类似孕妇的一个人，走得很缓慢的，但是她的眼神似乎有些飘忽不定。感觉她有可能是到上海来玩，也有可能还有其他什么目的，她这眼神是飘忽不定的。

于是，郑勇帮年轻女子把行李放在X光机上进行检查。图像显示没有发现任何异常情况。但是，郑勇觉得这名女子的神态和行李箱不太正常。

郑勇：就觉得不对，好像是在衣物之后有一些阴影，放在旁边打开一看，就是简单的衣物、洗漱用品，把它全部拿出来，没有东西了。但是我把这个盖子翻起来的时候觉得这个行李箱的盖子好像蛮重的，这么空的一边，应该是很轻的，怎么会这么沉，里面会放什么东西？

带着疑惑，郑勇把他感觉有问题的空箱子再次过X光机检查。经过放大图像分析，在箱盖部位有三条模糊的阴影。随后他开始仔细检查。

郑勇：低下头就仔细地去看了，觉得它四周好像有胶水黏合的痕迹吧，正常的话应该不会。假如是新的，或者是比较好的箱子应该不会有这种黏合的痕迹吧，应该是很整齐的。它有这种黏合的痕迹，很不规则的。

于是，郑勇进行了拆箱检查。在撬开一层塑料硬板后发现里面藏有三个内装棕色粉末的袋子。经检验是海洛因，重量为3.8公斤。这是上海海关在空港旅检口岸查获的最大一起毒品走私案。

海关行李检察大厅的入境旅客比两个小时前更多了。作为国际化大都市的上海浦东机场，每天进出境的旅客达四万人，旅客通关却只有短短几十秒钟，要在茫茫人海中快速判断携带违禁物品的重点旅客，并不是件容易的事情。但是，这对郑勇来说已经有了一定的经验。不过在12年前，郑勇刚刚来到海关工作的时候，却因为不细心，差点出了大错。

郑勇：一个旅客走过来，是非洲籍的。他带了两个行李箱，感觉比较沉重，我觉得里面应该有海关可以检查的物品，于是就示意他过X光机去检查行李，但是我旁边的老同志向我指出来,旅客检查之前应该还是要先看一下护照,因为有的外交旅客是有免验待遇的,不能随便检查。当时我马上看了一下这个证件,确实是外交护照。

这让郑勇一下子意识到,看上去简单的旅客检查可远比想象得难得多,弄不好还会引发外交纠纷。从那以后,郑勇每天在海关检查大厅一站就是12个小时,仔细观察来往旅客,进行分析总结。

这天,郑勇比平时来得都早。因为这个时间不仅是出境旅客最多的时候,而且也是郑勇他们进行重点跟踪的航班时段,这些航班的目的地都是毒品销售比较猖獗的地区。而像这样有目的地跟踪重点航班源于2003年的一件事情。

2003年10月,一条关于日本破获重大贩毒案导致毒品价格上涨的新闻引起了郑勇的注意。但是,当时每天飞往日本有20多个航班,搭乘旅客两三千人,而且大部分航班都集中在早晨出发。如何才能找出隐藏在人群中的毒贩呢?

郑勇:我们设置便衣,在主要通道口发觉可疑的人,还有我们的监控设备,假如我们这里有可疑旅客,除了这个托运行李是必查的之外,他的手提行李在进入我们海关的监管区域之后,我们也会仔细地检查。

2003年11月7日上午9点半左右,郑勇一边疏导旅客,一边搜索着人群。此时一名衣着装扮如白领的青年引起了他的注意。

郑勇:他那时候就是晃晃悠悠地走过来,拿了一个行李箱,西装笔挺,样子还蛮好的,好像不慌不忙地就这么走过来。但是总觉得他有点不对劲,就想去查一查他,把他的行李过一下机器。

通过查验护照和简单询问后,得知该旅客叫浦原正史,28岁。郑勇示意这位旅客把行李放在X光机上进行检查。根据图像显示,行李箱中除了一台机器和衣物,还有两团并不明显的阴影。

郑勇:好像有两团吃的食品类物质吧,有可能是粉状的,有可能是奶粉,也可能是咖啡什么物品,但是从这个航班来说,这类物品也是我们要检查的,包括奶粉、咖啡。当时我就示意他把这个行李包打开看一下,打开来看了,里面是衣物、书籍,还有一个是便携式DVD机,就是没有那两包吃的东西,我觉得不对,为什么会没有呢,心里觉得还是彻底把箱子里的物品拿出来再说吧,一样一样拿出来,拿出来的时候就觉得这个DVD的分量好像有点不对,掂一掂好像觉得蛮沉的,一掂就是。

就在这个时候,郑勇发现这台DVD上的螺丝有被拧开的痕迹。

郑勇:一般旅客带东西特别是吃的东西不会藏得这么好,还要把螺帽拧好,肯定这里面有不可告人的目的,反正职业的敏感,我马上想到里面肯定有问题。

为了慎重起见,郑勇将DVD再次过X光机进行检查。

郑勇:清楚地显示这个机器里面有两团阴影,有两包东西在里面,这时候我心里已经有底了,在DVD上面有螺帽拧过的痕迹,是打开过的。而且从X光机显示,里面没有芯片,只有空的一个铁壳,里面是两包东西。

经过这名日本旅客的同意,郑勇打开了DVD机。

郑勇:两包白色的晶体出现在我眼前,大家都很兴奋,觉得肯定是毒品。

经过专业鉴定,这名日本旅客共携带了1.5公斤的冰毒。这是浦东机场海关成立以来查获的最大一起冰毒走私案。

浦东机场又进入入境旅客高峰期,郑勇和他的同事们转战入境行李检察大厅,继续与可能隐藏在人群中的走私分子做着无声的较量。

本项目涉及的知识结构:

进出境物品报关
- 进出境行李物品的报关
  - 自用合理数量原则
  - 红绿通道制度
  - 无申报通道、申报通道
  - 免验礼遇
- 进出境邮递物品的报关、报税单

3. 根据下列单位的名称写出其对应的报关单位类型及其可以从事的报关行为。

	报关单位类型	报关行为
天津对外贸易进出口总公司		
北京残疾人联合会		
中美合资奥迪斯电梯有限公司		
通达报关行		
DHL EXPRESS		
天津新港保税品仓库		
顺达国际货运代理公司		
锦州铁合金加工厂（已在锦州海关办理报关注册登记,① 为天津对外贸易进出口总公司做加工;② 自营进料加工）		

本项目涉及的知识结构：

报关单位
├─ 进出口货物的收发货人（未取得对外贸易经营者备案登记表但需从事非贸易性进出口活动的单位，进出口货物时，海关视其为进出口货物的收发货人）
└─ 报关企业
   ├─ 报关行（公司）
   └─ 国际货物运输代理公司

报关活动相关人
├─ 经营海关监管货物仓储业务的企业
├─ 从事加工贸易生产加工的企业
│ ├─ 未向海关办理报关注册登记手续的企业
│ └─ 已向海关办理报关注册登记手续的企业
└─ 从事转关运输的车队

4. 利用幻灯片的方式，对报关企业的注册内容用自己的理解进行阐述。

在组织幻灯片的结构前，首先思考如下问题：

（1）为什么报关企业注册登记要比进出口货物收发货人复杂？

（2）为什么海关要求报关企业具备那些条件和提供那些文件？它们之间有没有内在的联系？

示例：

以下节选自一名学生做的幻灯片，这名学生把报关企业的注册流程诠释得既简单又好玩。见图2-1至图2-14。

图2-1

图 2-2

图 2-3

图 2-4

第二章 报关基础知识

图 2-5

图 2-6

报关人员要求无走私记录

图 2-7

· 45 ·

图 2-8

图 2-9

图 2-10

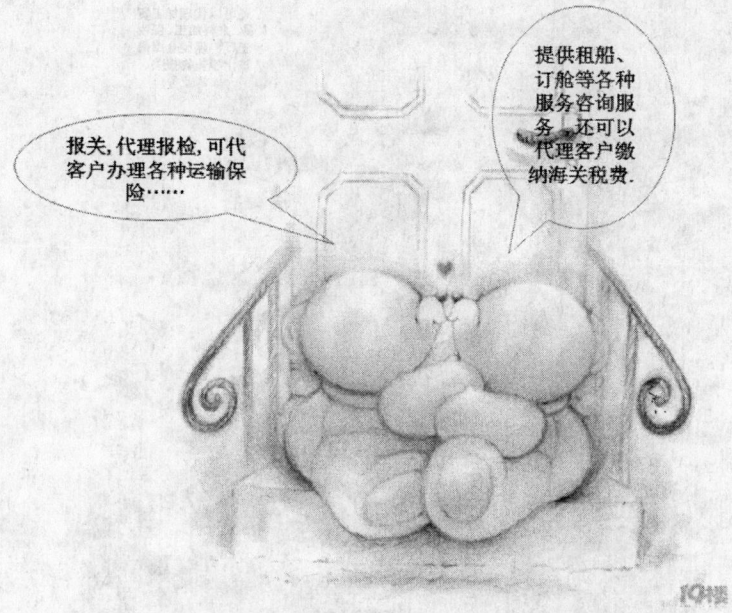

图 2-11

图 2-12

图 2–13

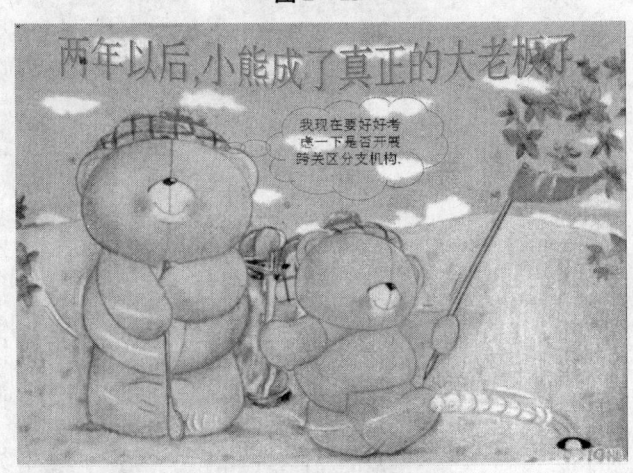

图 2–14

本项目涉及的知识结构：

报关注册登记制度 ┬ 收发货人 —— 通过备案制获得收发货人登记证书
                └ 报关企业 ┬ 注册登记许可 ┬ 报关企业设立条件
                          │   ├ 程序
                          │   ├ 跨关区分支机构
                          │   ├ 变更和延续
                          │   └ 撤销和注销
                          └ 注册登记手续

5. 请看图2-15,回答如下问题:
   (1)这个图案代表什么?
   (2)它的寓意又是什么呢?

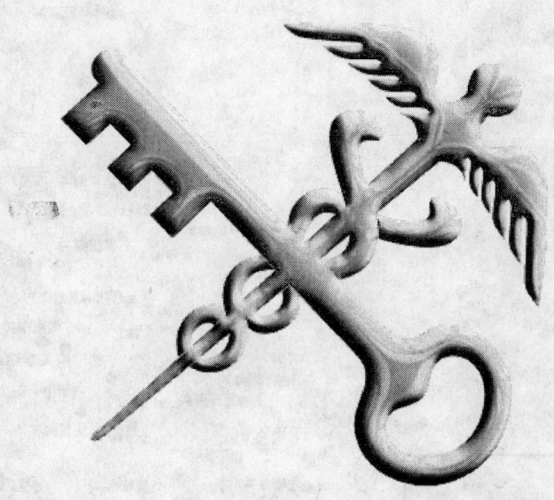

图2-15

6. 收集整理海关在中国发展历史的资料,其主要发展线索如下:① 关的出现;② 陆上关;③ 海上关;④ 中国海关主权的丧失;⑤ 中国海关主权的回归。
   通过对整理材料的学习理解,深入体会海关在一个国家中的重要作用。

7. 收集整理关税的起源与发展,加深对海关的基本任务之一——征税的理解。同时回答如下问题:
   (1)海关征税的主体是谁? 客体是谁?
   (2)海关征税的主要税种有哪些?
   (3)关税的作用都体现在哪些方面?

以上三个项目涉及的知识结构:

海关的性质与任务 { 海关是国家的进出关境监督管理机关
　　　　　　　　　 海关的任务 { 监管
　　　　　　　　　　　　　　　　 缉私
　　　　　　　　　　　　　　　　 征税
　　　　　　　　　　　　　　　　 统计

8. 如图2-16所示,这是一张全国海关的关区设置图,仔细看图,然后回答如下问题:
   (1)从图中找出全国的直属海关单位。

图2-16

(2)对照此图,找出全国的行政区划,省、自治区、直辖市等。
(3)比较上述两个问题的结果,直属海关与行政区划是完全一致的吗?

本项目涉及的知识结构:

海关的设关原则 { 对外开放的口岸
　　　　　　　　海关监管业务集中的地点

海关的垂直领导体制 { 海关总署
　　　　　　　　　　直属海关
　　　　　　　　　　隶属海关

9.通过具体案例深入理解海关的权力。

下面是一票一般进口货物的通关过程,在这个过程中,我们可以发现很多环节后面所体现的海关权力。在下面所列的通关环节中,你可以列出相应的海关权力吗?

进口货物的基本情况:天津某进出口公司从比利时进口钼矿砂100公吨,从天津港进境,货物从天津口岸进境后办理转关大连的手续,委托大连加工厂做进料加工。

(1)天津至大连的转关运输;

(2)天津进出口公司委托在海关注册的大利报关行办理进口报关业务；
(3)转关延误，海关征收滞报金；
(4)海关布控查验货物；
(5)企业申报商品编码26139000，海关裁定商品编码26131000；
(6)海关调阅有关合同、检验单，对报关员及相关人员询问有关情况；
(7)进料加工余料由企业自行内销，被海关处罚。

本项目涉及的知识结构：

海关的权力 ⎰ 行政审批权
　　　　　　 税费征收权
　　　　　　 行政检查权
　　　　　　 行政强制权
　　　　　　 行政处罚权
　　　　　　 佩带和使用武器权
　　　　　　 连续追缉权
　　　　　　 行政裁定权
　　　　　　⎱ 行政奖励权

第三章

报关与对外贸易管制

导　言

对外贸易管制本是一国政府的一种强制性行政管理行为,其制度涉及工业、农业、商业、军事、技术、卫生、环保、税务、资源保护、质量监督、外汇管理以及金融、保险、信息服务等诸多领域,可谓范围广大,而贸易管制需要通过海关监管才能实现,同时海关监管又会体现在进出口货物的报关环节中,报关、对外贸易管制与海关监管三者之间的关系可从图3-1中得到体现。

对外贸易管制不仅范围大,而且其时效性、政策性、强制性的特点决定了其内容总是常有常新,报关员资格考试中,每年考试教材中变化最大、变化最多的内容之一就是关于对外贸易管制的。所以在从事报关工作时要时刻关注这方面的内容,保持高度的职业敏感度。

虽然贸易管制的内容纷繁复杂,但是作为报关的一部分内容来学习的话,重点是掌握其在报关环节中的实现手段和方式。当然,如果想对贸易管制的来龙去脉了解清楚的话,这背后的故事也很值得思考和回味。

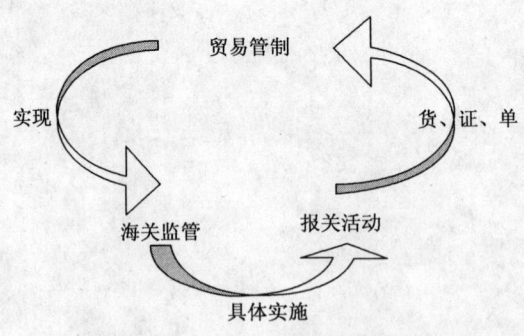

图3-1　报关、对外贸易管制与海关监管的关系

知识点汇编

一、外贸经营者资格管理

对外贸易经营者是指依法办理工商登记或者其他执业手续,依照《对外贸易法》和其他有关法律、行政法规、部门规章的规定从事对外贸易经营活动的法人、其他组织或者个人。目前,我国对对外贸易经营者的管理实行备案登记制。也就是法人、其他组织或者个人在从事对外贸易经营活动前,必须按照国家的有关规定,依法定程序在国务院商务主管部门备案登记,取得对外贸易经营资格后,方可在国家允许的范围内从事对外贸易经营活动。备案登记的具体实施办法由国务院商务主管部门规定,对外贸易经营者未按照规定办理备案登记的,海关不予办理进出口货物的报关验放手续。对外贸易经营者可以接受他人的委托,在经营范围内代为办理对外贸易业务。

二、进出口许可制度

货物、技术进出口许可管理制度是我国进出口许可管理制度的主体,是国家对外贸易管制中极其重要的管理制度。其管理范围包括禁止进出口货物和技术、限制进出口货物和技术、自由进出口的技术以及自由进出口中部分实行自动许可管理的货物。

为维护国家安全和社会公共利益,保护人民的生命健康,履行中华人民共和国所缔结或参加的国际条约和协定,国务院商务主管部门会同国务院有关部门,依照《对外贸易法》的有关规定,制定、调整并公布禁止进出口货物、技术目录。海关依据国家相关法律、法规对禁止进出口目录商品实施监督管理。国家规定,列入国家公布禁止(停止)进出口商品目录的商品,任何企业不得经营进出口业务。

为维护国家安全和社会公共利益,保护人民的生命健康,履行中华人民共和国所缔结或者参加的国际条约和协定,国务院商务主管部门会同国务院有关部门,依照《对外贸易法》的规定,制定、调整并公布各类限制进出口货物、技术目录。海关依据国家相关法律、法规对限制进出口目录货物、技术实施监督管理。国家实行限制进出口的货物、技术,必须依照国家有关规定,经国务院商务主管部门或者经国务院商务主管部门会同国务院有关部门许可方可进出口。目前,我国限制进口货物的主要方式为许可证件管理和关税配额管理。我国限制出口的管理方式为出口配额限制和出口非配额限制。

除上述国家禁止、限制进出口货物、技术外的其他货物、技术,均属于自由进出口范围。自由进出口货物、技术的进出口不受限制,但基于监测进出口情况的需要,国家对部分属于自由进口的货物实行自动进口许可管理,对自由进出口的技术实行技术进出口合同登记管理。自动进口许可管理是在任何情况下对进口申请一律予以批准的进口许可制度。进出口属于自由进出口的技术,应当向国务院商务主管部门或者其委托的机构办理合同备案登记。

三、进出口收付汇管理

对外贸易经营者在对外贸易经营活动中,应当依照国家有关规定结汇、用汇,即我国的外汇管理制度,是国家外汇管理局、中国人民银行及国务院其他有关部门,依照《中华人民共和国外汇管理条例》及其他有关规定,对包括经常项目外汇业务、资本项目外汇业务、金融机构外汇业务、人民币汇率的生成机制和外汇市场等领域实施的监督管理。我国对进出口收汇管理采用的是外汇核销形式。

四、贸易救济制度

世界贸易组织允许成员方在进口产品倾销、补贴和过激增长等给其国内产业造成损害的情况下,使用反倾销、反补贴和保障措施等手段来保护国内产业不受损害。反补贴和反倾销措施针对的是价格歧视这种不公平贸易行为,保障措施针对的是进口产品激增的情况。

五、出入境检验检疫制度

出入境检验检疫制度是指由国家出入境检验检疫部门依据我国有关法律和行政法规以及我国政府所缔结或者参加的国际条约、协定,对出入境的货物、物品及其包装物、交通运输工具、运输设备和出入境人员实施检验检疫监督管理的法律依据和行政手段的总和,其国家主管部门是国家质量监督检验检疫总局。

我国出入境检验检疫制度包括进出口商品检验制度、进出境动植物检疫制度以及国境卫生监督制度。我国实行进出口商品检验制度的目的是为了保证进出口商品的质量,维护对外贸易有关各方的合法利益,促进对外经济贸易关系的顺利发展。实行进出境检验检疫制度的目的是为了防止动物传染病、寄生虫病和植物危险性病、虫、杂草以及其他有害生物传入、传出国境,保护农林牧渔业生产和人体健康,促进对外经济贸易的发展。实行国境卫生监督制度是为了防止传染病由国外传入或者由国内传出,实施国境卫生检疫,保护人体健康。

知识点测试

1. 保障措施是对外贸易救济措施的一种方式,其实施期限最长不得超过( )。(2007年真题单选第7题)

   A. 200天　　　　B. 4个月　　　　C. 4年　　　　D. 10年

2. 我国对外贸易管制制度是由一系列管理制度构成的综合管理制度,其中包括
   （　　）。(2007年真题多选第5题)
   A. 进出口许可制度
   B. 海关监管制度
   C. 出入境检验检疫制度
   D. 出口退税制度

3. 入境货物通关单适用于（　　）。(2007年真题多选第7题)
   A. 列入《法检目录》的商品
   B. 进口可用作原料的废物
   C. 进口旧机电产品
   D. 进口捐赠的医疗器械

4. 自动进口许可管理是在任何情况下对进口申请一律予以批准的进口许可制度。
   _____(2007年真题判断第5题)

5. 目前,我国限制进口货物管理按照其限制方式划分为许可证件管理和关税配额管理,其中关税配额管理是指在一定时期内,国家对部分商品的进口制定关税配额税率并规定该商品进口数量总额,在限额内,经国家批准后允许按照关税配额税率征税进口,如超出限额则以国家主管部门签发许可证件方式来实现限制进口。_____(2007年真题判断第6题)

6. 列入《自动进口许可管理类可用作原料的废物目录》的废物,不论以何种方式进口,均应申领废物进口许可证。_____(2007年真题判断第7题)

7. 下列列入自动进口许可管理货物目录的货物,可免交自动进口许可证的是
   （　　）。(2006年真题单选第8题)
   A. 参加F1上海站比赛进口后须复出口的赛车
   B. 加工贸易项下进口并复出口的成品油
   C. 外商投资企业作为投资进口的旧机电产品
   D. 每批次价值超过5 000元人民币的进口货样广告品

8. 货物、技术进出口许可管理制度是我国进出口许可制度的主体,其管理范围包括
   （　　）。(2006年真题多选第5题)
   A. 禁止进出口货物和技术
   B. 限制进出口货物和技术
   C. 自由进出口的技术
   D. 自由进口中部分实行自动许可管理的货物

9. 目前,我国对属于世界濒危物种管理范畴的犀牛角和虎骨仍列入禁止进出口的商品范围。_____(2006年真题判断第6题)

10. 下列进口的废物中,可以申请转关运输的是( )。(2005年真题单选第6题)
    A. 木制品废料   B. 废纸
    C. 废电机、电器产品   D. 纺织品废物

11. 下列有权签发进出口许可证的机构是( )。(2005年真题多选第5题)
    A. 商务部配额许可证事务局
    B. 商务部驻各地特派员办事处
    C. 省、自治区、直辖市的商务主管部门
    D. 计划单列市和经商务部授权的其他省会城市的商务主管部门

12. 对下列实行自动进口许可管理的大宗、散装货物,溢装数量在货物总量3%以内的,免予另行申领自动进口许可证( )。(2005年真题多选第6题)
    A. 原油
    B. 成品油
    C. 化肥
    D. 钢材

13. 对外贸管制是政府一种强制性行政管理行为。我国对外贸管制按管制对象可分为货物进出口贸易管制、技术进出口贸易管制和国际服务贸易管制。_____(2005年真题判断第6题)

14. 关税配额管理是指以国家各主管部门签发许可证件的方式来实现各类限制进口的措施。_____(2005年真题判断第7题)

15. 对外贸易经营者只能在国家允许的范围内为本企业从事对外贸易经营活动,不可以接受他人的委托,在经营范围内代为办理对外贸易业务。_____(2005年真题判断第8题)

16. 下列关于国家对限制进口货物管理的表述错误的是( )。(2004年真题单选第6题)
    A. 国家实行限制进口管理的货物,必须依照国家有关规定取得国务院外经贸主管部门或者由其会同国务院有关部门许可,方可进口
    B. 实行配额或者非配额限制的进口货物,采用配额许可证管理
    C. 关税配额内进口的货物,按照配额内税率缴纳关税
    D. 关税配额外进口的货物,按照配额外税率缴纳关税

17. 我国目前对对外贸易经营者的管理实行( )。(2004年真题单选第7题)
    A. 自由进出制
    B. 登记和核准制
    C. 审批制
    D. 备案登记制

18. 我国对外贸易管制的法律渊源包括( )。(2004年真题多选第5题)
    A. 由国家最高权力机关制定并由国家主席颁布实施的规范性文件
    B. 由国家最高行政机关制定并由国务院总理颁布实施的规范性文件
    C. 由我国民族自治区政府制定的地方条例和单行条例
    D. 我国加入或缔结的相关国际条约

19. 下列哪些货物属我国政府禁止进口的范围?( )(2004年真题多选第6题)
    A. 犀牛角和虎骨
    B. 右置方向盘的汽车
    C. 未列入《国家限制进口的可用做原料的废物目录》和《自动进口许可管理类可用做原料的废物目录》的固体废物
    D. 列入《国家限制进口的可用做原料的废物目录》和《自动进口许可管理类可用做原料的废物目录》的固体废物

20. 我国货物、技术进出口许可管理制度的管理范围包括( )。(2004年真题多选第7题)
    A. 禁止进出口货物和技术
    B. 限制进出口货物和技术
    C. 自由进出口技术
    D. 实行自动许可管理的自由进口货物

21. 反补贴、反倾销和保障措施都属于贸易救济措施。反补贴、反倾销措施针对的是进口产品激增的情况,保障措施针对的则是价格歧视这种不公平贸易行为。_____(2004年真题判断第7题)

22. 2008年实行进口许可证管理的货物有消耗臭氧层物质和重点旧机电产品,其中重点旧机电产品的发证机构为( )。(2008年真题单选第5题)
    A. 计划单列市以及商务部授权的其他省会城市的商务主管部门
    B. 各省、自治区、直辖市的商务主管部门
    C. 商务部驻各地特派员办事处
    D. 商务部配额许可证事务局

23. 某报关企业接到客户关于以一般贸易方式进口旧汽车有关政策的咨询,下列答复正确的是( )。(2008年真题单选第6题)
    A. 申领进口许可证和入境货物通关单
    B. 申领自动进口许可证和入境货物通关单
    C. 只需申领入境货物通关单
    D. 禁止进口

24. 某企业持一份证面数量为200吨的化肥自动进口许可证(非一批一证),以海

运散装形式分两批进口化肥200吨,在第一批实际进口数量100吨的情况下,该企业可凭该份自动进口许可证最多可进口( )化肥。(2008年真题单选第7题)

A. 210吨

B. 205吨

C. 203吨

D. 206吨

25. 货物、技术进出口许可管理制度是我国进出口许可管理制度的主体,其管理范围包括( )。(2008年真题多选第5题)

A. 禁止进出口的货物和技术

B. 限制进出口的货物和技术

C. 自由进出口的技术

D. 自由进出口中部分实行自动许可管理的货物

26. 2008年实行出口许可证管理的商品有47类,分别实行出口配额许可证、出口配额招标和出口许可证管理。其中,实行出口配额许可证管理的商品是( )。(2008年真题多选第6题)

A. 大米

B. 棉花

C. 石蜡

D. 煤炭

27. 下列废物中,属于我国《固体废物污染环境防治法》管理范围的有( )。(2008年真题多选第7题)

A. 城市生活垃圾

B. 工业固体废物

C. 液态废物

D. 置于容器中的气态废物

28. 出口许可证的有效期不得超过6个月,需跨年度使用的,其有效期的截止日期不得超过次年2月底。_____(2008年真题判断第6题)

29. 对列入《两用物项和技术进出口许可证管理目录》的物项及技术的出口,实行两用物项和技术出口许可证管理,目录以外的均无须办理两用物项和技术出口许可证。_____(2008年真题判断第7题)

30. 我国目前所签订生效的各类国际条约,虽然不属于我国国内法的范畴,但就其效力而言可视为我国的法律渊源之一。_____(2008年真题判断第5题)

实训项目

1. 根据报道的内容和其他可以找到的材料,探究我国外经贸资格管理的发展过程,同时回答以下问题:

(1)个人可以从事外贸经营,是指自然人可以直接进行进出口业务吗?
(2)个人从事外贸经营是在什么背景下催生出来的?
(3)对于个人从事外贸经营的利与弊,谈谈你自己的想法。
(4)试归纳出我国外经贸资格管理的主要发展阶段。
(5)在外贸主体多元化的形势下,对报关企业是否有影响?谈谈你的想法。

绿灯:"一个人"的外贸
(摘自网络,2004年)

"个人也可以名正言顺地与外国人做进出口生意了!"在美国定居不到3年的哈尔滨人左思棋,最近想卖掉自己在旧金山的房子回到被誉为"中国冰城"的家乡,专门从事外贸。

支撑左女士上述举动的依据是:中国新修改的《对外贸易法》已于7月1日起正式实施,中国商务部根据该法颁布的《对外贸易经营者备案登记办法》也同步实施,个人做外贸已基本扫除了政策上的限制。

在此前的中国《对外贸易法》中,个人被明令禁止从事对外贸易经营活动,而新《外贸法》的第2章第8条则写道:"对外贸易经营者,是指依法办理工商登记或者其他执业手续,依照本法和其他有关法律、行政法规的规定从事对外贸易经营活动的法人、其他组织或者个人。"这表明,即便是一个最普通的百姓,也可以从事对外贸易活动。

44岁的左思棋有着10多年的外贸从业经验。她曾经在国有外贸公司工作,4年前辞职开始自己做外贸生意。但一直以来,国家对外贸经营的主体要求非常严格,不允许个人从事外贸活动,所以她不得不挂靠在一家有外贸经营权的公司下面做外贸生意。

"明明就是自己的生意,我却没有合法的身份,合同得盖外贸公司的章,还得在外贸公司财务上走账,给他们交管理费等。"左思棋一肚子委屈。

按照左女士的说法,现实中像她这样从事外贸经营活动的个人有很多,这早就不是什么秘密了,但"因为名不正言不顺,这份钱赚得很是辛苦"。

在专家看来,现在《对外贸易法》的修改实际上是对现实的经济关系加以明确,是为"外贸自由人"正名。中山大学岭南学院国际商务系主任黄静波教授表示,"放开对个人从事对外贸易经营活动的限制,标志着中国外贸行业将进入完全意义上的市场竞争"。

"个人外贸权的放开,体现了中国的市场经济地位。"商务部国际贸易经济合作研究院刘雪琴研究员指出,现在中国外贸经营主体市场化了,不再有所有制形式限制;外贸业务也市场化了,生产、销售、价格都由市场说了算。"在对外贸易方面,中国已经完成了由计划经济向市场经济的转轨。"

市场的变迁催生新法出台

中国于1994年制定了《对外贸易法》,该法在限定外贸经营者范围的同时还规定了对外贸易经营者的许可制度,并对生产企业、商业、物资企业的自营进出口权规定了严格的审批制度。在这样的体制下,外贸经营权由政府授予一部分国有企业,成为它们独享的权力。

"国有外贸公司是在计划经济条件下国家力图通过控制流通领域进而控制生产领域的有力手段,然而随着市场化进程的步步深入,国家对这种手段的依赖性势必越来越弱。"中国国际经济贸易仲裁委员会副主任沈四宝认为,新《外贸法》扩大外贸经营者范围,是市场经济的内在要求,也打破了与市场经济背道而驰的垄断,这对整个市场的良性发展有着重要意义。

中国法学会WTO研究会副会长何茂春博士也指出,外贸经营权高度垄断,不仅制约了国内体制的改革,严重妨碍了公平竞争,给中国很多产业带来了损害,而且也影响到中国融入经济全球化的进程。"自由贸易是当今世界的大潮,全球化重要的一部分就是贸易高度的自由化,任何个体都有自由贸易的权利。"因而他认为,以修订的新法开始实施为标志,"外贸权的下放,可以说是中国最近25年来外贸体制改革的成果"。

应该说,外贸经营权门槛的撤除,私营企业和自然人都能涉足外贸业务,最敏感的莫过于传统外贸公司了,因为越来越多的外贸经营主体参与市场,竞争将急剧升温,同时,公司还将面临更严峻的挑战——人才流失、客户流失。

近几年来,传统的带有计划经济色彩的外贸公司一直是被逼向市场,外贸经营权门槛一降再降,中央政府还于今年1月降低出口退税率,且退税指标向生产企业倾斜。一系列类似的变化,让原本有国家政策扶持和垄断性经营的外贸领域逐渐向完全竞争状态过渡。内部政策环境步步紧逼,让外贸公司感到前所未有的压力。越来越多的外贸企业寻找突围之策。

何茂春博士表示,"总体来讲,新《外贸法》的修订是对1994年《对外贸易法》非常好的补充,也是中国加入世界贸易组织以后根据世贸组织规则作出的立法上的调整"。

根据中国加入世界贸易组织的承诺,从明年1月起,对外贸易由审批制全面转为登记制。在贸易权方面,中国将给予所有外国个人和企业不低于中国企业的待遇。如果外国的自然人能在中国做外贸,中国的自然人当然也应当能够从事对外贸易经营活动。

不过,新《外贸法》出台并不意味着任何个人都可以不受限制地从事进出口贸易。何茂春指出,自然人获得对外贸易经营权在实施过程中,仍然需要通过一系列的法定程序,涉及海关的监管、税收等具体问题,还要受到产品、目录、配额、许可制度、安全环境保护等因素的约束。但他相信,在经过一段时间实践之后,会慢慢走上有秩序的发展道路。

何博士表示,"新《外贸法》与原《外贸法》相比,虽然更为系统,可操作性也有进步,但依然留有一些问题,部分新增的条款也只是对某一事项的原则规定,缺少具体实施程序和操作方法的规定。除了《对外贸易法》之外,还要有相关法律法规来补充才能构成完整的外贸法律体系"。

个人外贸并非易事

"我并不看好个人做外贸生意。"做外贸工作已经有8年多的商人林献雄表示,个人经营外贸,得承担起以往整个公司的风险。并且,个人外贸可能会进一步加剧在进出口贸易中的相互压价,导致恶性价格竞争。此外,个人如何结汇、开信用证,在报关、纳税、经商过程中如何保持诚信,都是需要解决的新问题。

大连一家外贸公司的总经理于兵认为,个人经营外贸的政策虽然放开了,但外贸本身是一个专业性很强的行业,"这里面还有很多看不见的门槛,对外行人来说是很难突破的。比如,遇到贸易壁垒和反倾销的问题,个人就很难解决"。

"个人信誉是自然人从事外贸活动的一个门槛。因为一旦发生质量问题,个人如何去承担索赔的法律责任?特别是现在个人从事外贸活动具体细则还未出台,在登记手续、报关等方面还不明确,外商如何相信个人呢?"于兵很有疑问。

商务部国际贸易经济合作研究院副院长李雨时也表示"形势并不乐观","现在中国个人的信誉体系尚不健全"。

在采访中,大多数外贸公司的工作人员纷纷表示,他们不会选择自己"单干"。其理由是,虽然经过多年的工作,积累了一定的客户资源,但即使有了国外客户,还要在国内联系货源,而中国还没有个人信用评估体系,"国内哪个工厂会直接供货给个人呢,没有货源,又拿什么去出口?"

专家们认为,如果中国能够尽快出台如一些发达国家那样的个人信用评估体系,个人的诚信记录可以通过该系统查询,那么就会大大促进和规范个人的外贸经营活动。

实际上,在对外贸易中自然人怎样保证诚信等问题已提上了海关、外汇管理、工商等有关管理部门的议事日程。据了解,这些部门正在紧急协调,以期尽快制定出一套新的管理办法。

"个人从事外贸,也只能是接一些小单子,我不会奢望和大公司抢客源。"左思棋坦率地说,"外贸生意的关键在于要有客户和外贸专业基础。在这两方面,个人都无法和外贸公司相比。"

据左女士介绍,从外贸公司辞职的时候,她曾试着把一些客户拉到自己的手里。当客户发现她是自己"单干"的时候,他们还是把订单交给了她原来所在的公司。

"所以说,我并不担心新《外贸法》施行后,我们的业务员去'单干'。"于兵总经理自信地说,"至少短时间内,个人从事外贸不会对我们这样的大公司有实质性的影响,因为个人信誉在多数情况下很难被国外公司认可,它们看中的是这个公司的信誉,而不是某个业务员的信誉,一个有信誉的公司的客户,是不可能被一个个人轻易抢走的"。

据了解,目前个人外贸经营者还很难打入"中国出口商品交易会"等相关大型交易会。这是由于这些交易会的组织委员会对参展企业的年出口额有一定标准的要求,而个人从事外贸经营同样也要达到这个标准才允许进入,可是个人经营外贸一般都规模较小,难以达到标准。这在一定意义上限制了个人外贸的发展。

专家们的普遍看法是,经营权门槛的降低,经营主体的多样化,有利于多创造贸易机会,不过,外贸投资者能否盈利,最终还取决于个人的理性投资选择,以及国内相关配套措施的完善和到位。

个人做外贸要与海关、检验检疫、银行、税务、外汇管理、工商等二三十个部门打交道。对主管政府部门和相关管理部门来说,既要与企业法人打交道,又要接待普通老百姓也就是自然人,这无疑是新的挑战。

但不管怎样,人们有理由相信,新的《对外贸易法》及其配套办法的实施,带给中国的不只是个人从事外贸的"冲动",更是能够使之充分释放外贸发展潜力的一个"助推器"。

本项目涉及的知识结构:

外贸经营者资格管理 ⎧ 制度变迁:审批制—登记核准制—备案登记制
　　　　　　　　　　⎨ 经营权的管理 ⎧ 法人
　　　　　　　　　　⎩ 　　　　　　 ⎨ 其他非法人组织
　　　　　　　　　　　　　　　　　　⎩ 个人
　　　　　　　　　　　 经营范围的管理

2. 本项目是对实训项目1的延伸训练。

根据厦门远华走私案件涉及的外贸代理问题,思考企业如何正确运用外贸代理制进行进出口业务。同时回答以下问题:

(1)对于没有外贸经营权的企业,如果想进出口商品有什么途径?
(2)远华和开元两个企业之间到底是什么样的关系?
(3)如果委托进出口企业代理进出口商品,合理的代理费用应该在什么范围?
(4)对于开元公司来讲,其风险与收益的比例是多少?
(5)在代理进出口业务中,负责报关的报关企业应该注意什么问题?

利益的驱使使十几家大企业成为赖昌星走私棋盘上的棋子

赖昌星在厦门投资的第一个企业——厦门远华电子有限公司,实际上只是一个幌子,像这样一个连进出口经营权都没有的企业却以进出口贸易为名搞起了大规模的走私活动。那么,赖昌星是通过什么途径搞起了进出口贸易的呢?赖水强说,他投靠国有大企业,这些企业有进口贸易权,赖昌星给这些企业分成。

盛南光介绍说,按照赖昌星的实力,他争取一个进出口权应该是不费吹灰之力,但是他不申请进出口权,而是利用一些有进出口权的公司进行走私。在这些单据上体现不出赖昌星或远华公司的名字,他是在幕后操纵。

以合作的名义,通过各种方式,赖昌星先后利用厦门多家企业的进出口权进行走私。福建九州集团股份有限公司就是赖昌星的一个重要伙伴。

福建九州集团股份有限公司原董事长赵裕昌交代,"我们因为有进出口权,同时又有一个海关批准的保税手册,他利用我们的手册进行大量走私"。保税手册是海关向从事加工贸易和转口贸易的企业发放的单证,用于记录保税货物进出口的情况,并进行监管。

拥有这种手册,企业就可以从境外进口货物,在保税区或保税仓库进行存储或加工,并重新出口到境外。海关对这些货物免征关税,但不允许在境内流通。赖昌星利用九州集团的保税手册走私了大量香烟。赵裕昌说:"我们就是互相利用。赖昌星利用我们的保税手册使他的走私变成表面上的合法化,我想利用赖昌星这样一条渠道可以多体现我的经营业绩,还能够赚到一些手续费。"

1996年至1998年间,赖昌星走私犯罪集团与九州集团公司共同走私香烟26航次,货值22.2亿元,偷逃税款人民币16.5亿元。

那么,以这个保税手册进行假转口的走私活动可以给九州公司带来多少利润呢?赵裕昌说:"多的时候300多万,少的时候100多万。大概平均起来,1994年、1995年、1996年、1997年大概都有两三百万。"

甚至有许多公司是"慕名而来"主动与赖昌星合作的。厦门开元外贸集团有限公司就是其中的一家,自1997年5月到1998年6月,开元公司伙同赖昌星共同走私进口植物油26万多吨,案值18亿多元,偷逃税款人民币12亿多元。赖昌星共网罗了厦门十几家大型企业共同走私。在利益的驱使下,这些名头响亮、实力不凡的企业成为赖昌星走私棋盘上的一个个棋子。

记者:当时你们跟远华的协议是什么?

开元外贸集团经理:这个没有协议,纯粹是老板之间的朋友关系。说到业务,就是那种利润分成关系。像做毛豆油都是三七开这个样子。

记者:这个三七开比例是谁拿三谁拿七?

开元外贸集团经理:开元拿三,远华拿七。

记者:那怎么会倒过来呢?你们出信用证,你们来订货,用你们的名义来收货,最后你们只拿三。

开元外贸集团经理:但是没有他的话,开元连三都没有。

记者:怎么讲呢?

开元外贸集团经理:首先信用证就开不出去,因为他不担保的话,你就很难开了。第二个,走私活动里面,最重要的通关手续你没有办法办。这个很正常的,人家有多大本事,他应该拿多少就拿多少了。如果不是远华的话,开元本来是一个很小的公司,一个很小很小的公司。

3. 根据以下相关案例,探寻商品许可管理与工业、农业、商业、资源保护等领域之间的关系。同时回答如下问题:

(1)以下案例中涉及的商品在进出口许可管理中的方式是什么?在报关过程中应如何对待?

(2)谈谈你对这些商品进行的许可管理方式的认识。

(3)你还可以探寻到其他商品许可管理的来龙去脉吗?

抓发菜的故事

(摘录自"田国斌的博客",有删改)

1999年8月4日前,发菜是宁夏五宝里的黑宝,这以后发菜退出了市场,成为禁抓、禁售的国家一级保护植物。

发菜(见图3-2),生长在中国西北部干旱地区的植物,别名地毛、旃毛菜、地毛菜、仙菜、净池菜、头发菜,貌似亚洲人的黑头发,它曾经是宁夏五宝——红黄蓝白黑中的黑宝,也曾经是东南沿海以及东南亚有钱人餐桌上的佳肴,他们请客吃饭有一道菜叫"众手发财",就是猪蹄子和发菜。之所以要吃它,其实就图了个谐音的吉利。发菜的价格有好几百元,之所以这么贵,主要还是因为它很难人工培育出来,都是野生的。

发菜和木耳、地软子一样都属于菌类,其不同的是因为它生在干旱的戈壁荒山和沙化的土地上。因此,它能够形成一根根的黑丝并不断地伸长出去寻找有湿气的地方,这样在发菜生长的地方就形成了一张人眼很难发现的保护网,成为防止荒漠化的第一道屏障。

图3-2 发菜

抓发菜有两大类形式,其一是用一尺多宽的耙子在半沙化草场上抓上一遍,不知道的人还以为是耙草呢,这种行为直接对植被非常脆弱的半荒漠化地方带来灾难性的破坏。其二是在山地用镢子一点点地去挑,这等于把需要呵护的土地上的一层保护网给无情地撕掉了。同时,这些抓发菜的百姓在这十几天或几十天的生活中需要消耗大量的柴草生火烧水、做饭和取暖。因此,方圆几公里在两三天里就被二三十号人扫荡得干干净净,几年甚至几十年都很难恢复原有的植被环境。

1999年8月4日,为了保护西北地区脆弱的生态环境,国家出台了禁止抓发菜和出售发菜的政策,发菜同时成为国家一级重点保护野生植物。从此,发菜产业成为了历史,宁夏五宝的黑宝也将发菜去掉,改成了"太西煤"。

国务院关于重申禁止劳改产品出口规定的批复

(来源:中国法律法规资讯网 2001-7-31)

(国函〔1991〕63号)

经贸部、外交部、司法部:

你们《关于建议立即发布有关禁止劳改产品出口规定的请示》收悉。现批复如下:

国务院同意《关于重申禁止劳改产品出口的规定》,请经贸部、司法部立即对外公发布,并认真贯彻实行。

一九九一年十月五日

附件 关于重申禁止劳改产品出口的规定

一、劳改产品系中国司法部门所属监狱组织犯人劳动生产的产品。

二、中国司法部门根据中国刑法有关规定,对有劳动能力的犯人实行劳动改造。目的是教育和改造他们,使其成为自食其力的劳动者。同时,结合劳动改造,对犯人进行职业培训,为他们刑满后的社会就业创造一定的条件。这与一九五五年第一届联合国预防犯罪和罪犯待遇大会通过的《囚犯待遇最低限度标准规则》是一致的。

三、参加劳动的犯人在劳动保护、医疗卫生等方面,与国有企业工作一样,享受相同的劳保福利待遇。

四、重申禁止劳改产品出口。外贸公司不得收购劳改产品,也不得让其他贸易公司代为收购用于出口,监狱不得向外贸公司提供出口货源。

五、监狱不得与外商建立合资或合作企业。

六、如发现任何部门或企业出口劳改产品,海关有权扣留,没收其所得,并视情节轻重,给予有关责任者相应的处罚。

七、中国司法部门所属的工人(包括家属子女)从事生产的企业,不适用于本规定。

八、本规定自公布之日起生效,过去的规定与本规定有抵触的,以本规定为准。

洋垃圾——走私旧服装充斥市场
(2007年,苏州局轻纺处供稿)

今天下午,苏州电视台记者对轻纺处进行了专访,据记者暗访调查,我市有多个集贸市场出售走私旧服装。记者拿着几件旧服装向轻纺处负责人进行了咨询。经鉴别,这些所谓的100%羊毛衫确实是走私旧服装。旧服装是典型的"洋垃圾",我国政府部门严令禁止进口及销售。旧服装的来源广泛,但主要出自国外的垃圾场和太平间,服装上沾满大量细菌。这些服装穿着以后,会使人感染各种皮肤疾病或其他疾病,有些病菌存在引发大面积疫情的严重危害,严重威胁我国人民的人身健康。在市场上偷偷销售的旧服装虽经洗涤、熨烫、加工,但仍是传染疾病的污染源。

检验检疫部门提醒广大消费者,千万不要贪图便宜购买这些非法入境的旧服装,避免被染上疾病甚至危及生命。

公安部关于重申右置方向盘汽车不准核发牌证的通知

各省、自治区、直辖市公安厅、局:

自1985年公安部发布机动车安全检验标准,明确规定机动车方向盘必须设于左侧以来,各地公安机关车辆管理部门认真执行,对右置方向盘汽车不予核发牌证。但是近来发现一些地方未能坚持执行这一规定,给右置方向盘汽车核发牌证,这不仅影响交通安全,也给偷盗、走私汽车的不法分子留下可乘之机。为此,现就有关问题通知如下:

一、重申右置方向盘汽车一律不予核发牌证的规定,从即日起,要严格执行。

二、对已领取牌证的右置方向盘汽车,由省、自治区、直辖市公安交通管理部门负责,组织专门力量认真进行一次清查。要逐一核对发动机号码、底盘号码和车辆技术档案,查清车辆来历,对有偷盗或走私嫌疑的,即移交公安刑侦部门处理。

三、已领取牌证的右置方向盘汽车不办理转籍、变更登记手续;对达到报废标准的,立即强行报废,注销牌证。

以上规定不适用于港澳入出境运输车辆。

1992年7月31日

本项目涉及的知识结构:

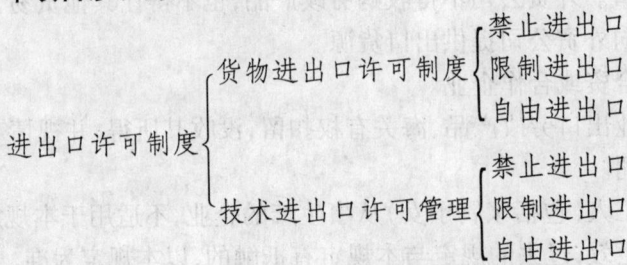

4. 在出口收汇核销流程中(见图3-3)体会报关环节与外汇核销环节的衔接。同时回答如下问题:
(1)能否用自己的话简述出口收汇的核销过程。
(2)报关环节如何与外汇核销环节高效便捷地衔接?
(3)外汇核销时需要哪些文件,这些文件的作用是什么?

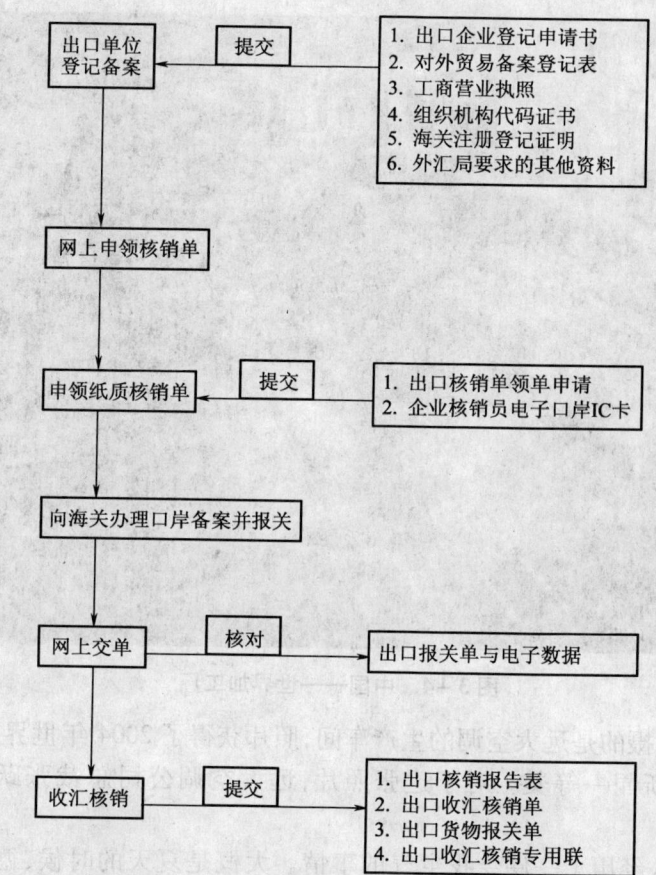

图3-3 出口收汇核销业务流程图

本项目涉及的知识结构:

进出口收付汇管理 { 出口货物收汇管理
进口货物付汇管理

5. 针对下面的照片(见图3-4)和报道,回答如下问题:
(1)看到这张照片,你可能会想到什么?
(2)你可以举出几个比较受人关注的关于中国产品"倾销"的案例或者新闻事件吗?
(3)你觉得中国产品远离反倾销的根本途径是什么?

图3-4　中国——世界加工厂

这张照片拍摄的是远大空调的生产车间,照片获得了2004年世界新闻大赛(荷赛奖)当代热点类新闻一等奖。对于这张照片,远大空调公司总裁张跃道出了其中的原委:

"……前不久经历了一件令我生气的事情。大概是夏天的时候,德国《明星》杂志要采访我,他们说要拍一些工人在工厂的照片,我们就召集了车间的工人,让他们拍了一张很大的照片。那张照片是从高空拍下来的,3 000多员工站在工厂里。

我以为他们对我们公司进行了客观的报道,殊不知,他们把我们作为反面的对象,作为对中国过强的生产力增长进行严厉抨击的一个例证。说我们的产品是如何倾销到德国,说我们要控制全世界。当然,远大仅仅是其中的一个典型,他们对中国的很多行业,钢铁、水泥、化纤、小商品等都进行了攻击。

文章和照片刊登以后,很多德国人跟我们经销商说,你不能再代理远大了,这损害我们国家的利益,你们夺走了我们很多的工作岗位。"

远离反倾销的根本途径

（原载于《上海证券报》，有改动。）

目前，我国是世界上遭受反倾销诉讼最多的国家，而深圳则是我国发生对外贸易摩擦最多的地区。

2002年深圳企业只遇到2起反倾销案，涉及3家企业；2003年深圳企业遭遇反倾销案9起，涉及企业86家；2005年，在公布的51起对华反倾销调查案件中，涉案产品在深圳都有企业经营。

人们关注到，深圳很多企业都有过被跨国公司"查厂"的经历，跨国公司查厂，查的就是企业的社会责任。这是因为企业除了追求利润最大化以外，还应该对社会承担相应的责任，包括遵守商业道德、保护劳工权利、保护发展环境、发展慈善事业、捐赠公益事业、保护弱势群体等。其内容涉及人的权利、员工权益、环境保护、社会参与，以及企业和各种相关责任人、相关利害关系人的权益等方面。

从20世纪90年代开始，西方发达国家掀起了推行企业责任的浪潮，美国、英国、法国、欧盟等政府组织纷纷制定有关社会责任的法律法规，从政府部门、民间团体到社会中介等都越来越关注企业的社会责任，众多跨国公司开始制定各自的《生产守则》，对企业的产业链、供应链等实施社会责任管理。因此，现代企业管理的内涵在这里得到了极大的挖掘和延伸。

"社会责任国际"公布的企业社会责任标准SA8000是一套可被第三方认证机构独立审核的国际标准，具有很大的参考价值。但是，正如《生态经济》的作者、美国地球政策研究所所长莱斯特·布朗先生所说："中国的经验清楚地表明，西方的工业发展模式对中国来说将是不适用的……我们必须架构一种与地球保持和谐关系的经济，而不是架构像现在这种跟地球处于对立状态的经济。"在和谐发展已经成为世界各国和地区、包括企业追求的终极目标的大前提下，深圳率先建立一套适合国情和市情的企业履行社会责任的措施、标准和办法，既急迫又具有十分重要的现实意义和应用价值。

为此，深圳今年将"建立推进企业履行社会责任制度"作为重大调研课题，形成了《关于进一步推行企业履行社会责任的意见》，这无疑是一个令人振奋的消息。

丹尼尔·卡尼曼在其论文《体验效用与客观幸福》中说："人们对幸福的主观感受，是基于记忆的，要求对近期的'过去'作出主观判断；而客观幸福是基于即时感受的，指事物给人的即时的客观影响，可以根据一系列标准化的规则度量。一句话，客观幸福是可测的。"但客观幸福究竟应当如何测度呢？经济学家们一致认为与效用紧密相关，效用测度是幸福测度的基础。因此，企业社会责任的效用测度将为企业赢得自我发展的最佳环境和可持续的客观幸福。

企业内部和谐是企业建设和谐社会的基础条件。根据科学发展观的要求,企业应当建立和谐的内部系统,体现"以人为本"的发展理念,包括各种所有制企业领导班子团结一致、互相尊重、优势互补、共谋发展;包括劳资双方互相尊重、互相体谅、互相帮助,注重员工福利;包括运作机制和谐,建立健全的企业制度、产权制度,确保企业运转正常、高效、有序;包括文化氛围和谐,建立和谐奋发的企业文化,引导全体员工建立共同的价值观念、行为准则、道德规范等。

而企业外部和谐则是企业建设和谐社会的必要条件。企业履行社会责任,将最终为自己赢得一流的人才、广阔的市场、良好的前景和符合实际需求的发展条件。

本项目涉及的知识结构:

$$贸易救济制度\begin{cases}反倾销\\反补贴\\保障措施\end{cases}$$

6. 通过案例总结正确的许可证件申领时间,同时回答如下问题:
(1)如果你是这家货代企业的工作人员,你会如何处理这个问题?
(2)对于涉及许可证件管理的商品,正确的许可证件申领时间应该如何掌握?

某市货运代理公司为该市某耐火材料公司代理矾土的国内运输和出口报关事宜,由于该货的交期将到,而出口许可证还未申领到位,为留住客户,该货代公司私自将160公吨的矾土伪报为玻璃器皿申报出口,结果被海关查扣。

本项目涉及的知识结构:

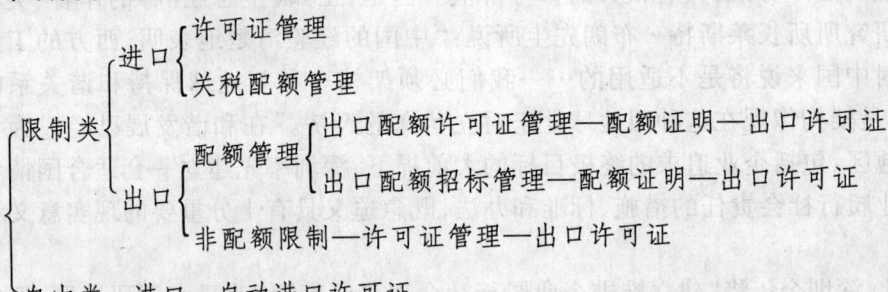

7. 通过以下案例对商品检验检疫制度有一个初步的认识,同时回答如下问题:
(1)该案例中涉及的是商品检验检疫制度中的哪一种制度?
(2)废纸的进口规范是什么?
(3)通常情况下,报关与报检环节如何衔接?

某年广州黄埔检验检疫局的人员在对一批重达900多公吨、分装在37个集装箱内的美国进口废纸进行现场查验,在其中的一个集装箱的边角底板沟槽中发现有蚂蚁爬动,检验人员随即对蚂蚁进行取样,并即刻封存了该批废纸。后经确认,被取样的蚂蚁为危害性极大的红火蚁。

本项目涉及的知识结构:

商品检验检疫制度 { 进出口商品检验制度
动植物检验检疫制度
国境卫生检验制度

第四章

海关监管货物及其报关程序

导 言

本章将主要介绍海关监管货物的种类、如何正确区分不同的海关监管货物以及主要海关监管货物的报关程序。这部分内容不仅是报关实务中的重点,而且也是重要的报关职业技能之一,其关键在于掌握海关监管货物,而报关程序,只要理解了一般进出口货物的报关程序,其他的报关程序也就迎刃而解了。

对于报关程序,不能死记硬背,关键还是正确理解海关监管货物的特征,这些货物千差万别,各具特色,正是这些特色决定了与之相对应的报关程序和海关监管重点。解决问题要抓关键,而学习报关程序的关键正是从海关监管货物入手。

知识点汇编

一、海关监管货物

海关监管货物是指自进境起到办结海关手续止的进口货物,自向海关申报起到出境止的出口货物,以及自进境起到出境止的过境、转运和通运货物等应当接受海关监管的货物,包括一般进出口货物、保税货物、特定减免税货物、暂准进出境货物,以及过境、转运、通运货物和其他尚未办结海关手续的货物。

根据货物进出境的不同目的,海关监管货物可分成五大类:

第一,从境外进口办结海关手续直接进入国内生产或者流通领域的进口货物,是一般进口货物;按国内商品申报,办结出口手续到境外消费的出口货物,是一般出口货物。

第二,经海关批准未办理纳税手续进境,在境内储存、加工、装配后复运出境的货物,是保税货物;保税货物又可以分成保税加工货物和保税物流货物两大类。

第三,经海关依法准予免税进口的用于特定地区、特定企业、有特定用途的货物,是特定减免税货物。

第四,经海关批准凭担保进境在境内使用后原状复运出境的货物,是暂准进境货物;经海关批准凭担保出境在境外使用后原状复运进境的货物,是暂准出境货物。

第五,由境外启运,通过中国境内继续运往境外的货物,以及其他尚未办结海关手续的进出境货物,是其他进出境货物。

在我国,货物的进出境须经过海关审单、查验、征税、放行四个作业环节。与之相适应,进出口货物收发货人或其代理人应当按照程序办理相应的进出口申报、配合查验、缴纳税费、提取或装运货物等手续,货物才能进出境。但是,这些程序还不能满足海关对所有进出境货物的实际监管要求。因此,从海关对进出境货物进行监管的全过程来看,报关程序按时间先后可以分为三个阶段:前期阶段、进出境阶段、后续阶段。前期阶段是指根据海关对保税货物、特定减免税货物、暂准进出境货物、其他进出境货物的监管要求,进出口货物收发货人或其代理人在货物进出境以前,向海关办理备案手续的过程。后续阶段是指根据海关对保税货物、特定减免税货物、暂准进出境货物、部分其他进出境货物的监管要求,进出口货物收发货人或其代理人在货物进出境储存、加工、装配、使用、维修后,在规定的期限内,按照规定的要求,向海关办理上述进出口货物核销、销案、申请解除监管等手续的过程。

二、一般进出口货物

一般进出口货物的特征是:①进出境时缴纳进出口税费;②进出口时提交相关的许可证件;③海关放行即办结了海关手续。

一般进出口货物报关程序由四个环节构成,即进出口申报、配合查验、缴纳税费、提取或装运货物。

申报是指进出口货物收发货人、受委托的报关企业,依照《海关法》以及有关法律、行政法规的要求,在规定的期限、地点,采用电子数据报关单和纸质报关单形式,向海关报告实际进出口货物的情况,并接受海关审核的行为。

进出口货物应当由收发货人或其代理人在货物的进出境地海关申报。

进口货物的申报期限为自装载货物的运输工具申报进境之日起14日内。进口货物收货人未按规定期限向海关申报产生滞报的,由海关按规定征收滞报金。进口货物滞报金应当按日计征。计征起始日为运输工具申报进境之日起第15日,截止日为海关接受申报之日(即申报日期)。起始日和截止日均计入滞报期间。出口货物的申报期限为货物运抵海关监管区后、装货的24小时以前。

在采用先电子数据报关单申报,后提交纸质报关单申报的情况下,海关接受申报的时间以海关接受电子数据报关单申报的日期为准。

准备申报单证是报关员开始进行申报工作的第一步,申报单证可以分为报关单和随附单证两大类,其中随附单证包括基本单证和特殊单证。报关单是由报关员按照海关规定格式填制的申报单,是指进出口货物报关单或者带有进出口货物报关单性质的单证。基本单证是指进出口货物的货运单据和商业单据,主要有进口提货单据、出口装货单据、商业发票、装箱单等。特殊单证主要是指进出口许可证件、加工贸易登记手册(包括纸质手册、电子账册和电子化手册)、特定减免税证明、作为有些货物进出境证明的原进出口货物报关单证、出口收汇核销单、原产地证明书、贸易合同等。

海关查验是指海关为确定进出境货物收发货人向海关申报的内容是否与进出口货物的真实情况相符,或者为确定商品的归类、价格、原产地等,依法对进出口货物进行实际核查的执法行为。

进出口货物收发货人或其代理人将报关单及随附单证提交给货物进出境地指定海关,海关对报关单进行审核,对需要查验的货物先由海关查验,然后核对计算机计算的税费,开具税款缴款书和收费票据。进出口货物收发货人或其代理人在规定时间内,持缴款书或收费票据向指定银行办理税费交付手续。在试行中国电子口岸网上缴税和付费的海关,进出口货物收发货人或其代理人可以通过电子口岸接收海关发出的税款缴款书和收费票据,在网上向指定银行进行税费电子支付。一旦收到银行缴款成功的信息,即可报请海关办理货物放行手续。

现场放行是指海关接受进出口货物的申报、审核电子数据报关单和纸质报关单及随附单证、查验货物、征免税费或接受担保以后,对进出口货物做出结束海关进出境现场监管决定,允许进出口货物离开海关监管现场的工作环节。

进出口货物收发货人或其代理人,办理完提取进口货物或装运出口货物的手续以后,如需要海关签发有关的货物进口、出口证明联的,均可向海关提出申请。

三、保税加工货物

保税加工货物是指经海关批准未办理纳税手续进境,在境内加工、装配后复运出境的货物。保税加工货物就是通常所说的加工贸易保税货物。加工贸易俗称"两头在外"的贸易,指料件从境外进口、在境内加工装配成成品运往境外的贸易。加工贸易的两种主要形式是来料加工和进料加工。来料加工是指由关境外企业提供料件,经营企业不需要付汇进口,按照境外企业的要求进行加工或装配,只收取加工费,制成品由境外企业销售的经营活动。进料加工是指经营企业用外汇购买料件进口,制成成品后外销出口的经营活动。

海关对保税加工货物监管的基本特征是:①备案保税;②纳税暂缓;③监管延伸。

(一)纸质手册管理下保税加工货物的报关流程

1. 前期阶段——合同备案。加工贸易合同备案,是指加工贸易企业持合法的加工贸易合同到主管海关备案,申请保税并领取"加工贸易登记手册"或其他准予备案凭证的行为。

海关受理合同备案,是指海关根据国家规定,在接受加工贸易合同备案后,批准合同约定的进口料件保税,并把合同内容转化为登记手册内容或作必要的登记,然后核发登记手册或其他准予备案凭证的海关行政许可事项。国家规定,开展加工贸易业务应当由经营企业到加工企业的所在地主管海关办理加工贸易合同备案手续。

合同备案的内容包括准备备案单证、划定备案商品所属的类别及适用哪种台账制度。海关受理并准予备案后,企业应当领取海关签章的"加工贸易登记手册"或其他准予备案的凭证。

2. 进出境阶段。加工贸易企业在主管海关备案的情况在计算机系统中已生成电子底账,有关电子数据通过网络传输到相应的口岸海关,因此企业在口岸海关报关时提供的有关单证内容必须与电子底账数据相一致。

加工贸易保税货物进出境由加工贸易经营单位或其代理人申报。进出境申报时必须持有"加工贸易登记手册"或其他准予合同备案的凭证。

加工贸易保税货物进出境报关的许可证件管理和税收征管要求,料件进口暂缓缴税,成品出口除另有规定外无需缴纳关税。料件进口免证,成品出口验证。

3. 后续核销。加工贸易合同核销,是指加工贸易经营企业加工复出口并对未出口部分货物办妥有关海关手续后,凭规定单证向海关申请解除监管,海关经审查、核查属实且符合有关法律、行政法规的规定,予以办理解除监管手续的海关行政许可事项。报核的时间应当由经营企业在加工贸易手册项下最后一批成品出口或者加工贸易手册到期之日起 30 日内向海关报核。

加工贸易保税货物深加工结转,是指加工贸易企业将保税进口料件加工的产品转至另一海关关区内的加工贸易企业进一步加工后复出口的经营活动。其程序分为计划备案、收发货登记、结转报关三个环节。

(二) 电子账册管理下保税加工货物的报关流程

1. 前期阶段。前期阶段包括商委和海关的审批,建立商品归并关系,完成"经营范围电子账册"备案和"便捷通关电子账册"备案。

2. 进出境报关阶段。联网企业进出口保税加工货物,应使用企业内部的计算机,采用计算机原始数据形成报关清单,经中国电子口岸自动归并后生成报关单,向海关申报。联网企业备案的进口料件和出口成品等内容,是货物进出口时与企业实际申报货物进行核对的电子底账。因此,申报数据与备案数据应当一致。企业按实际进出口的"货号"(料件号和成品号)填报报关单,并按照加工贸易货物的实际性质填报监管方式。海关按照规定审核申报数据,进口报关单的总金额不得超过电子账册最大周转金额的剩余值,如果电子账册对某项下料件的数量进行限制,报关单上该项商品的申报数量不得超过其最大周转量的剩余值。

有关许可证件管理和税收征管的规定与纸质手册管理下的保税加工货物进出境报关相同。

3. 核销阶段。海关对联网企业实行定期或周期性的核销制度。一般规定为180天为一个报核周期。首次报核期限,从电子账册建立之日起180天后的30天内;以后报核期限,从上次报核之日起180天后的30天内。

(三)电子化手册

电子化手册的建立要经过加工贸易经营企业的联网监管申请和审批、加工贸易业务的申请和审批、建立商品归并关系和电子化手册三个步骤,基本程序同电子账册。

1. 备案。备案分为按合同常规备案和分段式备案。
2. 进出口报关。在进出口报关阶段程序同纸质手册方式。
3. 核销。海关根据加工贸易合同的有效期限确定核销日期,对实行电子化手册管理的联网企业进行定期核销管理,即对电子化手册按照对应的合同项下加工贸易进出口情况进行平衡核算。

(四)出口加工区及其货物的报关流程

出口加工区内企业在进出口货物前,应向出口加工区主管海关申请建立电子账册。出口加工区企业电子账册包括"加工贸易电子账册"和"企业设备电子账册"。出口加工区进出境货物和进出区货物通过电子账册办理报关手续。

1. 出口加工区与境外之间进出货物的报关。出口加工区企业从境外运进货物或运出货物到境外,由收发货人或其代理人填写进、出境货物备案清单,向出口加工区海关报关。
2. 出口加工区与境内区外其他地区之间进出货物报关。

(1)出口加工区货物运往境内区外,由区外企业录入进口货物报关单,凭发票、装箱单、相应的许可证件等单证向出口加工区海关办理进口报关手续。进口报关结束后,区内企业填制出口加工区出境货物备案清单,凭发票、装箱单、电子账册编号等单证向出口加工区海关办理出区报关手续。出口加工区海关放行货物后,向区外企业签发"进口货物报关单"付汇证明联,向区内企业签发"出口加工区出境货物备案清单"收汇证明联。

(2)境内区外货物运入出口加工区,由区外企业录入"出口货物报关单",凭购销合同、发票、装箱单等单证向出口加工区海关办理出口报关手续。出口报关结束后,区内企业填制"出口加工区进境货物备案清单",凭购销发票、装箱单、电子账册编号等单证向出口加工区海关办理进区报关手续。出口加工区海关查验、放行货物后,向区外企业签发"出口货物报关单"收汇证明联,向区内企业签发"出口加工区进境货物备案清单"付汇证明联。

四、保税物流货物

保税物流货物是指经海关批准未办理纳税手续进境在境内储存后复运出境的货物,也称作保税仓储货物。海关对保税物流货物的监管特征是:①设立审批;②准入保税;③监管延伸;④运离结关。

(一)保税仓库

保税仓库是指经海关批准设立的专门存放保税货物及其他未办结海关手续货物的仓库。

保税仓库货物的报关程序可以分为进仓报关和出仓报关。

1. 进仓报关,指货物在保税仓库所在地进境时,除国家另有规定的外,免领进口许可证件,由收货人或其代理人办理进口报关手续,海关进境现场放行后存入保税仓库。货物在保税仓库所在地以外其他口岸入境时,经海关批准,收货人或其代理人可以按照转关运输的报关程序办理手续,也可以直接在口岸海关办理异地传输报关手续。

2. 出仓报关。保税仓库货物出仓可能出现进口报关和出口报关两种情况。

(1)进口报关,按照保税仓库货物出仓的不同用途,由相关企业或其代理人按不同货物的报关程序办理进口报关手续。

(2)出口报关,保税仓库货物为转口或退运到境外而出仓的,保税仓库经营企业或其代理人按一般出口货物的报关程序办理出口报关手续,但可免缴纳出口关税,免交验出口许可证件。

(二)出口监管仓库

出口监管仓库是指经海关批准设立,对已办结海关出口手续的货物进行存储、保税货物配送、提供流通性增值服务的海关专用监管仓库。

出口监管仓的报关程序可以分为进仓报关和出仓报关。

1. 进仓报关。出口货物存入出口监管仓库时,发货人或其代理人应当向主管海关办理出口报关手续,填制出口货物报关单。按照国家规定应当提交出口许可证件和缴纳出口关税的,发货人或其代理人必须提交许可证件和缴纳出口关税。发货人或其代理人按照海关规定提交报关必需单证和仓库经营企业填制的"出口监管仓库货物入仓清单"。

2. 出仓报关。出口监管仓库货物出仓可能出现出口报关和进口报关两种情况。

(1)出口报关,出口监管仓库货物出仓出口时,仓库经营企业或其代理人应当向主管海关申报。仓库经营企业或其代理人按照海关规定提交报关必需的单证,并提交仓库经营企业填制的"出口监管仓库货物出仓清单"。

(2)进口报关,出口监管仓库货物转进口的,应当经海关批准,按照进口货物的有关规定办理相关手续。用于加工贸易的,由加工贸易企业或其代理人按加工贸易货物的报关程序办理进口报关手续。用于可以享受特定减免税的特定地区、特定企业和特定用途的,由享受特定减免税的企业或其代理人按特定减免税货物的报关程序办理进口报关手续。进入国内市场或使用于境内其他方面,由收货人或其代理人按一般进口货物的报关程序办理进口报关手续。

(三)保税物流中心

1. 保税物流中心(A型)是指经海关批准,由中国境内企业法人经营、专门从事保税仓储物流业务的海关监管场所。

2. 保税物流中心(B型)是指经海关批准,由中国境内一家企业法人经营,多家企业进入并从事保税仓储物流业务的海关集中监管场所。

保税物流中心进出货物的报关程序分为物流中心与境外之间的进出货物报关及物流中心与境内之间的进出货物报关。

物流中心与境外之间进出的货物,应当在物流中心主管海关办理相关手续,除实行出口被动配额管理和中华人民共和国参加或者缔结的国际条约及国家另有明确规定的以外,不实行进出口配额、许可证件管理。

物流中心与境内之间的进出货物报关,出中心进入关境内的其他地区,视同进口,按照货物进入境内的实际流向和实际状态办理进口报关手续。物流中心货物出中心运往境外办理出口报关手续。

货物从境内进入物流中心视同出口,办理出口报关手续。

(四)保税物流园区

保税物流园区是指经国务院批准,在保税区规划面积或者毗邻保税区的特定港区内设立的、专门发展现代国际物流业务的海关特殊监管区域。

保税物流园区与境外之间进出货物的报关实行备案制管理。境外运入园区货物到港后,园区企业及其代理人可以先提交舱单将货物直接运到园区,再提交"进境货物备案清单"向园区主管海关办理申报手续。除法律、行政法规另有规定的外,境外运入园区的货物不实行许可证件管理。

从园区运往境外的货物,除法律、行政法规另有规定外,免征出口关税,不实行许可证件管理。

园区与区外之间进出的货物,由区内企业或者区外的收发货人或其代理人在园区主管海关办理申报手续。

园区货物运往区外,视同进口。园区企业或者区外收货人或其代理人按照进口货物的有关规定向园区主管海关申报,海关按照货物出园区时的实际监管方式的有关规定办理。

区外货物运入园区,视同出口,由区内企业或者区外的发货人或其代理人向园区主管海关办理出口申报手续。属于应当缴纳出口关税的商品,应当照章缴纳;属于许可证件管理的商品,应当同时向海关出具有效的许可证件。

(五)保税区

保税区是指经国务院批准在中华人民共和国境内设立的由海关进行监管的特定区域。

保税区货物报关分进出境报关和进出区报关。

进出境报关,采用报关制和备案制相结合的运行机制,即保税区与境外之间进出境货物,属自用的,采取报关制,填写进出口报关单;属非自用的,包括加工出口、转口、仓储和展示,采取备案制,填写进出境备案清单,即保税区内企业的加工贸易料件、转口贸易货物、仓储货物进出境,由收货人或其代理人填写"进出境货物备案清单"向海关报关;对保税区内企业进口自用合理数量的机器设备、管理设备、办公用品及工作人员所需自用合理数量的应税物品以及货样,由收货人或其代理人填写"进口货物报关单"向海关报关。

进出区报关,根据不同的情况按不同的报关程序报关。

进区,报出口,要有"加工贸易登记手册"或者"加工贸易电子账册",填写出口报关单,提供有关的许可证件,海关不签发"出口货物报关单"退税证明联。

出区,报进口,按不同的流向填写不同的进口货物报关单。

(六)保税港区

保税港区是指经国务院批准,设立在国家对外开放的口岸港区和与之相连的特定区域内,具有口岸、物流、加工等功能的海关特殊监管区域。

保税港区与境外之间进出的货物应当在保税港区主管海关办理海关手续,实行备案制管理,对从境外进入保税港区的货物予以保税,货物的收发货人或者代理人应当如实填写进出境货物备案清单,向海关备案。

保税港区与区外非特殊监管区域或场所之间进出的货物,区内企业或者区外收发货人按照进出口货物的有关规定向保税港区主管海关办理申报手续。

保税港区与其他海关特殊监管区域或者保税监管场所之间往来的货物,实行保税监管,不予签发用于办理出口退税的出口货物报关单证明联。

五、特定减免税货物

特定减免税货物是指海关根据国家的政策规定准予减免税进口使用于特定地区、特定企业、特定用途的货物。

特定减免税货物的特征是:①特定条件下减免进口关税;②进口申报时应当提交进口许可证件;③进口后在特定的海关监管期限内接受海关监管。

特定减免税货物的报关程序有减免税申请、进口报关和申请解除监管三个阶段。

减免税申请阶段包括减免税备案和减免税证明申领两个环节。

进出口报关程序基本同一般进出口货物的报关程序。但是,进口报关时还应当向海关提交进出口货物征免税证明。填制报关单时,应当在报关单"备案号"栏内填写进出口货物征免税证明的12位编号。12位编号写错将不能通过海关计算机逻辑审核,或者在提交纸质报关单证时无法顺利通过海关审核。

特定减免税进口货物监管年限届满时,自动解除海关监管。在海关监管期内要求解除监管的,主要是为了在国内销售、转让、放弃或者退运境外,需要办理相应的海关手续。

六、暂准进出境货物

暂准进出境货物是暂准进境货物和暂准出境货物的合称。暂准进境货物是指为了特定的目的,经海关批准暂时进境,按规定的期限原状复运出境的货物。暂准出境货物是指为了特定的目的,经海关批准暂时出境,按规定的期限原状复运进境的货物。

暂准进出境货物的特征是:①有条件暂时免予缴纳税费;②免于提交进出口许可证件,但是,涉及公共道德、公共安全、公共卫生所实施的进出境管制制度的暂准进出境货物应当凭许可证件进出境;③规定期限内按原状复运进出境;④按货物实际使用情况办结海关手续。

按照暂准进出境货物的范围,将海关的监管方式可以归纳为:①使用ATA单证册报关的暂准进出境货物;②不使用ATA单证册报关的展览品;③集装箱箱体;④其他暂准出境货物。

以下介绍使用ATA单证册的暂准进出境货物的申报。

进境申报。进境货物收货人或其代理人持ATA单证册向海关申报进境展览品时,先在海关核准的出证协会即中国国际商会以及其他商会,将ATA单证册上的内容预录入海关与商会联网的ATA单证册电子核销系统,然后向展览会主管海关提交纸质ATA单证册、提货单等单证。海关在白色进口单证上签注,并留存白色进口单证(正联),退还其存根联和ATA单证册其他各联给货物收货人或其代理人。

出境申报。出境货物发货人或其代理人持ATA单证册向海关申报出境展览品时,向出境地海关提交国家主管部门的批准文件、纸质ATA单证册、装货单等单证。海关在绿色封面单证和黄色出口单证上签注,并留存黄色出口单证(正联),退还其存根联和ATA单证册其他各联给出境货物发货人或其代理人。

持证人在规定期限内将进境展览品、出境展览品复运出境、复运进境,海关在白色复出口单证和黄色复进口单证上分别签注,留存单证(正联),退还其存根联和ATA单证册其他各联给持证人,正式核销"结关"。

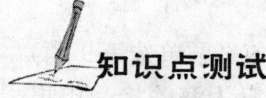

知识点测试

一般进出口货物的报关程序

1. 下列关于申报地点的表述,错误的是( )。(2007年真题单选第8题)

   A. 进口货物应当在进境地海关申报

   B. 出口货物应当在出境地海关申报

   C. 经海关同意,进口货物可以在指运地海关申报,出口货物可以在起运地海关申报

   D. 特定减免税货物改变性质转为一般进出口时,应当在货物原进境地海关申报

2. 运载进出口货物的运输工具5月9日申报进境,收货人5月15日向海关传送报关单电子数据,海关当天受理申报并发出现场交单通知,收货人于5月27日提交纸质报关单时,发现海关已于5月26日撤销电子数据报关单,遂于5月30日重新向海关申报,海关当天受理申报并发出现场交单通知,收货人5月31日提交纸质单证,如以上日期均不涉及法定节假日,滞报天数应为( )。(2007年真题单选第9题)

   A. 0天   B. 6天   C. 7天   D. 8天

3. 海关接受进出口货物申报后,电子数据和纸质的进出口货物报关单不得修改或者撤销;确有正当理由的,经海关审核批准,可以修改或撤销,下列情形属于正当理由的是( )。(2007年真题多选第8题)

   A. 由于报关人员书写失误造成所申报的报关单内容有误,并且未发现有走私违规及其他违法嫌疑的

   B. 出口货物放行后,由于配载原因造成原申报货物退关的

   C. 进出口货物在运输过程中因不可抗力造成损毁,导致原申报数据与实际货物不符的

   D. 根据贸易惯例先行采用暂时价格成交,实际结算时按商检品质认定或国际市场实际价格付款方式需要修改申报内容的

4. 以下关于海关查验的表达正确的是( )。(2007年真题多选第9题)

   A. 进出口货物收发货人对海关查验结论有异议,可以向海关提出复验要求

   B. 已经参加过查验的查验人员应当参加对同一票货物的复验

   C. 经海关通知查验,进出口货物收发货人或者代理人届时未到场的,海关可以径行开验

   D. 进出口货物的收发货人或其代理人在海关查验时,对货物是否受损坏未提出

异议,事后发现货物有损坏的,海关不负赔偿的责任

5. 下列关于海关征收滞报金的表述,正确的是( )。(2006年真题单选第9题)
   A. 计征起始日为运输工具申报进境之日起第15日,截止日为海关接受申报之日(即申报日期),起始日计入滞报期间,但截止日不计入滞报期间
   B. 滞报金的日征收金额为进口货物完税价格的5‰
   C. 滞报金计算至人民币"分"
   D. 滞报金的起征点为人民币50元

6. 关于报关单的修改和撤销,以下表述正确的是( )。(2006年真题单选第10题)
   A. 海关发现进出口货物报关单需要进行修改或者撤销的,海关可以直接进行修改或撤销
   B. 海关发现进出口货物报关单需要进行修改或者撤销的,收发货人或其代理人应当提交进出口货物报关单修改/撤销申请表
   C. 收发货人或其代理人要求修改或者撤销报关单的,应当提交进出口货物报关单修改/撤销确认书
   D. 因修改或者撤销进出口货物报关单导致需要变更、补办进出口许可证件的,进出口货物收发货人或者其代理人应当向海关提交相应的进出口许可证件

7. 关于申报期限,以下表述正确的是( )。(2006年真题多选第8题)
   A. 进口货物的申报期限为自装载货物的运输工具进境之日起14日内
   B. 出口货物的申报期限为货物运抵海关监管区后、装货前24小时
   C. 经海关批准准予集中申报的进口货物,自装载货物的运输工具申报进境之日起一个月内办理申报手续
   D. 经电缆、管道或其他特殊方式进出境的货物,进出口货物收发货人或其代理人应当按照海关的规定定期申报

8. 关于申报地点,以下表述正确的是( )。(2006年真题多选第9题)
   A. 进口货物应当在进境地海关申报
   B. 出口货物应当在出境地海关申报
   C. 保税货物转为一般进口时应当在货物原进境地海关申报
   D. 经收货人申请,海关同意,进口货物可以在设有海关的指运地申报

9. 海关可以对已查验货物进行复验,以下属于海关可以复验的情形是( )。(2006年真题多选第10题)
   A. 经初次查验未能查明货物的真实属性,需要对已查验货物的某些性状做进一步确认的
   B. 货物涉嫌走私违规,需要重新查验的
   C. 进出口货物收发货人对海关查验结论有异议,提出复验要求并经海关同意的

D. 海关查验后,检验检疫部门提出复验要求的

10. 进出口货物的报关是指进出口货物收发货人或其代理人在货物进出口时,采用电子数据报关单和纸质报关单形式向海关申报的行为。_____(2006年真题判断第3题)

11. 进出境货物的海关现场放行就是结关。_____(2006年真题判断第8题)

12. 一般进出口货物也称为一般贸易货物,是指在进出境环节缴纳了应征的进出口税费并办结了所有必要的海关手续,海关放行后不再进行监管,可以直接进入生产和流通领域的进出口货物。_____(2006年真题判断第9题)

13. 进出口货物收发货人或其代理人配合海关查验的工作主要包括( )。(2005年真题多选第12题)

    A. 负责搬移货物,开拆和重封货物的包装
    B. 回答查验关员的询问
    C. 负责提取海关需要作进一步检验、化验或鉴定的货样
    D. 签字确认查验记录

14. 电子数据报关单被海关退回的,进出口货物收发货人或其代理人应当按照要求修改后重新申报,申报日期为海关接受重新申报的日期。_____(2005年真题判断第9题)

15. 关于海关接受申报的时间,下列表述错误的是( )。(2004年真题单选第11题)

    A. 经海关批准单独以电子数据报关单形式向海关申报的,以"海关接受申报"的信息发送给进出口货物收发货人或其代理人,或者公布于海关业务现场的时间为接受申报的时间
    B. 经海关批准单独以纸质报关单形式向海关申报的,以海关在纸质报关单上进行登记处理的时间为接受申报的时间
    C. 在先以电子数据报关单向海关申报,后以纸质报关单向海关申报的情况下,海关接受申报的时间以海关接受纸质报关申报的时间为准
    D. 在采用电子和纸质报关单申报的一般情况下,海关接受申报的时间以海关接受电子数据报关单申报的时间为准

16. 在一般情况下,进出口货物收发货人或其代理人应当先以电子数据报关单形式向海关申报,海关接受并审结电子数据报关单后,进出口货物收发货人或其代理人应当自接到海关"现场交单"或者"放行交单"通知之日起10日内,持打印的纸质报关单,备齐规定的随附单证并签名盖章,到货物所在地海关提交单证并办理相关海关手续。_____(2004年真题判断第9题)

17. 进口货物收货人申报并经海关依法审核,必须撤销原电子数据报关单重新申报的,如产生滞报,经进口货物收货人申请并经海关审核同意,以( )为滞报

金起征日。(2008年真题单选第8题)

A. 运输工具申报进境之日
B. 运输工具申报进境之日起第15日
C. 撤销原报关单之日
D. 撤销原报关单之日起第15日

18. 进出口货物收发货人对海关查验结论有异议,向海关提出复验要求的,经海关同意,可以由原查验人员对该票货物予以复验。_____ (2008年真题判断第8题)

保税加工货物的报关程序

1. 加工贸易企业从事加工出口业务中,因不可抗力原因造成损毁导致无法复出口的保税进口料件和加工制成品内销,应当( )。(2007年真题单选第10题)

   A. 按受灾货物免税,免纳缓税利息,免于交验许可证件
   B. 按原进口货物纳税,缴纳缓税利息,交验相应的许可证件
   C. 按受灾货物纳税,缴纳缓税利息,免于交验许可证件
   D. 按原进口货物纳税,免纳缓税利息,交验相应的许可证件

2. 自境内区外运入出口加工区的货物,正确的报关程序应当是( )。(2007年真题单选第11题)

   A. 区外企业填制出口报关单→区内企业填制进境备案清单→海关向区外企业签发报关单退税、收汇证明联,向区内企业签发进境备案清单付汇证明联
   B. 区外企业填制进口报关单→区内企业填制出境备案清单→海关向区外企业签发报关单付汇证明联,向区内企业签发出境备案清单收汇证明联
   C. 区外企业填制出口报关单→区内企业填制出境备案清单→海关向区外企业签发报关单退税、收汇证明联,向区内企业签发出境备案清单收汇证明联
   D. 区外企业填制出境备案清单→区内企业填制出口报关单→海关向区外企业签发出境备案清单退税、收汇证明联,向区内企业签发报关单付汇证明联

3. 保税加工货物内销,海关按规定免征缓税利息的是( )。(2006年真题单选第11题)

   A. 副产品   B. 残次品
   C. 边角料   D. 不可抗力受灾保税货物

4. 下列贸易形式中,属于加工贸易的是( )。(2007年真题多选第11题)

   A. 来料加工   B. 来料养殖
   C. 进料加工   D. 出料加工

5. 以下有关加工贸易单耗、净耗、工艺损耗以及损耗率的含义,表述正确的是( )。(2007年真题多选第13题)

   A. 单耗是指加工贸易企业在正常加工条件下加工单位成品所耗用的料件量,单

耗包括净耗和工艺损耗,单耗=净耗/(1-工艺损耗率)

B. 净耗,是指在加工后,料件通过物理变化或者化学反应存在或者转化到单位成品中的量

C. 工艺损耗,是指因加工工艺原因,料件在正常加工过程中除净耗外所必须耗用、不能存在或者转化到成品中的量,但不包括无形损耗

D. 工艺损耗率,是指工艺损耗占所耗用料件的百分比

6. 采用纸质手册管理的加工贸易企业向海关申请将剩余料件结转至另一个加工贸易合同生产出口时,如不收取保证金、银行保函或采取其他相应的税收保全措施,应符合下列条件( )。(2006年真题多选第11题)

  A. 同一经营单位   B. 同一加工厂
  C. 同样进口料件   D. 同一加工贸易方式

7. 加工贸易经营企业申请内销的剩余料件,如果金额占该加工贸易合同项下实际进口料件总额5%以内(含5%)且总值在人民币1万元以下(含1万元),商务主管部门免予审批,属于进口许可证件管理范围的,企业免交许可证件。_____
(2006年真题判断第11题)

8. 对于履行加工贸易合同中产生的剩余料件、边角料、残次品、副产品等,在海关规定的下列处理方式中需要填制报关单向海关申报的有( )。(2005年真题多选第9题)

  A. 销毁   B. 结转
  C. 退运   D. 放弃

9. 对于遗失加工贸易登记手册的合同,加工贸易企业应持下列哪些单证向海关报核?( )(2005年真题多选第11题)

  A. 经营企业关于加工贸易手册遗失的书面报告
  B. 经营企业申请核销的书面材料
  C. 加工贸易进出口报关单
  D. 海关缉私部门出具的《行政处罚决定书》

10. 开展异地加工贸易业务,经营企业须向所在地主管海关提出申请,填制《异地加工贸易申请表》,并提供( )。(2004年真题单选第13题)

  A. 经营企业所在地外经贸主管部门出具的《加工贸易业务批准证》和《加工贸易加工企业生产能力证明》
  B. 加工企业所在地外经贸主管部门出具的《加工贸易业务批准证》和《加工贸易加工企业生产能力证明》
  C. 经营企业所在地外经贸主管部门出具的《加工贸易业务批准证》和加工企业所在地外经贸主管部门出具的《加工贸易加工企业生产能力证明》

D. 加工企业所在地外经贸主管部门出具的《加工贸易业务批准证》和经营企业所在地外经贸主管部门出具的《加工贸易加工企业生产能力证明》

11. 下列关于加工贸易深加工结转程序的表述正确的是( )。(2004年真题多选第8题)

   A. 先进行加工贸易深加工结转的计划申报,再办理收发货登记,最后办理报关手续
   B. 先进行加工贸易深加工结转的计划申报,再办理报关手续,最后再收、发货
   C. 先由转出企业向转出企业所在地海关进行计划申报,再由转入企业向转入企业所在地海关进行计划申报
   D. 先由转出企业向转出企业所在地海关办理结转出口报关手续,再由转入企业向转入企业所在地海关办理进口报关手续

12. 加工贸易联网监管是海关对加工贸易保税货物实施监管的一项创新举措,实现加工贸易联网监管的加工贸易保税货物的海关手续具有以下特点( )。(2004年真题多选第9题)

   A. 建立电子账册,取代加工贸易纸质登记手册
   B. 根据实际需要办理进出口货物的备案手续,取代货物进出口报关单的填制和申报
   C. 不实行银行保证金台账制度
   D. 电子账册备案的料件全额保税

13. 目前已经公布的加工贸易禁止类商品目录包括( )。(2008年真题多选第9题)

   A. 国家明令禁止进出口的商品
   B. 为种植、养殖而进口的商品
   C. 引起高能耗、高污染的商品
   D. 高附加值、高技术含量的商品

14. 下列关于电子账册项下进出口货物报关单的修改、撤销的表述,正确的是( )。(2008年真题多选第10题)

   A. 报关单经海关审核通过后,一律不得修改,必须进行撤销重报
   B. 带报关清单的报关单撤销后,报关清单一并撤销,不得重复使用
   C. 报关单在放行前修改,内容不涉及报关单表体内容的,企业经海关同意可直接修改报关单
   D. 报关单在放行前修改,内容涉及报关单表体内容的,企业必须撤销报关单重新申报

15. 下列关于海关特殊监管区域外加工贸易货物后续征税数量的表述,正确的是( )。(2008年真题多选第11题)

A. 剩余料件和边角料内销,直接按申报数量计征进口税
B. 制成品内销,根据单耗关系折算耗用掉的保税进口料件数量计征进口税
C. 残次品内销,根据单耗关系折算耗用掉的保税进口料件数量计征进口税
D. 副产品内销,按申报时实际状态的数量计征进口税

16. 下列关于出口加工区企业的货物深加工结转至海关特殊监管区域外加工贸易企业的报关程序,表述正确的是( )。(2008年真题多选第12题)
A. 转出企业先申请备案,转入企业自转出企业备案之日起30天内申请备案
B. 转入企业先申请备案,转出企业自转入企业备案之日起30天内申请备案
C. 转出企业每批发货后,在发货之日起30天内办结该批货物的出口报关手续
D. 转入企业每批收货后,在收货之日起30天内办结该批货物的进口报关手续

17. 加工贸易边角料,是指加工贸易企业从事加工复出口业务,在海关核定的单耗标准内,加工过程中产生的、无法再用于加工该合同项下出口制成品的数量合理的废、碎料及下脚料。_____(2008年真题判断第10题)

18. 加工贸易外发加工,是指经营企业因受自身生产特点和条件限制,经海关批准并办理有关手续,委托承揽企业对加工贸易货物进行加工,在规定期限内将加工后的产品运回本企业并最终复出口的行为。_____(2008年真题判断第11题)

保税物流货物的报关程序

1. 经海关批准设立的保税仓库可以存放的货物是( )。(2007年真题单选第12题)
A. 进口货物 B. 进口货物、出口货物
C. 出口货物 D. 加工贸易进出口货物

2. 以下关于保税区与境外之间进出货物的报关制度,正确的表述应当是( )。(2007年真题单选第13题)
A. 保税区与境外之间进出境货物采取报关制,填写进出口货物报关单
B. 保税区与境外之间进出境货物采取备案制,填写进出境货物备案清单
C. 保税区与境外之间进出境货物,属自用的,采取备案制,填写进出境货物备案清单;属非自用的,采取报关制,填写进出口货物报关单
D. 保税区与境外之间进出境货物,属自用的,采取报关制,填写进出口货物报关单;属非自用的,采取备案制,填写进出境货物备案清单

3. 海关对保税物流货物监管的基本特征,除监管延伸、纳税暂缓外,还有( )。(2007年真题多选第10题)
A. 设立审批 B. 准入保税
C. 复运出境 D. 运离结关

4. 保税物流中心A型、B型之间在经营方面的主要区别是( )。(2007年真题多选第12题)

A. A型的经营企业可以在本中心内从事保税仓储物流的经营活动,B型不可以

B. A型的货物保税存储期限为1年,B型为2年

C. 境内中心外货物进入中心,A型可以申请出口退税,B型不可以

D. 从境内运入中心的原进口货物,A型可以申请退还进口税,B型不可以

5. 下列关于海关专用监管场所或特殊监管区域保税物流货物存放时间的表述,正确的是(　　)。(2006年真题多选第13题)

　　A. 保税仓库存放保税物流货物的时间是1年,可以申请延长,延长期最长1年

　　B. 出口监管仓库存放保税物流货物的时间是1年,可以申请延长,延长期最长1年

　　C. 保税物流中心(A型)存放保税物流货物的时间是1年,可以申请延长,延长期最长1年

　　D. 保税物流中心(B型)存放保税物流货物的时间是1年,可以申请延长,延长期最长1年

6. 保税区和出口加工区共有的主要功能是(　　)。(2005年真题单选第11题)

　　A. 仓储运输　　　　　　　　B. 商品展示

　　C. 加工贸易　　　　　　　　D. 转口贸易

7. 向海关报关时适用保税区进境货物备案清单的是(　　)。(2005年真题单选第17题)

　　A. 保税区从境外进口的加工贸易料件

　　B. 保税区销往国内非保税区的货物

　　C. 保税区区内企业从境外进口自用的机器设备

　　D. 保税区管理机构从境外进口的办公用品

8. 公用保税仓库由主营仓储业务的中国境内独立企业法人经营,专门向社会提供保税仓储服务,其面积最低为2 000平方米。_____ (2005年真题判断第11题)

9. 一批转口的货物于2003年6月1日进入某保税仓库储存,到2004年5月底因故没有出库,经海关批准延期3个月,但到期仍未出库。按规定海关对这批货物可以提取依法变卖的时间为(　　)。(2004年真题单选第10题)

　　A. 2004年8月底以后　　　　B. 2004年11月底以后

　　C. 2005年5月底以后　　　　D. 2005年8月底以后

10. 企业设立保税仓库应向仓库所在地主管海关提交书面申请,主管海关报直属海关审批,直属海关批准设立保税仓库后报海关总署备案。_____ (2004年真题判断第10题)

11. 海关特殊监管区域外的保税仓库经营企业(　　)。(2008年真题单选第10题)

　　A. 可以自理报关,不能代理报关

　　B. 既可以自理报关,也可以代理报关

C. 可以代理报关,不能自理报关
D. 既不可以自理报关,也不可以代理报关

12. 保税港区可以开展( )业务。(2008年真题多选第13题)
    A. 对外贸易、国际采购、分销和配送
    B. 商品加工、制造
    C. 商品展示与商业零售
    D. 港口作业

13. 对已存入出口监管仓库因质量等原因要求更换的货物,经仓库所在地主管海关批准,可以更换货物。更换货物入仓前,被更换货物应当先行出仓。_____(2008年真题判断第12题)

暂准进出境货物的报关程序

1. 下列关于暂准进出境货物期限的表述正确的是( )。(2007年真题多选第14题)
    A. 使用ATA单证册报关的货物暂时进出境期限为自货物进出境之日起6个月,超过6个月的,可以向海关申请延期,延期最多不超过3次,每次不超过6个月
    B. 参加展期在24个月以上展览会的展览品,在18个月延长期届满后仍需要延期的,由海关总署审批
    C. 境外集装箱箱体暂准进境,应当自入境之日起6个月内复运出境,特殊情况经海关核准可以延期,延长期最长不超过3个月
    D. 国家重点工程,国家科研项目使用的暂时进出境货物,在18个月延长期届满后仍需要延期的,由海关总署审批

2. 暂准进出境货物在向海关申报进出境时,暂不缴纳进出口税费,但收发货人须向海关提供担保。_____(2006年真题判断第12题)

3. 下列暂准进出境货物应当按"其他暂准进出境货物"申报的是( )。(2004年真题多选第12题)
    A. 马戏团演出用动物   B. 安装设备时使用的工具
    C. 集装箱箱体   D. 国际车展展台用照明器具

4. 暂准进境或出境的集装箱箱体无论是否装载货物,承运人或其代理人应当就箱体单独向海关申报。_____(2004年真题判断第11题)

5. 使用ATA单证册报关的展览品,暂准进出境期限为自进出境之日起( )。超过期限的,ATA单证册持证人可以向海关申请延期。参加展期在24个月以上展览会的展览品,在18个月延长期届满后仍需要延期的,由( )审批。(2008年真题单选第12题)
    A. 6个月;主管地直属海关   B. 6个月;海关总署
    C. 12个月;主管地直属海关   D. 12个月;海关总署

6. 对于因毁坏而不能复运出境的进境展览品,海关根据毁坏程度估价征税;对于丢失或被窃的进境展览品,海关按照进口同类货物征收进口税。_____(2008 年真题判断第 13 题)

其他进出境货物的报关程序

1. 下列关于按租金分期缴纳税款的租赁进口货物的报关手续,正确的是( )。(2007 年真题多选第 15 题)

    A. 收货人或者其代理人在租赁货物进口报关时应当向海关提供租赁合同

    B. 收货人或其代理人需要填制两张报关单,按照第一期应当支付的租金填制 1 张报关单用于征税,按照货物的实际价格填制 1 张报关单用于统计

    C. 纳税义务人在每次支付租金后的 15 日内(含第 15 日)按支付租金额向海关申报纳税

    D. 纳税义务人应当在租期届满之日起 15 日内,申请办结海关手续

2. 对货物类快件中海关规定准予免税的货样、广告品,报关时应提交进出境快件 KJ1 报关单。_____(2007 年真题判断第 10 题)

3. 无代价抵偿货物是指进出口货物在海关放行后,因残损、短少、品质不良或者规格不符,由进出口货物的收发货人、承运人或者保险公司免费补偿或者更换的与原货物相同或者与合同规定相符的货物。_____(2007 年真题判断第 11 题)

4. 出境修理货物超过海关规定期限复运进境的,海关按一般进口货物计征进口关税和进口环节海关代征税。_____(2007 年真题判断第 12 题)

5. 提前报关转关方式是指进口货物在指运地先申报,再到进境地办理进口转关手续,出口货物在货物未运抵起运地监管场所前先申报,货物运抵监管场所后再办理出口转关手续的方式。_____(2007 年真题判断第 13 题)

6. 从境外启运,在我国境内设立海关的地点换装运输工具,不通过境内陆路运输,继续运往境外的货物是( )。(2006 年真题单选第 14 题)

    A. 通运货物 B. 转口货物
    C. 过境货物 D. 转运货物

7. 出料加工货物按规定期限复进口,海关审定完税价格时,其价格因素包括( )。(2006 年真题多选第 14 题)

    A. 原出口料件成本价 B. 境外加工费
    C. 境外加工的材料费 D. 复运进境的运输及其相关费用、保险费

8. 海关对按照货物实际价格审定的完税价格一次性征收税款的租赁货物现场放行后,不再对其进行监管。_____(2006 年真题判断第 10 题)

9. 出料加工货物未按海关允许期限复运进境的,海关按照一般进出口货物办理。_____(2006 年真题判断第 13 题)

10. 某纺织品进口公司在国内收购一批坯布运出境印染,复运进境后委托服装厂加工成服装,然后回收出口。前后两次出口适用的报关程序分别是( )。(2005年真题单选第12题)
    A. 暂准出境和一般出口
    B. 一般出口和进料加工
    C. 出料加工和一般出口
    D. 出料加工和进料加工

11. 下列货物中需要海关后续管理的有( )。(2005年真题多选第8题)
    A. 无代价抵偿货物
    B. 出料加工货物
    C. 一次性按货物实际价格缴纳税款的租赁进口货物
    D. 进出境修理货物

12. 下列关于进境快件适用报关单证的表述,正确的是( )。(2005年真题多选第13题)
    A. 文件类应当适用 KJ1 报关单
    B. 个人物品类应当适用快件个人物品报关单
    C. 海关规定准予保税的货样、广告品应当适用 KJ2 报关单
    D. 其他货物类应当适用 KJ3 报关单

13. 上海某航运公司完税进口一批驳船,使用不久后发现大部分驳船油漆剥落,向境外供应商提出索赔,供应商同意减价60万美元,并应进口方的要求以等值的驳船用润滑油补偿。该批润滑油进口时应当办理的海关手续是( )。(2004年真题单选第12题)
    A. 按一般贸易进口报关,缴纳进口税
    B. 按一般贸易进口报关,免纳进口税
    C. 按无代价抵偿货物报关,缴纳进口税
    D. 按无代价抵偿货物报关,免纳进口税

14. 下列关于海关对进出境货物监管期限的表述正确的是( )。(2004年真题多选第10题)
    A. 《ATA 单证册》项下的展览品自货物进境之日起6个月内应当复运出境,但经海关批准后可以延期,延长的期限最长不得超过3个月
    B. 境外集装箱箱体暂准进境,应当于进境之日起6个月内复运出境,但经海关批准后可以延期,延长的期限最长不得超过3个月
    C. 过境货物的过境期限为6个月,但经海关批准后可以延期,延长的期限最长不得超过3个月
    D. 出料加工货物自出境之日起6个月内应当复运进境,但经海关批准后可以延期,延长的期限最长不得超过3个月

15. 下列关于出境的货物类快件适用报关单的表述,正确的是( )。(2008年真题单选第13题)
   A. 对非应证、免税,无需收汇、退税的货样、广告品,提交 KJ1 报关单
   B. 对非应证、应税的货样、广告品,提交 KJ2 报关单
   C. 对应证、应税的货样、广告品,提交 KJ3 报关单
   D. 对非应证、免税,需收汇或退税的货样、广告品,提交出口货物报关单

16. 直转方式转关的进口货物应当自运输工具( )内向进境地海关办理转关手续,在海关限定期限内运抵指运地海关之日起( )内,向指运地海关办理报关手续。(2008年真题单选第14题)
   A. 进境之日起 14 日;14 日
   B. 申报进境之日起 14 日;14 日
   C. 申报进境之日起 15 日;15 日
   D. 进境之日起 15 日;15 日

17. 补偿货物进口时,可以以无代价抵偿货物向海关申报进口的情形有( )。(2008年真题多选第14题)
   A. 合同规定的索赔期 1 年,原货物进口 1 年
   B. 合同规定的索赔期 2 年,原货物进口 3 年
   C. 合同规定的索赔期 5 年,原货物进口 3 年
   D. 合同规定的索赔期 10 年,原货物进口 5 年

18. 在货物进境后、办结海关放行手续前,特定情形下依法应当退运的,由海关责令当事人直接退运境外。上述特定情形包括( )。(2008年真题多选第15题)
   A. 因国家贸易管理政策调整,收货人无法提供相关证件的
   B. 进口国家禁止进口的货物,经海关依法处理后的
   C. 违反国家检验检疫政策法规,经国家检验检疫部门处理并且出具检验检疫处理通知书的
   D. 未经许可擅自进口属于限制进口的固体废物用做原料,经海关依法处理后的

特定减免税货物的报关程序

1. 特定减免税货物以外的实际进出口货物都属于一般进出口货物的范围。_____
   (2007年真题判断第8题)

2. 北京某外资企业从美国购进大型机器成套设备,分三批运输进口,其中两批从天津进口,另一批从青岛进口。该企业在向海关申请办理该套设备的减免税手续时,下列做法正确的是( )。(2006年真题单选第13题)
   A. 向北京海关分别申领两份征免税证明
   B. 向北京海关分别申领三份征免税证明

C.向天津海关申领一份征免税证明,向青岛海关申领一份征免税证明

D.向天津海关申领两份征免税证明,向青岛海关申领一份征免税证明

3.东部地区 A 企业特定减免税进口飞机制造设备一套,2 年后经批准按折旧价格转让给同样享受特定减免税待遇的西部地区 B 企业。海关对 B 企业飞机制造设备的监管期限是( )。(2008 年单选第 11 题)

  A.8 年   B.6 年   C.5 年   D.3 年

综合实务题

(一)广州大洋塑料制品有限公司与香港纬元贸易有限公司签订印花塑料餐具加工合同,由纬元公司向大洋公司免费提供 ABS 树脂一批,并支付加工费,成品由纬元公司在境外销售。大洋公司为此向海关申领了加工贸易手册。在加工过程中,由于没有印花设备,大洋公司报经主管海关同意后,将半成品交深圳威龙胶印有限公司印花后运回。在合同执行过程中产生的 1 000 公斤边角料作内销处理,合同执行完毕,大洋公司向主管海关报核。

根据上述案例,解答下列问题:(2006 年真题综合实务题一)

1.大洋公司与纬元公司之间、大洋公司与威龙公司之间的行为关系分别属( )。

 A.来料加工和外发加工

 B.进料加工和进料深加工结转

 C.来料加工和异地加工

 D.来料加工和来料深加工结转

2.关于该加工贸易合同的备案,下列表述正确的是( )。

 A.大洋公司到威龙公司所在地海关备案

 B.大洋公司到本企业所在地海关备案

 C.威龙公司到大洋公司所在地海关备案

 D.威龙公司到本企业所在地海关备案

3.大洋公司向海关申请将半成品交深圳威龙公司加工时,应当提供的单证包括( )。

 A.大洋公司签章的加工贸易保税货物深加工结转申请表

 B.大洋公司签章的加工贸易货物外发加工申请表

 C.大洋公司签章的异地加工贸易申请表

 D.大洋公司签章的承揽企业经营状况和生产能力证明

4.大洋公司应在下列规定期限内向海关报核。( )

 A.加工贸易手册到期之日起 15 日内

 B.加工贸易手册到期之日起 30 日内

 C.加工贸易手册项下最后一批成品出口之日起 15 日内

D. 加工贸易手册项下最后一批成品出口之日起30日内

5. 下列关于加工贸易边角料内销征税的表述,正确的是( )。

　　A. 按申报数量计征进口税

　　B. 以内销申报时同时进口的相同货物的成交价格为基础确定完税价格

　　C. 以料件的原进口成交价格为基础确定完税价格

　　D. 适用海关接受申报办理纳税手续之日实施的税率

(二)某公司从日本以快件方式进口传真机使用的传感器一批(5纸箱,价值9万美元);另,供货方免费提供传真机使用说明书200份(1纸箱,标明价值50美元)。报关员在办理该批货物进口报关手续时因报关行为不规范,被海关记5分。设1美元=8元人民币;传真机使用说明书进口关税税率7.5%,进口环节增值税税率17%;传真机传感器属自动进口许可管理商品。

根据上述案例,解答下列问题:(2006年真题综合实务题二)

1. 进口传感器在向海关申报时,应使用下列何种报关单( )。

　　A. 进出境快件KJ1报关单　　B. 进出境快件KJ2报关单

　　C. 进出境快件KJ3报关单　　D. 进口货物报关单

2. 在下列有关传真机使用说明书报关的表述中,正确的是( )。

　　A. 应与传感器分单申报　　B. 应与传感器在一份报关单上分项填报

　　C. 进口报关手续由收货人办理　　D. 进口报关手续由运营人代理

3. 在向海关申报进口传感器时,报关员应向海关提交的监管证件是( )。

　　A. 代码为"7"的自动进口许可证　　B. 代码为"0"的自动进口许可证

　　C. 代码为"v"的自动进口许可证　　D. 代码为"i"的进口许可证

4. 下列关于传真机使用说明书进口关税与进口环节增值税的征收情况,正确的是( )。

　　A. 进口关税免征;进口环节增值税免征

　　B. 进口关税30元;进口环节增值税73.1元

　　C. 进口关税免征;进口环节增值税73.1元

　　D. 进口关税免征;进口环节增值税68元

5. 报关员报关行为不规范而被海关记5分的情形有( )。

　　A. 报关员自接到海关现场交单或者放行交单通知之日起10日内,未向货物所在地海关递交书面单证,导致海关撤销报关单的

　　B. 在海关签印放行前,因报关员填制报关单不规范,报关单位向海关申请撤销申报单证及其内容,经海关同意且未对贸易管制、税收和海关统计造成危害的

　　C. 在海关签印放行后,因报关员填制报关单不规范,报关单位向海关申请修改或撤销报关单,经海关同意且不属于走私、偷逃税等违法违规性质的

D.在海关签印放行后,海关发现因报关员填制报关单不规范,报关单数量与实际不符,且有4位数以下差值,经海关确认不属伪报,但影响海关统计的

(三)华宁集团有限公司以 CIF 上海 USD9500/吨从法国进口 HHM5502BN 薄膜级低压高密度聚乙烯 200 吨(列入法检范围,属自动进口许可管理并实行"一批一证"制),进口合同还规定了数量装载的机动幅度为正负 5%。该批货物于 2005 年 7 月 20 日由"汉津"轮载运进口。收货单位申报前看货取样时,发现实际到货的数量为 210 吨,且其中混有型号为 HHMTR-144 的同类商品 20 吨。该公司即与国外商人交涉,外商同意补偿 HHM5502BN 货物 10 吨。外商同时要求将型号为 HHMTR-144 的商品降价留在境内,但收货人未予接受。

根据上述案例,解答下列问题:(2005年真题综合实务题二)

1.该单位向海关办理货物进境申报时应当提交的单证有(　　)。

　　A.进口货物报关单　　　　　　　B.自动进口许可证
　　C.入境货物通关单　　　　　　　D.进口合同

2.该单位向海关办理进口申报时,其申报数量应为(　　)。

　　A.190 吨　　　　　　　　　　　B.200 吨
　　C.210 吨　　　　　　　　　　　D.220 吨

3.海关对补偿进口的货物可按下列何项管理规定办理?(　　)

　　A.按无代价抵偿货物,免证免税　　B.按一般进口货物,领证征税
　　C.按无代价抵偿货物,领证免税　　D.按一般进口货物,免证征税

4.错发的 20 吨货物如不退运境外(　　)。

　　A.可放弃交海关依法处理
　　B.可由承运人委托代理人在境内销售
　　C.超期未报的,海关可依法提取变卖处理
　　D.海关可依法予以扣留

5.错发的 20 吨货物如退运境外(　　)。

　　A.按一般退运货物处理　　　　　B.按退关货物处理
　　C.按暂时进口货物处理　　　　　D.按直接退运货物处理

(四)江苏某港口机械制造股份有限公司(中外合资经营企业)向香港飞翼船务有限公司出口 40′集装箱半挂车 5 辆,总价 HKD608 000。经海关批准,该批货物运抵起运地海关监管现场前,先向该海关录入出口货物报关单电子数据。货物运至海关监管现场后,转关至上海吴淞口岸装运出境。上述货物出口后,其中 1 辆因质量不良被香港飞翼船务有限公司拒收而退运进口,整批货物因此未能收汇。

根据上述案例,选择回答下列问题:(2004年真题综合实务题二)

1.该批货物出口申报应符合下列哪项海关规定?(　　)

A. 应以电子数据报关单向海关申报,海关审结后,再向海关提交纸质报关单并随附其他单证

B. 应同时以电子数据报关单和纸质报关单向海关申报,然后由海关进行电子审单

C. 应先向海关提交纸质报关单,由海关预审,再以电子数据报关单向海关正式申报

D. 由发货人或其代理人选择使用电子数据报关单或纸质报关单向海关申报

2. 该批货物从起运地运至上海吴淞口岸,在上海吴淞海关监管下装运出境,其转关运输采用的是( )。

　A. 直转方式　　　　　　　　　B. 提前报关方式
　C. 中转方式　　　　　　　　　D. 直通方式

3. 该批货物申报时,除出口货物报关单以外还应向海关提交下列随附单证( )。

　A. 出口货物许可证　　　　　　B. 出口收汇核销单
　C. 出口装货单据　　　　　　　D. 商业发票

4. 该批出口货物报关单"贸易方式"与"征免性质"两栏目分别填报为( )。

　A. 一般贸易,一般征税　　　　B. 合资合作设备,中外合资
　C. 一般贸易,中外合资　　　　D. 合资合作设备,一般征税

5. 关于退运进口的集装箱半挂车,下列表述符合海关规定的是( )。

　A. 向进境地海关申报
　B. 须向海关提供担保
　C. 提供原货物出口报关单、外汇核销单证、报关单退税联等单证
　D. 1年内原状退运进口,经海关核实不予征税

(五)江苏某机械设备进出口公司与香港某贸易商以一般贸易方式分签购货合同,为苏州某服饰有限公司(位于某出口加工区)进口工业缝纫机20台,为苏州某金属制品有限公司(非鼓励类外商投资企业)进口数控镗床2台。货物同批从B国某港起运,由上海进境。全程运输的目的地为苏州。

工业缝纫机在进口后,服饰公司发现其中2台在使用过程中故障频发,经与香港贸易商商定,直接运交B国生产商作保修期内收费维修,并以"修理物品"贸易方式填制报关单,向海关申报出境。

工业缝纫机系使用A国成套散件在B国组装,适用非优惠原产地规则并列入《适用制造或者加工工序及从价百分比标准的货物清单》,且符合清单列明标准;数控镗床为B国生产。两项货物均为法定检验商品。

根据上述案例,解答下列各题:(2008年真题综合实务题一)

1. 同批进口的工业缝纫机和数控镗床按中转转关方式转运至苏州,其转关作业程序应为( )。

A. 机械设备进出口公司在向指运地海关传送报关单电子数据后,于 5 日内向进境地海关提交申报单编号及有关单证申请办理转关手续

B. 机械设备进出口公司在进境地海关录入转关申报数据,持有关单证直接办理转关手续

C. 机械设备进出口公司向指运地海关办理进口报关手续后,境内承运人或其代理人向进境地海关办理转关手续

D. 机械设备进出口公司在向指运地海关办理进口报关手续后,持有关报关单证向进境地海关提取货物

2. 同批进口的工业缝纫机和数控镗床应按下列规定向海关办理进口手续( )。

A. 两种货物虽同批进口,但须分单申报

B. 两种货物均以"一般贸易"填制报关单向主管海关申报

C. 工业缝纫机可免缴进口税;数控镗床应缴进口税

D. 工业缝纫机可免予提交入境货物通关单;数控镗床应提交入境货物通关单

3. 下列关于确定工业缝纫机原产国的选项,正确的是( )。

A. 使用税则归类改变标准确定 A 国为原产国

B. 使用加工工序及从价百分比标准确定 A 国为原产国

C. 使用税则归类改变标准确定 B 国为原产国

D. 使用加工工序及从价百分比标准确定 B 国为原产国

4. 同批进口的工业缝纫机和数控镗床在海关放行后,( )。

A. 工业缝纫机和数控镗床均已结关

B. 工业缝纫机和数控镗床均未结关

C. 工业缝纫机尚未结关,数控镗床已结关

D. 工业缝纫机已结关,数控镗床尚未结关

5. 对运交 B 国修理的 2 台工业缝纫机的海关管理,表述正确的有( )。

A. 出境申报时应向海关提交含有保修条款的原进口合同

B. 在境外维修的期限为出境之日起 6 个月,可以申请延长,延长的期限最长不超过 6 个月

C. 在规定期限内复运进境时,海关以境外维修费、材料费确定完税价格,征税放行

D. 超过规定期限复运进境的,海关按一般进口货物计征进口税

(六)某显示系统公司是一家经海关批准,采用电子账册模式管理的加工贸易联网企业。该公司从某保税仓库提取前期购买的 ABS 塑料粒子和色母料一批,用于生产显示器外壳返销境外。其中,色母料规格型号繁多,在企业内部采用"料号级"方式管理,而在电子账册备案时,则进行了"项号级"的归并。

该公司生产 A 型号的显示器外壳,每个显示器外壳中所含的 ABS 塑料粒子的重量

为1千克,在生产过程中的工艺损耗率为20%。该公司据此向海关进行单耗申报。

由于市场状况发生变化,该公司报经商务主管部门批准,将部分显示器外壳内销。

根据上述案例,解答下列问题:(2008年真题综合实务题二)

1. 该公司应当向海关申请建立(　　)。
   A. E 账册　　　　　　　　　　B. H 账册
   C. IT 账册　　　　　　　　　　D. K 账册
2. 该公司从保税仓库提取 ABS 塑料粒子和色母料办理报关手续时,应填制(　　)。
   A. 进口货物报关单　　　　　　B. 出口货物报关单
   C. 进境货物备案清单　　　　　D. 出境货物备案清单
3. 该公司将"料号级"的色母料作"项号级"归并,必须满足一定的条件。若属于
   (　　)的情形,则一定不能归并为同一个商品项号。
   A. 10 位 HS 编码不相同　　　　B. 商品名称不相同
   C. 申报计量单位不相同　　　　D. 规格型号不相同
4. 该公司向海关申报 A 型号显示器的 ABS 塑料粒子单耗时,其单耗值应报为
   (　　)。
   A. 0.80 千克/个　　　　　　　B. 1.00 千克/个
   C. 1.20 千克/个　　　　　　　D. 1.25 千克/个
5. 下列有关显示器外壳内销时完税价格确定的表述,正确的是(　　)。
   A. 以内销显示器外壳所耗用 ABS 塑料粒子等原料的原进口成交价格为基础审查确定完税价格
   B. 以接受内销申报的同时或者大约同时进口的与 ABS 塑料粒子等原料相同或者类似货物的进口成交价格为基础审查确定完税价格
   C. 以接受内销申报的同时或者大约同时进口的与显示器外壳相同或者类似的货物进口成交价格为基础审查确定完税价格
   D. 以显示器外壳内销价格审查确定完税价格

实训项目

一般进出口货物

通过海关工作窗口的实景照片,体会一般进出口货物的报关流程。

图 4-1 至图 4-10 截取自海关的工作窗口,但是它们的顺序有误,请按照一般进出口货物的报关流程,把正确的顺序排列出来,并回答如下问题:

报关员最常接触的是哪一种海关监管货物?为什么?

图 4-1

图 4-2

图 4-3

图 4-4

图 4-5

图 4-6

图 4-7

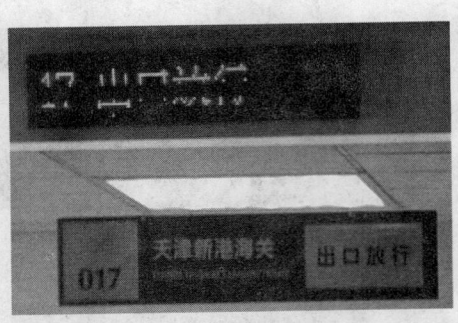

图 4-8

图 4-9

图 4-10

本项目涉及的知识结构：

三个阶段、四个环节、五类货物

前期阶段	备案	保税货物 特定减免税货物 暂准进出境货物
进出境阶段	海关：审单 查验 征税 放行 报关单位：申报 配合查验 缴税 装运或提取货物（四个环节）	一般进出口货物 保税货物 特定减免税货物 暂准进出境货物 其他货物（五类货物）
后续阶段	核销	保税货物 特定减免税货物 暂准进出境货物

（因为其他货物中包含的种类较多，在此不便做详细分析，只需要明确各种货物都需要有进出境阶段）

2.对新型申报模式的出现和应用有初步的了解，同时回答如下问题：

(1)为什么会出现新型申报模式？

(2)下面报道中共涉及了几种新型申报模式？

(3)你还可以从其他途径了解到更新的申报模式吗？

(4) 这些创新的申报模式有什么意义?

先装船、后报关的监管模式
(摘录自《中国海关》)

2004年石家庄海关关区共出口煤炭5 325万吨,占全国的六成以上。在以往的通关管理模式下,一票报关单从申报到放行需7至10天,为切实提高企业的通关速度,石家庄海关向总署提出了简化煤炭出口手续的申请。总署决定在石家庄关区试行"先装船、后报关"的监管方式,避免因溢短装造成单证修改的繁杂手续,由此通关速度加快,只需一小时,真正做到了"一次审单、一次验货、一次放行"。

"属地申报,口岸验放"为企业插上腾飞的翅膀
(时间:2007-5-11 来源:南方网)

华为公司梦想成真

日前,深圳华为技术有限公司在深圳笋岗海关申报,由广州白云机场海关验放一批价值1.2万美元的出口货物,标志两个关区互为口岸的"属地申报,口岸验放"区域通关模式顺利实施。

去年10月20日,广州海关泛珠三角区域海关合作业务协调办公室召集了多家有代表性的企业举行座谈会,以生产IT产品著名的华为公司表示,白云国际机场多个欧洲航班的优势为企业开展业务提供了很大空间,实行"属地报关,口岸验放"模式将极大方便该企业办理海关手续。今年4月28日,华为公司在深圳笋岗海关申报,由广州白云机场海关顺利验放一批出口货物。随着华为公司的愿望成为现实,意味着深圳的A级企业可以像广州的A级企业一样分享到白云机场空港枢纽地位带来的便利。

据统计,2006年1月至2007年3月,白云机场海关共验放广州海关关区内"属地申报,口岸验放"进出口货物2 711票,货值66 979万美元;验放跨直属关区"属地申报,口岸验放"进出口货物489票,货值3 460万美元。

新模式推广至泛珠三角区域

早在2005年12月1日,广州白云机场海关就与黄埔开发区海关正式启动区域通关改革试点,拉开了泛珠三角区域海关通关改革试点的序幕。当天下午,德尔福派克电气系统有限公司一票以进料对口贸易方式从瑞典空运进口的塑料件采取"属地申报,口岸验放"模式通关。企业在黄埔开发区海关申报递交单证,机场货代向白云机场海关递交提运单后经过风险处置,随着白云机场海关关长鼠标的轻轻点击,该报关单在

H2000完成卡口放行,至此泛珠三角区域跨关区"属地申报,口岸验放"第一票进口货物在白云机场顺利完成全部通关手续。随后,该模式迅速推广至泛珠三角区域其他地区。截至目前,广州白云机场海关已与海口、南昌、南宁、成都、贵阳、厦门、昆明、福州、长沙、拱北、江门、深圳、黄埔等直属海关开通了"属地申报,口岸验放"通关模式,通关时间缩至1至2小时。

在昆明海关申报,在白云机场海关提货,对中西部的进出口企业来说,原来可能是个梦想,区域通关改革却把梦想变成了现实。近年来海关推行的以跨关区"属地申报、口岸验放"为主体的通关新模式,即具有良好守法记录的A类进出口企业可在属地海关报关,海关放行后直接在口岸提货或装货,并可以自主选择运输工具、运输路线和运输时间。"属地申报,口岸验放"通关方式基本实现了"当天申报、当天验放"的通关目标。"属地申报,口岸验放"通关模式与传统的通关模式相比,最大的区别是将申报与验放分别在两地海关进行,"转关监管"从现行的"两次申报、两次放行"转变为"一次申报、一次放行"。企业只需在本地海关办理通关手续,货物即可在口岸海关验放、提货或装运出口,通关时间将从原来的1至2天变为现在的1至2小时。

企业赢得无形竞争力

新的通关模式给企业带来了什么好处呢?东麟钻石有限公司报关负责人周美兰说:"不用频繁地跑口岸海关,不用在报关大厅排队,不用海关监管车辆运货,不用再进属地海关监管场地——自从广州海关向所属A级企业推广区域通关以来,我们就可以享受到'四不用'所带来的通关便捷了。经测算,在新通关模式下,企业可减少约1/3的通关成本,这必将大大增强我们企业的竞争力。"周美兰对企业的发展前景充满信心。

周美兰说,钻石加工企业,尤其是我们这样的内陆企业,进出口流量较大,运输线路相对较长,成本控制的压力很大。按照传统转关报关,企业承受的费用高不说,消耗的人力成本也十分高昂。采用"属地申报,口岸验放"模式进行报关操作,货物到口岸海关,属地海关即可成为口岸海关的通关现场,大大减少了货物在口岸的停留时间和通关环节,大大提高了物流速度。到了出口旺季9月份,新的通关模式的好处将更加突出。那时货车紧张,公司每天有货要出口,往往早上五六点就得开工装货,直到晚上六七点还未必能从车场放行,时间非常紧迫。如果使用新模式通关,货物就不用运到车场查验放行了,还可以按需要选择交通工具,把货物运往机场海关查验、放行。除了通关费用的降低,"属地报关,口岸验放"给企业赢得的更多的是无形竞争力。对于像东麟公司这样的大型贵重货物代工企业,信誉就是公司的生命。快进快出是企业保持竞争力的有力砝码,若由于货物无法及时通关、按时交货,或者错过了航班,对于公司来说,损失的不仅仅是额外的费用,而且可能是来年的订单。

"集港申报"服务中西部物流

(发布时间:2008-07-08　来源:育路物流考试网站)

近日,最后一批共计3个集装箱、约43万美元的五金配件、件杂货装上了开往上海洋山港的支线班轮,经发报关行的小秦长舒了一口气,她高兴地扬着手中的报关单说:"'集港申报'制度让我们报关企业大大减少了往返货主、码头、海关之苦,改变了以往多次删单、频繁修改的局面。以后接这样的单子,我们就有信心了,我们还要向货主大力宣传集港申报的好处。"

小秦所说的"集港申报"制度是张家港保税区海关从2007年下半年推出的一项业务改革新举措。所谓"集港申报",就是企业在未完全确定出口数量的前提下,可以内贸形式快速在保税物流园区码头集拼货物,无需提前申报,待最后一批货物完全确定后实现一次申报、一次查验、一次装船放行。

"实施'集港申报'不是我们一时冲动之举,是我们在广泛调研的基础上,不断摸索、创新、完善的重大改革举措,"负责海关物流监控管理的奚闻楚科长告诉记者:"去年,我们发现重庆、长沙、武汉关区的一些中西部的大型国有企业,借助保税物流园区的'缓税免证、入区退税'的政策功能优势,把张家港保税物流园区作为它们理想的出口集货港、外贸始发港。但它们碰到了特殊区域需'提前申报'这个难题,在事先难以精确确定出口数量的前提下,提前申报的数量常常和最后实际出口数量难以对接,常常避免不了删改单或二次申报甚至是三次申报。企业有需求,海关就有了发展改革的动力。在广泛征求代理、仓储、货主、码头等单位的基础上,在不影响监管和准确申报基础上,我们推出了这项制度,正好契合了企业要求。"

中国南车集团株洲车辆厂是首批受益于这一申报方式的株洲海关辖区企业。该公司负责人告诉记者:"正当公司为选择物流园区而遭遇提前申报瓶颈时,张家港保税区海关和株洲海关经过多方调研,为我们量身定做了这套申报模式,非常适合我们中西部企业的发展需求。以前我们出口,常以转关方式到深圳、黄埔海关等南方沿海口岸海关,陆路转关费用居高不下。现在我们可以把张家港保税物流园区作为我们的一个仓库来对待,利用长江黄金水道的廉价水运优势,我们可以先期将需要出口的货物以内贸形式放置在物流园区,最后实现一次总申报,这对发展太有益了。去年10月份至今年2月份,我们出口澳大利亚的'铁道敞篷货车'共计816台,就是看中了苏润码头是长江沿线中唯一的保税港口码头,紧邻上海,北依苏南腹地,地理和港口优势明显,加上完善的现代化港口设施,符合矿车分批保税进港集中装船出运的物流经营思路,为我们至少节约了近80万元物流操作成本,今后我们将向长沙关区企业推荐这一申报方式。"

"我们的目标就是要把张家港保税物流园区打造成中西部和长江中上游物流的快

速出口通道,让中西部的企业选择张家港保税物流园区作为它们零距离的仓库,实现快速集港、快速申报、快速离境。"张家港保税区海关王坚军副关长告诉笔者:"通过'集港申报',我认为可以实现'三赢',即企业、代理、海关可以减少因误申报带来的频繁删改单,降低物流成本,提高通关效率,此为一赢;物流园区可以作为长江中上游或长三角腹地企业的仓储单位来使用,可以充分发挥仓储功能优势吸引大宗散货、件杂货等,从而增强园区的辐射能力,此为二赢;物流园区充分发挥港口优势和保税仓储优势,可以加速功能整合,放大集聚效应,实现区港一体运作,成为申报保税港区的一张亮丽名片,此为三赢。"

黄埔海关:"集中申报"推助加工贸易转型升级

"以前公司要准备7天的生产原料库存,现在只需要准备4个小时的,仅这一项,我们一年就可节省5 300多万元的利息。"诺基亚东莞分公司副总经理暨炜东在谈到公用型保税仓库"集中申报"对企业的好处时对记者说。

最近,在黄埔海关召开的公用型保税仓库集中申报合作备忘录签约仪式上记者获悉,该关推出的公用型保税仓库"集中申报"管理方式得到了试用企业的认可,海关将继续加强与企业的合作,进一步推广应用这一管理方式。

公用型保税仓库"集中申报"管理方式,是黄埔海关为应对加工贸易转型升级,促进关区保税物流快速健康发展,满足市场的需求而推出的创新型管理措施。该管理方式,简单地说就是对经海关核准的公用型保税仓库所存放的保税货物,在出仓的时候无需每次都要向海关申报,而是在规定的时间内集中向海关申报的监管模式。该管理方式可以极大地满足企业供应商库存管理(VMI)、零库存管理和7×24小时物流快捷运作的需求。而在传统的管理方式下,每一批出仓货物均需要向海关申报,对进出频繁的大型企业来说,不仅费时,手续麻烦,也不能适应现代生产运营的需要。

该模式给企业带来的好处是显而易见的,"先用后报,使我们公司2005年以来发生了翻天覆地的变化",东莞市昌运仓储有限公司总经理李志远介绍,"原料放在保税仓库,一拿到订单企业就可即时去取,马上可以投入生产,而且货物到生产线上其所有权才由境外供应商转移到国内厂家,实现零库存管理。不少大型企业正逐步把国外采购配送中心向国内转移"。

除了替企业降低成本、减少资金周转压力,"集中申报"模式还极大地提高了企业的运作效率,实现了生产线需求与物流服务相联动、供应链管理和物流专业外包等现代化运营方式,提高了企业的核心竞争力,从而促进了企业的迅速发展。诺基亚东莞分公司使用了"集中申报"模式之后,公司业务每年以翻倍的速度增长,该公司2005年的产量是2 300万台,2006年迅速增长到了6 000万台,到了2007年,产量已增到1亿台。

"我们高度重视关区保税物流的发展,坚持严密监管和高效运作相结合的理念,通过观念创新、制度创新和技术创新,构建适合跨国公司全球化运作的物流运作政策制度平台,不断推动现代服务业特别是现代国际物流的快速发展,促进关区加工贸易的转型升级。"黄埔海关副关长徐蔚崴表示,"支持和促进保税物流发展是海关当前的重要工作,今后我们还将进一步加快监管制度的创新,用更新的举措支持保税物流发展,提升保税物流配套服务能力,优化供应链管理,提高产业层次和加工深度,用更好的服务为广州和东莞创造优良的投资软环境。"

据介绍,除了公用型保税仓库"集中申报"管理模式之外,黄埔海关还通过制订关区保税物流发展规划,启动广州保税区区港联动、建立广州保税物流园区;实施出口配送型监管仓库入仓退税政策;启动出口监管仓库集中申报模式;在东莞各口岸建立具有综合保税功能的物流配送分拨中心等措施,不断完善关区物流发展水平,提高关区物流运作效率,降低企业的商务成本,促进物流企业与企业物流共同发展,有力地推动了关区加工贸易的转型升级。

本项目涉及的知识结构:

一般进出口货物的申报环节 { 申报地点 / 申报单证 / 申报步骤

3. 结合案例对进出口货物申报的期限有全面正确的认识,同时回答如下问题:
(1)一般进出口货物的正确申报期限是什么?
(2)为什么只有进口货物会涉及滞报金的问题?
(3)对于进口货物的删单重报,正确的时间应该如何掌握?

把好报关重新申报的"时间关"

(《国际商报口岸周刊》,2006-5-13)

2月28日,宁波某公司向宁波海关申报进口了一批设备。宁波海关在审核单证时发现,该批货物商品项数申报有误,必须删单重报,于是随即通知企业。企业虽然也于当日在宁波海关办理了删单手续,但由于工作疏忽,直至5月9日企业才到宁波海关重新申报,由此导致该批货物滞报50多天,产生了40多万元的滞报金,企业为此懊悔不已。

《中华人民共和国海关征收进口货物滞报金办法》(海关总署令第128号)第六条规定,进口货物收货人申报并经海关依法审核,必须撤销原电子数据报关单重新申报的,经进口货物收货人申请并经海关审核同意,以撤销原报关单之日起第15日为起征日。对此,宁波海关提醒企业,要把好报关单删单后重新申报的"时间关",切莫因此类细节问题带来不必要的经济损失。

本项目涉及的知识结构：

一般进出口货物的申报期限 ┤
- 进口货物的申报期限
- 出口货物的申报期限
- 申报日期 ┤
  - 先电子后纸质申报
  - 电子申报
  - 纸质申报
- 进口货物滞报金

4．通过以下案例，对海关查验工作有正确的认识和理解，同时回答以下问题：

(1)海关查验的主要目的是什么？

(2)结合"查验查出单货不符"这个案例，谈谈如何避免出现这种问题。

(3)对于海关查验的比例，你认为确定在多少比较合适？

查验查出单货不符

某报关行接到某进出口公司一票出口伊朗的化工品的单子，该化工品是法检商品。起初一切顺利，没想到赶上海关布控，要查验。报关员与海关约定好了查验的时间。在查验现场，海关关员发现该货物包装的大吨袋外面所刷的批号与通关单中所列的批号不一致，随即扣留了这批货物，并通知有关部门进行调查。

进出口公司在一番查询之后，终于弄明白原来是生产厂家发错了货！

海关总署就海关查验答问
（摘录自海关总署网站）

问：查货？真的要查验吗？为什么不查别人的而查我的？

答：在海关执法中，一些人因为被通知要接受海关查验而"跳脚"，以为是受到了歧视。其实，大可不必如此。查验是海关履行监管职能的一项基本工作，对进出口货物按一定比例实施查验，是一种正常的执法监管行为，对于维护正常贸易秩序是很有必要的。而且海关查验是在维护货主合法权利的前提下，遵循严格的程序进行的，你应当配合。

问：海关查验查什么？

答：根据《海关法》的规定，海关查验的对象包括进出境的货物、物品和运输工具。具体而言，是指实际核对和检查进出境货物和物品的品名、规格型号、数(重)量、价值和原产地等是否与申报内容相符；实际检查进出境运输工具是否有改装、夹藏，是否符合海关监管要求等情况。

问：海关查验在哪里查？

答：海关查验一般在海关监管区内的专门查验场地进行。但对某些不宜在查验场地开拆的特殊货物,如危险品、防尘防静电品或鲜活品,经货主申请,海关可以派员到监管区外的装卸作业环节查验货物。

问:海关查验需多长时间?

答:为提高效率、维护当事人合法权利,目前各地海关都对查验时限作出规定。比如,深圳海关规定查验人员自开箱检查开始,每箱(辆)次正常查验时限为:彻底查验的情况在3小时以内;抽查的情况在2小时以内;外形查验的情况在1个小时以内(如果货物有涉嫌走私违规等异常情况,查验时限视情况而定)。

要注意的是,以上时限是指货物已经调运到查验作业区并开箱后的查验时间,不是指从通知到查验完毕的全部时间。实际上,国内一些港口由于种种原因往往把很多时间花在货柜从堆场调运到查验区上,造成整个查验时间较长。这种情况,完全不是海关查验效率低下造成的。

问:海关如何实施查验?

答:大体而言,海关实施查验的方式有两种:人工查验与机检查验。人工查验不需多言,机检查验对一些货主来说可能比较新鲜。具体来讲,机检查验就是指利用技术检查设备对货物进行透视扫描,根据扫描形成的图像来分析验核货物的实际状况是否与申报内容相符。使用机检查验的方式,如果没有发现异常情况,海关一般不再开拆货物包装。这种查验方式速度比较快,对货主和海关的工作都有好处,是目前海关倡导的"非侵入式查验"的发展方向。但这种查验方式也有其局限性,并非所有的货物都适用。一般来讲,这种查验方式对集装箱装载的大宗单一商品、不宜直接开拆的商品、有夹藏嫌疑的商品和危险品等货物较为适宜。如果货物属以上范围,货主可以向海关提出机检查验的要求。

另外,按查验过程中的详细程度来分类,海关查验还可以分为彻底查验、抽查和外形查验三种方式。

彻底查验是指对货物逐件开箱(包)查验,详细验核货物的品种、规格、数(重)量等方面的状况是否与申报相符,属最高等级要求的查验方式,一般适用于有走私违规嫌疑的货物。

抽查是指按一定比例对货物有选择地开箱(包)验核货物状况,属一般等级的查验方式,适用于普通情况的货物。

外形查验是指仅对货物的外形包装、标记和装运单证等进行外形查看并验核其是否与申报相符,属最低等级的查验方式,适用于风险程度低的货物和机械设备、散装裸装货物等。

总之,货物具体适用哪种查验方式,视风险程度而定,高风险的货物细细查验,低风险的货物简单查验。

问:企业如何配合海关查验?

答：整齐堆放货物。有些货主不注意货物的摆放，整个货柜的货物都是乱堆乱放，搅在一起。这样就给海关查验增添了难度，必然增加装卸和查验的时间，最终是给自己造成损失。因此，货物应尽量堆放整齐，如果一个货柜中有多个品种货物，最好是分区摆放，把相同品种的货物放在一起，以便海关抽查。

备好资料并及时到场。在海关通知查验后，货主应及时备齐有助于说明货物品名、规格、数(重)量、产地、价值等情况的资料，例如装箱单、提单、备案合同、发票、产品说明书等，在规定时间内赶到海关查验区配合查验。这些资料及时提供给海关，将对缩短货物查验时间、减少双方意见分歧非常有利。而且，一些不宜直接开拆的货物也能够及时向海关解释说明以免损失。由于一些进出口企业所在地离海关查验区较远，这些资料难以及时送达，因此最好是在通关时由代理人(如运输公司、报关企业)携带，这样当海关要求查验时就能及时提供，以免"临时抱佛脚"。

收货前检验。目前，企业往往是通过传真、电子邮件或电话与外商商谈进出口业务，对进出口货物最多仅是看过样品。而进口商品经多个环节、远涉千山万水到达我国口岸时，其规格、数(重)量、性质等情况有时与原来合同不一致(如对方发错货)，这时候，如果企业还是依照原来合同的规格、数量、重量向海关申报就会出现单货不符的情况。这种情况，被海关查验发现，一顿处罚是免不了的。实际上，《海关法》是允许货主在申报前查看货物或者提取货样的。因此，货主可根据实际情况行使这个权利。如果对进口货物的情况心中无底的话，还是先验看过货物再申报。否则，等到海关查验时才发现问题就为时已晚了。

及时更新知识产权备案。近年来，海关对知识产权的保护越来越有力，这方面相应的纠纷也越来越多。目前，各地海关在查验过程中核实进出口货物是否涉嫌某品牌侵权时，一般是通过海关内部网络上的知识产权备案库来核查该品牌权利人是否授权给货主。如果属于已经授权的企业则没有问题，如果发现是未授权企业则要通过海关法规部门联系权利人核实情况。由于贸易情况千变万化，权利人授权的企业经常是不断变化的，但是不少权利人没有及时向海关申请更新授权企业名单，从而导致不必要的纠纷和通关延误。因此，拥有受海关保护的知识产权权利人应及时申请更新授权企业资料。

防止受骗。近年来，总是有个别报关员、代理人利用货主对海关查验不了解的机会，在查验收费、"好处费"等方面诈骗货主。其实，海关在监管区内实施查验是不收费的，货主需要承担的是查验过程中货物的搬移、开拆和重封包装等费用，而搬运公司收取这些费用都会开出正式的发票。至于个别不法报关员、代理人以海关的名义向货主索要"好处费"，货主更要警惕，不能上当。海关作为准军事化建设的队伍，在廉政建设方面一直是严格管理，同时也有完善的投诉处理机制。因此，如果遇到这种情况，可以向海关相关负责部门投诉，不可受骗上当。

守法是最好的配合。目前，各地海关都推出不少有助于加快通关、加快查验的优惠措施，如加急通关、预约通关等。最近还推出了"属地申报，口岸验放"的快速通关模式。但是，这些快速通关措施往往只适用高信用企业，不是所有企业都可享有。因此，企业要想享有海关提供的优惠通关措施，减少查验的几率和简化查验过程，最好的途径就是严格遵守海关相关法律法规，争取成为高信用企业。这是对海关工作最好的配合，也是自身发展国际贸易最好的保障。

百分之百查验

（摘录自《中国海关》2005年8月刊）

迫击炮弹、反坦克地雷、空投炸弹、火箭弹……这些令人毛骨悚然的东西容易使人想起战场，但这里只是土尔尕特海关的监管查验货场。土尔尕特海关位于西部边境，距吉尔吉斯斯坦边境仅110公里，始终处在反分裂、反暴力恐怖、反非法宗教活动的最前沿，是典型的边关。近年来，一些不法商人企图在进口的废旧金属中夹藏前苏联遗弃的废残弹药，对口岸边区的社会安全和稳定带来了严重的威胁和隐患。

为防止废残弹药流入境内，该海关的关员们以高度的使命感和责任心坚持对进口货物实行百分之百查验，即使是小小的一粒子弹藏在上百吨的废旧金属中，也难逃他们的"火眼金睛"。

本项目涉及的知识结构：

配合查验 ｛ 查验地点
查验时间
查验方法
配合查验
查验中货物的损坏赔偿 ｝

5. 对一般进出口货物的缴税环节有正确的认识，同时请给下面案例中的客户一个满意的答复。

进口按什么征税

某报关行在完成了一票进口货物的申报后，客户拿着海关出具的税收缴款书，不解地问报关员："为什么我们签订的进口合同是FOB的，提供给海关的合同也是FOB的，而海关出具的缴款书上显示，海关征税是在CIF基础上征收呢？该不是海关故意把税基扩大想多收点儿税吧？"这一问，还真让报关员不知如何作答，该用什么合适的规则给客户解释呢？

本项目涉及的知识结构：

$\begin{cases} 进口货物的完税价格的审定 \\ 出口货物的完税价格的审定 \\ 海关征税的凭证——缴款书 \end{cases}$

6.通过对以下案例的阅读,对一般进出口货物的放行环节应该履行的手续有正确的认识,同时回答如下问题：

(1)在海关放行后,报关企业还应该注意什么？

(2)海关签发的证明联中是否都是报关单的其中联数？

刚工作不久的报关员小鲍喜滋滋地回忆着自己成功报关的一票出口货物的过程,货物已经在昨天晚上装船了,终于独立完成了一个任务！真有成就感啊！可是,过了一个星期,客户忽然来电话找小鲍,小鲍以为客户又有新业务了呢,正心中暗喜,没想到客户问："小鲍,上周我出口的那票货的报关单什么时候能退回来呀,我等着办退税呢,帮我催催啊！"可能客户着急有别的事情,没等小鲍说什么就挂了电话。小鲍心里纳闷儿,货都走了,还有什么事情这么重要吗？

本项目涉及的知识结构：

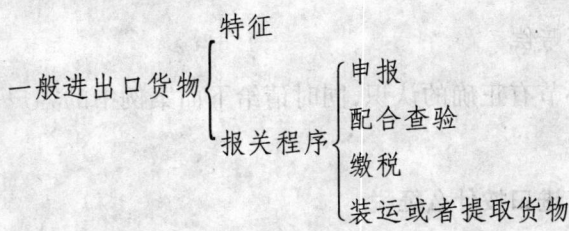

本节知识结构汇总：

一般进出口货物 $\begin{cases} 特征 \\ 报关程序 \begin{cases} 申报 \\ 配合查验 \\ 缴税 \\ 装运或者提取货物 \end{cases} \end{cases}$

保税加工货物

1.通过对香农开发区(见图4-11)的了解,对保税加工形式的出现和发展有明确的认识,对理解保税物流做铺垫。同时回答如下问题：

(1)试从香农镇的成长中总结出保税加工形式的发展过程。

(2)保税加工的主要形式有什么？

(3) 保税加工这种形式为什么适合中国的经济发展需要？谈谈你自己的理解。

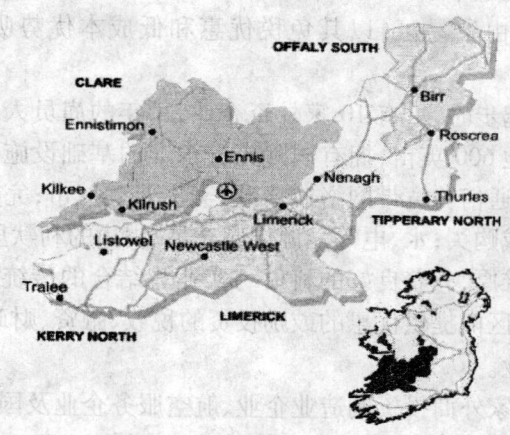

图 4-11 香农开发区区域图

香农镇的成长

（摘自中国欧盟协会网）

香农镇（SHANNON TOWN）原是爱尔兰西部香农河河口湾北岸一个小小的村庄。在喷气式飞机问世之前，飞机航程受到一定限制，需要地面有燃料补给才可继续飞行。香农正好处于北美和欧洲大陆的中轴线上，而且香农地理环境也很特殊，是个极好的避风河口湾，利于飞机起降，是个修建机场的好地方。1942 年香农机场建成，香农有幸成为重要的航空中转站，来往于北美—欧洲航线上的飞机均可以在此补充燃料。此后，香农航空服务业得到了迅速发展。

香农国际机场是世界最早的机场之一，因在世界航空领域里占有较为重要的地位而闻名于世。由于香农机场条件良好，很多航空公司将其作为培训基地。可以说，国际航空业的发展，给香农这个小村庄带来了意想不到的生机，使其成为第二次世界大战之后爱尔兰建立的唯一的一个新兴城市。

香农镇的建立和发展源于香农机场的建立，更得益于香农开发公司、香农自由贸易区的设立和发展。香农于 1982 年 1 月 1 日正式建镇，在此之前和之后的 40 多年里，它一直由香农开发公司负责开发和管理。2004 年 9 月，香农开发公司将香农镇的开发和管理权正式移交给克莱尔郡委员会。如今，香农是拥有 9 000 多人口的克莱尔郡的第二大城市。

香农自由贸易区的诞生

1959 年，为吸引外资、促进经济发展，爱尔兰政府决定成立香农自由空港开发公司(即香农开发公司)负责推进当地航空业的发展。1960年,香农开发公司围绕香农机场进行深层开发,在紧邻香农国际机场的地方建立了世界上最早以从事出口加工贸易为主的自由贸易区,以其免税优惠和低成本优势吸引外国特别是美国企业的投资。

香农自由贸易区起步时,只有10家外资企业,每年的雇员人数约为580人。如今的香农自由贸易区占地600英亩,拥有国际先进水准的基础设施,航空运输、陆运与海运交通极为便利;光纤通信与宽带网络连接欧、美主要大城市;完善的办公场所与生产厂房等设施可供租赁或购买;水、电等能源供应充足;周边的利默里克大学、利默里克工学院等高校科研力量雄厚,有着良好的科研与实业相结合的传统;熟练技术工人充足,整体劳动力素质较高;区内提供优惠的鼓励投资的税收、融资、财政等方面的政策,有着健全高效的配套服务业。

目前,区内有105家外商投资制造业企业、航空服务企业及国际金融及财务服务企业,雇员总数约7 500人,年出口额约25亿欧元。

香农开发区的发展历程

继1960年香农自由贸易区建立之后,香农开发公司的职能不断扩大,1968年爱尔兰政府建立香农开发区,并授权香农开发公司统筹负责整个香农地区的工业、旅游业等的全面开发。

20世纪70年代,政府要求香农开发公司重点发展科技型工业,加大吸引外资力度。1972年,利默里克大学建立,使开发区开始享有自己的教育和科研服务机构,从而便于开发区的进一步发展。

1980年,为推动本土企业科技水平的提高,开发区建立了本土高技术公司的创新中心;1984年,香农开发公司又依托利默里克建立利默里克国家技术园,依靠科技力量的支持,很快实现劳动密集型向技术密集型工业的转变。

20世纪90年代,该公司再次调整香农开发区发展方向,逐步使开发区转为以服务业为主。

近年来,为适应国际经济发展需要,该公司开始探索发展知识经济型的香农开发区。目前,开发区除建立了利默里克国家技术园外,还建立了凯里技术园、提珀雷里技术园和恩尼斯信息时代园和博尔技术中心,并在开发区内建立了香农和利默里克两个宽带网络。

随着世界经济巨变,面对机遇和挑战,香农开发公司继续开拓创新,在2004年提出"香农开发区2020发展规划",旨在积极推进实现香农开发区从服务型经济向知识型经济的飞跃。

本项目涉及的知识结构：

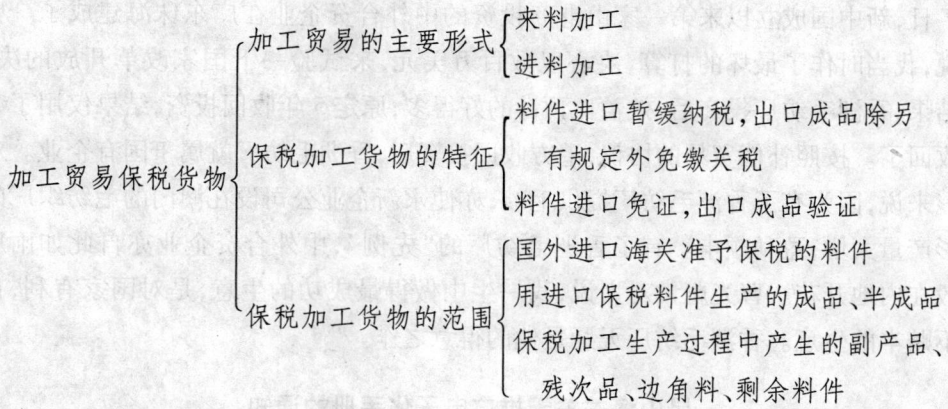

2. 通过阅读以下材料，对保税加工在中国的开展和发展及其趋势有正确的认识，同时回答如下问题：

(1) 在我国，保税加工经历过哪些形式？

(2) 目前，我国对保税加工货物的海关监管有哪些方式？

(3) 试比较纸质手册与电子化手册这两种海关监管模式的优劣。

我国第一笔加工贸易的诞生

（摘自 http：news. wenheipo. com. 2006 – 04 – 10）

香港永新企业董事长曹光彪，从商 60 余年的最得意之作是在 1978 年。那一年，他成为自 1949 年以来第一个到中国内地投资私人企业的外商。其时，十一届三中全会还未召开，中国内地也还没有揭开改革开放的大旗。曹光彪，由于一举投资数百万美元，在珠海开设了香洲毛纺厂，并由此而开创了来料加工、补偿贸易等一系列先河，使中国诞生了第一笔加工贸易，被誉为"第一个吃螃蟹的先行者"。

曹光彪凡事喜欢创新，他于 1964 年在香港成立了永新企业有限公司，名字也正是取其"日新又日新之意"。数年间，他先后收购了 11 家针织厂，成立南洋针织成衣制造公司，将生产线从毛纺扩大到针织。他率领永新集团纵横世界，先后在毛里求斯、葡萄牙、南非、印度等投资建厂，一手创立了傲视同行的"毛纺王国"。

1978 年初夏，这对曹光彪来说是值得纪念的日子——他接到了北京的邀请。那天，原中国纺织品进出口公司总经理陈诚宗宴请曹光彪，席间曹光彪提出由自己出资到内地兴建毛纺厂，所有原材料均来自海外，所有产品均由永新包销，几年后收回投资，工厂就归国家所有。

曹光彪的计划很快就得到中央领导的批复：支持港商到内地投资办厂。1978年11月7日，新中国成立以来第一家由港商投资的中外合资企业在广东珠海建成了。曹光彪说，我当时作了最坏的打算，决心以数百万美元，来试验一下国家改革开放的决心。但结果，香洲毛纺厂投产后，效益比预计的好得多，原定5年收回投资，结果仅用了2年就收回了。按照补偿贸易的协议，港方收回投资后，香洲毛纺厂就属于国有企业。对曹光彪来说，因为有了香洲毛纺厂提供毛纱，亦使永新企业公司设在澳门的毛纺织厂的羊毛衫产量大增，盈利颇丰。有了香洲毛纺厂的"先例"，中外合资企业亦自此如雨后春笋般在内地开花。曹光彪常对人说，我一生中做得最成功的生意，是对国家有利，自己也不赔本的生意。香洲毛纺厂无疑是他的得意之作。

昆山海关关于推广电子化手册的通知

（摘录自昆山海关网站）

中华人民共和国昆山海关

关于推广电子化手册的通知

各相关企业：

2008年下半年开始，我关在辖区展开了加工贸易电子化手册推广工作，通过动员会、专题讲座、企业沙龙等多种形式对辖区企业进行了电子化手册系统相关知识的宣讲培训，推广工作进展顺利，各方反映良好。为了进一步加快推广工作步伐，根据南京海关要求，经关领导研究决定，我关将于2009年5月1日起全面切换电子化手册，现将有关事项通知如下：

一、自2009年5月1日起，所有加工贸易企业（已发放E账册实施联网管理企业除外）停止发放纸质手册，新申领备案加工贸易手册，一律办理电子化手册；5月1日前已办理的纸质手册，不允许进行增补变更。

二、请各相关企业于2009年4月30日前完成备案资料库的备案工作，以免影响5月1日后加工贸易备案业务办理。

三、外贸公司申办电子化手册，加工单位为昆山海关辖区企业的，统一由外贸公司在昆山海关建立备案资料库。

特此通知。

二〇〇九年三月五日

本项目涉及的知识结构：

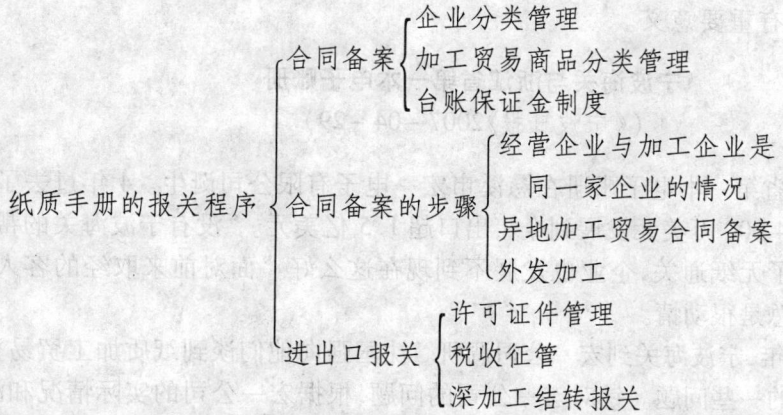

3. 通过以下报道理解电子围网的出现和作用，同时回答如下问题：
（1）电子围网都有哪些形式？
（2）对比以下企业的实例，自己总结一下纸质手册、电子化手册和电子账册在以下几个方面的优劣？
①备案手续；②商品管理；③手册平衡；④报关费用；⑤保证金台账。

衡阳海关产生第一本加工贸易电子化手册

（www.hengyang.gov.cn　作者：邬石宝　彭正华）

2008年5月26日上午11:30,东骏纺织品印染有限公司向衡阳海关申办的第一本加工贸易电子化手册取得成功，这标志着在我市全面推行加工贸易电子化手册迈出了第一步。

据衡阳海关专业人士介绍，纸质手册电子化是海关适应当前加工贸易发展新形势的需要，运用现代信息技术和先进管理理念，推出的一种新型的加工贸易监管模式。电子手册就是用电子数据取代加工贸易沿用了20几年的纸质手册，加工贸易企业可以通过IC卡进行电子身份认证，在手册备案、通关、核销等环节采用"电子手册+自动核算"的模式，并逐步建立与相关部委的联网作业，最终实现"电子申报、网上备案、无纸通关、无纸报核"的监管模式。企业申办电子手册，登陆电子口岸企业端系统，即可实现网上备案、报关申报、核销、自动审核等功能。

加工贸易手册是企业开展加工贸易和海关实行全程监管的依据。原来在纸质手册管理模式下，企业向海关申办传统的纸质手册，需要提交各项资料，办理和变更手续繁杂，企业往返奔波于企业与海关之间，费时费力。电子手册同纸质手册相比，具有"安全性强、智能性强、操作简便、快捷高效"的优势，加工贸易备案、进出口数据申报、数据报核等大部分工作通过网络办理，企业足不出户即可完成，加工贸易业务办理、通关时间大大缩短,也更加方便。加工贸易手册电子化对我市承接沿海产业转移具有重要意义。

宁波海关与浙江省第一本电子账册

(《宁波日报》2007-04-29)

2003年浙江省第一本电子账册在慈溪市宏一电子有限公司诞生。4年过去了,公司由当初年出口4 000万美元发展到今年出口超1.5亿美元。"没有宁波海关的帮助,我们根本实现不了无纸通关,企业也发展不到现在这么好。"面对前来取经的客人,公司总经理沈国强总是很动情。

2002年下半年,宁波海关到宏一公司调研。沈国强向他们谈到纸质加工贸易登记手册使用过程中的一些问题。针对宏一公司的问题,根据宏一公司的实际情况和海关总署颁发的《中华人民共和国海关对加工贸易企业实施计算机联网监管办法》,宁波海关向海关总署提出申请并获得批准,宏一公司有幸成为宁波海关关区实施电子账册联网监管试点企业之一。

2003年4月初,宁波海关开始着手试点,但由于受"非典"的影响,试点工作直到7月才重新启动。根据试点计划,此项试点工作必须在年内完成。面对时间紧迫、经验不足等困难,宁波海关加贸处、技术处、电子口岸、宁波海关驻慈溪办事处、金关网络公司多次对实施方案进行研讨。通过努力,海关人员及企业关务人员终于与上海一家企业谈妥有关企业端的接口软件协议,技术难题得到解决,实际工作正式开展。

宏一公司于10月3日完成企业端软件的开发和测试。12月8日,企业经营范围账册测试成功,12月11日,我省第一本电子账册正式生成。实行无纸通关后,宏一公司每年可以节约费用100多万元,大大提高了通关的速度和效率。而且,通过海关联网监管,进口料件的管理由海关直接参与监管,为企业更好地开展加工贸易营造出一个规范、健康的环境。2006年,公司成功核销进口料件的金额达3 400万美元,按照进出口退税差4%计算,为企业节约1 050万元。

数码科技为先导 联网监管助腾飞

——奥林巴斯(广州)工业有限公司

(摘自"广州市对外经济贸易合作局网站")

奥林巴斯(广州)工业有限公司是2003年11月经番禺区外经贸局批准成立的外资企业,注册资本500万美元,主要生产加工数码相机、电路板表面组装、录音机等光机电一体化产品。公司搬迁新厂房投产后,生产和出口势头迅猛,今年前10个月,加工贸易出口1.95亿美元,预计全年可出口数码相机30万台,出口额2.6亿美元。作为世界三大数码相机品牌之一的奥林巴斯公司落户广州番禺区,使我市高新技术出口产品又增添了数码相机先进技术的新领域。

该公司在广州市外经贸和海关等部门支持下,于2004年4月7日开展加工贸易联网监管,生产、物流、通关更加便利,产销更加畅旺。

一、生产方面

奥林巴斯(广州)工业有限公司从4月份开展联网监管开设电子账册以来,截至今年10月,出口总值达到2.192亿美元,与去年同期比较增幅较大。

数码相机技术发展迅猛,外观和功能日新月异,要求生产厂家及时根据市场变化和客商要求,既要不断推陈出新,又要早日生产推出市场。为迎接2004年"秋季商战",奥林巴斯(广州)工业有限公司从今年8月份开始导入了6个新机种,力争在圣诞节前推出市场。该公司认为,能够在这么短时间内一次性导入这么多新产品,联网监管发挥了很大的作用。

二、物流方面

借助联网监管导入,奥林巴斯(广州)工业有限公司对物流方面进行了大的改革,主要是实行保税仓库式的物流。之前纸质手册受到进出口数量的限制,经常会导致因没有合同不能进口的"等米下锅"的情况,实行联网监管以后,在不超过经营范围和进口料件总额和出口履约的情况下,生产所需的保税物料都可以及时进口,对于生产起到很大的促进作用。

三、通关方面

通关效率大大提高。一是手册备案方面,备案时间大大减少。过去的纸质手册,备案从资料准备—外经贸主管部门《批准证》—报关预录入—海关审批—保证金台账—出手册,最快也要15天。现在实行联网监管,可当即审核出具《批准证》,电子账册备案时间在半个小时以内。按照海关和外经贸部门的要求,结合公司生产实际,海关将3 000多项料件归并为100多项,并可分段备案,在出口前一天备案成品单耗,非常符合生产实际,这也是公司能够在短时间内顺利导入6个新产品的原因。二是手册平衡方面,过去纸质手册,一般正在执行的有10本手册,要很多人、借助报关管理软件进行手册平衡工作;现在联网监管只需一本电子账册,完全按照实际生产进出口,不需人为调整手册平衡核销。三是在进出口通关方面,过去使用纸质手册,由于手册多,必然导致进出口报关单多,进出口工作量很大;现在联网监管,一本手册,进出口报关单数量大幅度下降,相应的减少了进出口工作量。

费用方面大大降低。比较如下,见表4-1。

表 4-1

项　目	纸质手册(月)均	联网监管(月)	同比下降(%)
进出口报关(份数)	320	250	22
通关费用(RMB 元)	42 588	24 701	42

四、核销方面

联网监管最重要的环节之一是核销。公司电子账册核销时将理论库存与盘点后实际在库比较,然后与海关、外经贸部门进行数据对碰,电子账册核销比企业以往 10 多本手册的平衡核销更简捷,效率成倍提高,做到了以往纸质手册想做好而难做好的事情。

借助联网监管这一创新模式,奥林巴斯(广州)工业有限公司正向数码科技出口市场的更高目标迈进。

本项目涉及的知识结构:

电子账册管理
- 以大型加工贸易企业为管理单元
- 基本管理原则:一次审批、分段备案、滚动核销、控制周转、联网核查
- 电子账册的建立
  - 联网监管的申请和审批
  - 加工贸易业务的申请和审批
  - 建立商品归并关系和电子账册
- 报关程序
  - 备案
    - 经营范围电子账册备案
    - 便捷通关电子账册备案
  - 进出口报关报核和核销
    - 报关清单的生成
    - 报关单的生成

电子化手册管理
- 以企业的单个加工贸易合同为管理单元
- 电子化手册的建立
  - 联网监管的申请和审批
  - 加工贸易业务的申请和审批
  - 建立商品归并关系和电子化手册
- 报关程序
  - 备案
    - 按合同常规备案
    - 分段式备案
  - 进出口报关报核和核销
    - 报关清单的生成
    - 报关单的生成

4.海关监管特定区域。

(1)通过对报道内容的理解,用自己的话说一说海关监管特定区域的"特殊性"。

(2) 为什么要采用物理围网的形式对保税加工进行管理,谈谈你自己的理解。
(3) 目前,出口加工区的主要功能是什么? 将向何方升级?

昆明出口加工区潜力初显

（摘自"国际贸易培训网"2008-9-18）

这是一个历经 8 年才终于获批的出口加工区,它的建立几经周折。现在,随着国际性加工贸易梯度的转移,发达国家向发展中国家转移,以及国内东部沿海地区加工贸易向中西部地区转移,昆明出口加工区潜在的优势和条件已经凸现出来。

历时 8 年时间加工区终建成

昆明出口加工区位于昆明主城东南侧的昆明国家级经济技术开发区内,东临茶高山生态公园,南接呈贡新城,西望滇池西山。假如不是刻意寻找,或许并没有多少昆明人知道出口加工区的确切位置。一年以前,这里布满了大大小小的砖厂,如今只要站在云南大学洋浦校区路口处,便可看见新建起来的出口加工区独立在一片原野之中。从地图上看,昆明出口加工区正好位于主城、呈贡新城和空港经济区三者之间。"这是一个核心地带,昆明出口加工区在这一区域内形成了强有力的联动。"昆明出口加工区管理委员会主任袁玉良说。

早在 2000 年,昆明就开始向国家有关部门提出建立出口加工区的申请。"以前的加工贸易企业就像一群散放在外面的羊,没有一个规范的圈来进行科学管理,我们建立出口加工区的目的就是为这群散落在昆明各地的羊设立一个圈,把它们集中起来,进行高效的管理。"袁玉良说。

袁玉良介绍,现在一些企业进出口规模都相当大,而海关报关、通关、查验、放行等一整套的模式很难满足企业的要求,一些投资上亿、几十亿甚至上百亿元的企业对海关监管提出了更高的要求。这些企业需要"大通关",即现场报关、现场采样、现场放行。像上海地区的一些加工贸易企业的规模相当大,市政府专门协调建立了从浦东机场到出口加工区的绿色通道,只要加工区运输货物的车辆进入绿色通道就能无条件放行。在这种环境的带动下,上海出口加工区的产值达到了近 500 亿美元。

然而,昆明提出建立出口加工区后,却一再被国家有关部门否决。"我们每次到了北京,海关总署的人都会笑着对我们说,'别来了,昆明出口加工区是不会被批准的'。"当时,由于我国外贸顺差居高不下,加工贸易本身就受到了不小的非议,加上云南的基础比较薄弱,因此昆明出口加工区一直没有通过国务院和海关总署的审批。

据袁玉良介绍,当时广东全省有数万家加工贸易企业,而云南只有不到 50 家加工贸易企业,设立出口加工区的目的是要把原来漫山遍野放羊式的管理方式变为"圈养式",但昆明即使把圈建起来,也没有那么多的羊来养。从这个意义上说,云南确实不具备比较好的条件。

但是,作为云南省唯一的中心城市昆明,具备了东部地区对外开放的优势、中部地区丰富的资源优势和西部地区大开发的政策优势,发展空间极其广阔。面对机遇,昆明提出了建设辐射全国和东南亚、南亚,连接国际国内两大市场的重要国际商贸中心的目标,为实现这个目标,昆明迫切需要加大发展外向型经济。

2005年6月3日,昆明出口加工区最终经国家批准设立,规划面积2平方公里。去年8月,昆明出口加工区正式开工,于今年2月顺利通过验收并正式运营。至此,昆明出口加工区成为海关总署在云南设立的第一个海关特殊监管区域。昆明出口加工区自开始申报到企业进驻,期间历时8年。

20多家企业已进驻加工区

昆明出口加工区实行的是"境内关外"管理和"一次申报、一次审单、一次查验"的通关管理模式,落户企业不出加工区即可在此办理一切进出口手续,享受快速通关、保税免税以及退税等诸多优惠,大大降低了生产成本,是国内目前政策最优惠、管理最规范、服务最便捷的工业生产经营区域。

据了解,根据国务院和海关总署对出口加工区管理的基本要求和规范,进入加工区的企业在目前将以加工贸易企业为主,即必须是"两头"(原材料和产品市场)在外的企业才能进入。如果是原材料在国内采购,产品100%出口的企业也可进入加工区。同时,符合规定的企业可享受国家经济技术开发区和出口加工区的双重优惠政策,即可享受免税优惠——除企业所得税外,其他税种如关税、增值税、销售税、营业税等一律免除。

在这些优惠政策下,昆明出口加工区封关运营后,立即吸引了诸多加工贸易企业的进驻。今年8月22日,在昆明出口加工区招商推介会上,包括加拿大艾尔国际有限公司、云南有色地质局等在内的23家企业与昆明出口加工区签订了总额达100亿元的入区合作协议。此前,先期进入昆明出口加工区的企业一家为德资企业,全部生产电子产品,其原材料全部从欧洲进口,产品也全部销售到欧洲。这家企业的3条生产线全部建成投产后,每年的进出口额可达到1 500万美元。而另一家是结合云南资源优势进行钻石深加工的企业,每年的产值将达到两亿美元。

出口加工区还将升级

随着国际性加工贸易梯度的转移,发达国家向发展中国家转移、国内东部沿海地区加工贸易向中西部地区转移,越来越多的企业将陆续进驻投产,昆明出口加工区将成为东部地区加工贸易项目梯度转移的承接点,并将在很大程度上带动本地区产业的转型升级。昆明出口加工区潜在的优势和条件正在凸现。"出口加工区本身不创造很多更高的价值,但是它的拉动作用、平台作用、品牌效应,却是无可估量的。"袁玉良说。

云南财经大学国际工商学院院长刘尔思教授认为,以前云南的大宗贸易都要通过广东、浙江、上海等地转运出去,成本很高。昆明出口加工区的功能在于企业可运用地缘优势,把生产和贸易一体化,产品直接出口,降低了出口交易成本。而出口加工区的优惠政策也有利于吸引东南亚国家的高技术、高水平、高附加值的项目,带动云南本地企业实施技改、生产和产品贸易相结合,以便更好地进入东南亚市场。

根据远景规划,昆明出口加工区完全开发后,将成为一座集新型工业化、现代物流、高尚居住等功能于一体的生态型国际化的产业新城,与昆明主城、呈贡新城一起形成三足鼎立之势,并以规划中的轻轨4号线等城市干道相连贯通。然而,袁玉良认为,目前的出口加工区存在发展模式较为单一,后劲不足的问题,"按照发展趋势,不久后出口加工区将被赋予保税物流的功能,对云南物流业也将引起震动,甚至将重新洗牌"。

所谓保税物流功能,是指在出口加工区内划出专门的区域,并赋予特殊的功能政策,专门发展仓储和物流产业,达到吸引外资、推动区域经济发展、增强国际竞争力和扩大外贸出口的目的,它是目前中国法律框架下的自由贸易区的雏形,将进一步提升保税区的功能,有效推动保税区逐步向自由贸易区转型。

目前,国家已开始在加工区拓展保税物流功能试点,并将于明年在60个出口加工区全面铺开。"一旦出口加工区实现了保税物流功能,出口加工区将改变单一的出口加工模式,与仓储和物流融为一体,从而极大地减少出口成本,提升竞争力。"袁玉良说。

广西北海出口加工区获国家批准升级

(中国新闻图片网 2009-3-28 编辑:石明凯)

图4-12 北海出口加工区获批升级

2009年3月27日,广西北海市政府在南宁举行北海出口加工区拓展保税物流等功能新闻发布会,宣布北海出口加工区获国家批准"升级"(图4-12),将从单纯的"加工车间"向拥有完整产业链的"研发制造基地"和"保税物流基地"转型,更趋向"自由贸易区"。北海出口加工区于2003年经国务院批准设立,是中国西部唯一临海、最靠近东盟国家的出口加工区。

本项目涉及的知识结构:

出口加工区 ⎰ 特点
　　　　　⎨ 加工贸易电子账册
　　　　　⎨ 企业设备电子账册
　　　　　⎩ 报关程序 ⎰ 与境外之间:备案清单
　　　　　　　　　　 ⎩ 与境内区外其他地区之间:按照进出口货物有关规定办理

本节知识结构汇总:

保税加工货物 ⎰ 特征
　　　　　　⎨ 分类 ⎰ 使用纸质手册的保税加工货物及其报关程序
　　　　　　　　　 ⎨ 使用电子账册的保税加工货物及其报关程序
　　　　　　　　　 ⎨ 使用电子化手册的保税加工货物及其报关程序
　　　　　　　　　 ⎩ 出口加工区及其报关程序

保税物流货物

1. 两仓。

(1)通过报道内容,体会和区分保税仓库和出口监管仓库的类型及其特征。

(2)两仓在功能上的主要区别是什么?

杭州萧山国际机场首家公共保税仓库正式启用

(摘自民航资源网2008年9月)

日前,国内首个合资民用机场——杭州空港结束了没有保税业务的历史,总面积达2 400平方米的杭州萧山国际机场海关公共保税仓库正式投入使用。这是杭州空港启用的首家公共保税仓库,标志着杭州空港口岸功能开始从传统的物流、仓储服务向保税、转口、国际物流配送等方面延伸,成为加工贸易企业共同的"大仓库"。

新启用的杭州萧山国际机场公共保税仓库是经海关总署批准的专用仓库,专供存放保税货物,也可供加工贸易经营单位存放加工贸易进口料件,同时还可以存放国际航行船舶和航空器的油料、物料和维修用零部件等多种货物。

日本航空公司、全日本航空运输公司、香港港龙航空有限公司等境外航空公司,是杭州萧山国际机场公共保税仓库正式启用后的首批"顾客",也是这一业务的首批受益者。保税仓库的启用,为它们建起了一个共用的"大仓库"。今后,境外飞机修理中如果临时缺了零件,再也不用走传统的海关申报程序,而可以方便地直接从这个"大仓库"中取用。"不仅仅航空器的修理,保税库对于我们那些在关键时刻急需使用特定航空部件的工作,也是非常重要的。"对于保税仓库的开通,日航杭州支店支店长丸桥弘和表示:"海关保税库的建成,无疑将对我们十分关注的旅客服务,提供更强有力的保障,我们相信它的存在对于日航追求的'安全、准时、舒适'的服务宗旨将起到积极的促进作用。"

国内首个合资民用机场呼唤保税业务

"这个保税仓库的设立,是企业、机场公司、海关等部门多方面共同努力的结果。"前来参加保税仓库启动仪式的杭州机场海关副关长郭建利,向记者谈起了保税仓库的"出生故事"。

杭州萧山国际机场是国内首座合资民用机场。2006年,杭州萧山国际机场有限公司和香港机场管理局合资成立了杭州萧山国际机场合资公司。2007年,机场旅客吞吐量达到1 173万人次,货邮吞吐量19.56万吨,在全国140多个通航机场中排名第8位。与此同时,越来越多的境外航空公司涌入了杭州萧山机场,联邦快递公司(FedEx)在杭州空港设立了中国区转运中心,中外运—敦豪国际航空快件有限公司(简称"中外运敦豪")则设立了杭州直航口岸。

随着国际、地区航线的不断拓展,保税航材备件、周边地区高新技术产品原出口产品进境维修备品备件以及国际转口贸易等新型业务也迅猛发展起来,设立一个保税仓库的呼声日益强烈。"每次去调研,都有企业跟我们反映希望能开展保税业务",作为保税仓库的管理部门——杭州海关,在推动保税仓库设立方面做了不少工作,"我们也感觉原有的监管区域功能需要进一步拓展,海关作为一个口岸管理部门应该积极地去推动这个事儿"。2007年底,杭州海关正式把"设立保税仓库"纳入了《海关支持杭州空港发展的具体措施》中加以研究,并针对保税仓库建设的不同阶段,推出了一系列服务举措。在多方努力下,今年8月19日,公共保税仓库终于通过专家验收。"现在保税仓库已经正式投入使用了,对于海关来说,筹建的工作结束了,管理的工作才刚刚开始。"郭建利告诉记者,海关将在近期针对保税仓库试用企业的相关人员,推出免费的计算机管理系统和电子账册等相关业务的培训,让企业及相关人员了解、熟悉国家关于保税方面的各种规定,"让企业不仅能用上保税仓库,还能省心地用好保税仓库"。

空港经济腾飞的"翅膀"

对于正在成长中的杭州空港经济圈,保税仓库的开启将带来怎样的影响?是否会如各方此前预期的那样,成为空港经济腾飞新的"拉动力量"?"保税仓库将为从杭州空港进口货物的企业及国外航空公司带来提高通关速度、减少资金占用、降低贸易管制和贸易成本、方便采购等多重便利。"提起保税仓库的好处，杭州萧山机场海关综合业务科科长余晓芸如数家珍。

根据国际上通行的保税制度要求，存入保税仓库的货物，在海关规定的存储期内，可暂时缓交进口税款，免领进口许可证或其他进口批件。如此一来，企业既能在货物仓储上得到便利，也可因此避免在货物存储上造成资金积压，从而腾出更多的流动资金，有助于企业实现"零库存"运营。不仅如此，保税仓库中的进口产品销售后，仓储费用及相关税款将由最终收货人支付，有利于扩大进口。而对于海关来说，保税仓库为海关监管中转货物提供了方便。

杭州机场邻近杭州出口加工区，大批加工贸易企业的备用件可以就近存储。据了解，杭州萧山国际机场海关公共保税仓库可存入的货物主要有：经海关批准的加工贸易进口货物；转口货物；供应国际航行船舶和航空器的油料、物料和维修用零部件；供维修外国产品所进口寄售的零配件；外商暂存货物；未办结海关手续的一般贸易货物；经海关批准的其他未办结海关手续的货物。"在此时设立公共保税仓库，可以说是顺应了杭州空港经济的发展，对促进杭州空港口岸保税物流业务发展，提升空港口岸国际枢纽地位，推动周边地区加工贸易转型升级具有重要意义。"对于保税仓库的"前景"，郭建利显得很有信心。

东莞两公司成国家出口监管仓库入仓退税政策试点
出口企业可在东莞获入仓退税
（摘自《东莞日报》2007年12月）

本报讯　记者昨日在麻涌召开的新沙海关业务宣传会上了解到，本月上旬，东莞永得利仓储有限公司出口配送型监管仓库和东莞岭南进出口有限公司陆逊梯卡出口监管仓库，成为海关总署、国家税务总局出口监管仓库入仓退税政策试点之一。试点后，将缩短东莞乃至华南地区的出口生产企业的退税周期。

企业受监管仓货物退税影响

据新沙海关副关长李永新介绍，目前，全国享受入仓退税政策优惠的企业仅12家。一直以来，企业产品出口，在出口监管仓的入仓货物出仓离境上，一般为分批多次进行，货物由入仓至全部出仓离境时间长，短则1个月，长则半年或一年。由于在入仓时不能即时办理退税，出口企业就只能等货物全部出仓离境，才能申请办理出口退税。这样造成退税时间长、企业资金滞压，甚至发生过不能退税（企业出口后，三个月内必须申请退税，超过三个月，税务局就不予办理）的事例。

大大缩短企业退税周期

试点实行后,企业出口货物只要进入永得利仓储有限公司出口配送型监管仓库,即视同实际出口,海关可立即向企业签发退税证明联,入仓的出口货物就能及时办理出口退税手续。在此之前,出口入监管仓货物必须全部实际离境,海关才可签发退税联,从而制约了企业资金的盘活和海关后续监管手续的办理。企业以后可以根据销售安排生产,产品随时入仓拼装出口,这样,大大缩短了退税周期,减少了流通环节,节约了流通成本。

本项目涉及的知识结构:

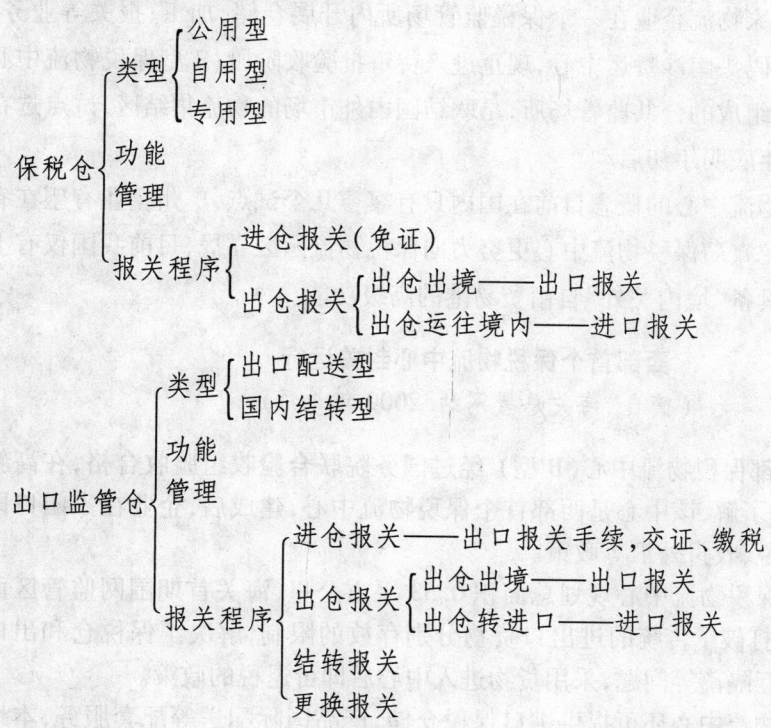

2. 两中心。

(1)通过阅读以下报道,分析保税物流中心出现的原因是什么?
(2)保税物流中心与两仓相比,在功能上有了哪些拓展?
(3)分析中心 A 型与 B 型之间的区别。

广州市南沙将出现保税物流最新模式

(摘自"富阳财税网"2006年1月)

南沙将出现保税物流最新模式,广州企业有望在省内首个尝新。记者从日前在澳门召开的"粤港澳海关落实 CEPA 政策介绍会"获悉,广州海关两个保税物流中心试点即将启动,南沙东发码头和龙穴岛再度成为物流界关注的焦点。

本次"粤港澳海关落实 CEPA 政策介绍会"由澳门贸易投资促进局、香港贸易发展局、贸促会驻香港代表处、广州贸促会共同主办,会议邀请粤港澳三地海关官员就企业关注的 CEPA 相关政策作解释说明。广州海关副关长何力在会上介绍了保税物流监管的新概念,保税物流中心糅合保税仓库和出口监管仓库两仓的功能,并赋予若干新功能,如口岸功能、跨关区转移和报关提取、境内货物享受出口退税等。

何力在接受记者采访时透露,广州的保税物流中心主要分为 A,B 两种模式,A 型保税物流中心是一家物流企业在一个保税监管场所内开展仓储、加工、报关等业务,试点选择在南沙东发码头南沙货运中心,现正进入待审批验收阶段;B 型保税物流中心是多家保税物流企业组成的公共监管场所,是联结国内外市场的物流集结区,试点选在南沙龙穴岛,预计今年底明年初启动。

据介绍,保税物流中心的概念目前在国内只有寥寥几个试点,广州企业有望在省内首个尝新。其中,龙穴岛保税物流中心更努力向保税物流园区靠拢,目前我国仅有上海外高桥一个试点,具备"境内关外"自由贸易港的高级功能。

西部首个保税物流中心封关运行
(摘自"海关总署网站"2009 年 4 月)

3 月 30 日,成都保税物流中心(B 型)经过国务院联合验收组验收合格,在高新区正式封关运行。据了解,该中心是西部首个保税物流中心,建成后,企业在家门口即可报关,享受出口退税、收付外汇等政策。

据了解,成都保税物流中心规划总面积 0.53 平方公里,海关首期围网监管区面积 0.17 平方公里,它打破了传统的进出口货物分别存放的限制,解决了保税仓和出口监管仓功能单一、相互隔离等问题,采用货物进入中心后即可退税的政策。

此外,该保税物流中心还可提供进口保税仓储、产品国际配送等配套服务,本地加工贸易企业(特别是 IT 类企业)可实现"生产零库存、采购全球化"。物流中心可提供给企业所需原料,一些有全球采购原材料需求的企业不必再从境外购买。这样一来,企业既不需要原料仓储,也不需要资金积压,减少了管理环节,企业因此将降低约 10% 的物流成本。

据介绍,成都保税物流中心正式封关运行后,将成为四川乃至西部地区货物的集散中转站和连接境内外市场的物流枢纽,而成都也将成为国际货物中转基地。

本项目涉及的知识结构：

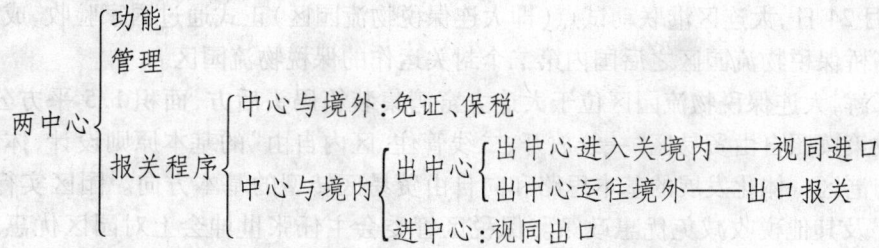

3. 保税区、保税物流园区。

(1) 通过阅读以下报道，说一说保税物流园区的建立为什么与保税区联系在一起？

(2) 用实例说明保税物流园区的转口贸易功能是如何实现的？

具备四大功能　大连保税物流园区吹响招商号角

2006年6月19日，国内众多的物流企业被大连保税物流园区的政策优势所吸引，齐聚富丽华大酒店多功能厅，大连保税物流园区（图4-13）设立以来最大的一次招商说明洽谈会在此举行。

"来自印度的17个20英尺集装箱装载的铬铁，在保税物流园区内拆箱入库，进行集拼处理，形成18个20英尺集装箱转口至墨西哥。原来的操作模式是该货物在港区以整进整出的方式运作；而通过保税物流园区的操作，该货物无需办理报关手续，改变了中转货物只能整箱进出的现状。"今天的说明会上，运用这些案例来解释保税物流园区的国际配送、国际采购、转口贸易、出口复进口四项主要业务的优势，这让与会企业耳目一新。

图4-13　大连保税物流园区规划图

2004年8月16日,国务院正式批准大连保税区与临近的港口开展区港联动试点,同年11月24日,大连区港联动试点(即大连保税物流园区)正式通过国家验收,成为继上海外高桥保税物流园区之后国内第二个封关运作的保税物流园区。

据了解,大连保税物流园区位于大连大窑湾集装箱码头后方,面积1.5平方公里。园区的政策按照自由贸易区"一线放开、二线管住、区内自由"的基本原则设计,体现了保税区与港口一体化发展的基本思路和向自由贸易区转型的基本方向。园区实行"免税、保税"及其他税收减免优惠政策。保税区管委会主任张世坤会上对园区优惠政策作了说明。

据介绍,保税物流园区自2005年4月正式投入运营以来,凭借其政策和区位优势,已经吸引了东方海外、伊藤忠等30余家企业入区,中石油、一汽、鞍钢、中集等多个大型企业也已逐步利用园区开展业务。今年前5个月,园区共监管各类货物3 785票,货值1.35亿元,相当于去年全年的运作水平。

本项目涉及的知识结构:

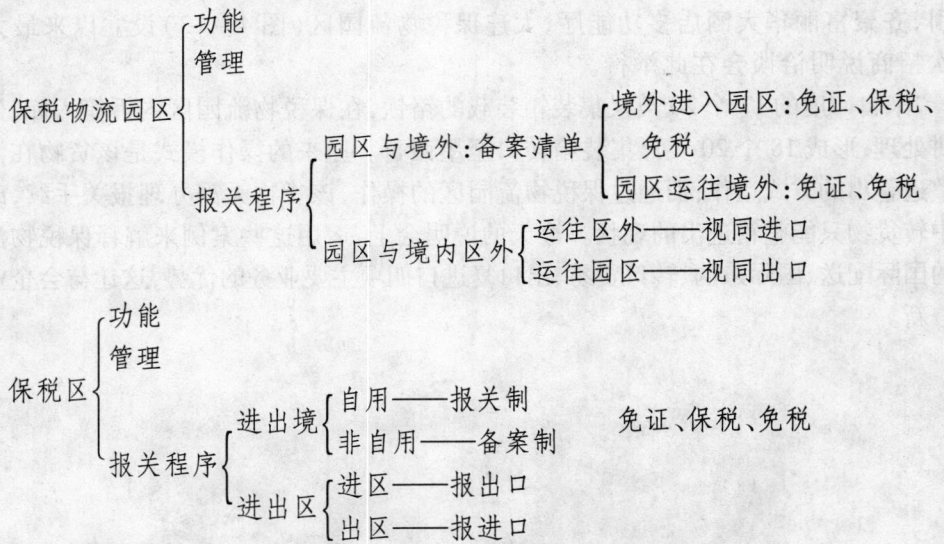

4.保税港区。

(1)为什么说保税港区是我国享受优惠政策最多、对外开放程度最高的海关特殊监管区域?

(2)利用网络,找出我国现有的12个保税港区,通过其所处的地理位置体会保税港区对周边经济发展的作用。

(3)保税港区未来的发展方向是什么?

保税港区:"中国化"的自由贸易港

(《中国经济时报》2008年9月)

"在港口设立保税港区,就是要使港口发展成为国际枢纽港的同时,在港口建设国际物流中心,发展贸易、海运、海运代理、货代、仓储、商展、金融等业务,为进出口贸易、国际转口贸易提供便利、优质和低成本的物流服务。"宁波市经济研究中心主任阎勤告诉《中国经济时报》记者,除了港口的功能外,保税港区还整合了原来保税区、保税物流园区、出口加工区等多种外向型功能区的所有功能,在区位、功能和政策上优势更明显。

"简单地说,保税港区就是保税区的延伸。"商务部政策研究室副主任王子先在接受《中国经济时报》记者采访时指出,保税区与保税港区,其本质是一致的,即"境内关外,自由免税",只是保税区的优惠政策不足,且一些优惠政策并未落到实处。而保税港区不仅是真正的"境内关外",还享受税收、监管等各项更为优惠的政策。

应运而生

从1990年起,我国开始参照国际自由港和自由贸易区先后共设立了15个保税区,并赋予其最优惠的政策和最大的开放度,即"境内关外"。但从保税区10多年的运作来看,15个保税区规模参差不齐,功能也不尽相同。

"随着改革开放的深入,保税区的管理政策越来越不适应国际贸易便利化、自由化的趋势与要求。"南开大学滨海发展研究院特约研究员、天津东疆保税港区管委会经济发展局局长助理秦海英在接受《中国经济时报》记者采访时表示,比较突出的问题主要表现在,保税区仍然是"境内关内",货物进区不退税;保税区与港口等交通运输枢纽距离较远,不利于开展国际通行的物流业务。

为改变这些不利条件,我国先后进行了其他海关特殊监管区制度的创新,如设置出口加工区、出口物流园区、保税物流中心以及实行区港联动政策等。

这些制度、政策的探索,推动了我国海关特殊监管区的发展与创新,但仍然存在诸多不合理的方面。秦海英认为:第一,各类海关特殊监管区域享受不同的政策,定位不同的功能,且彼此相互独立、封闭。如,出口加工区主要从事加工制造的保税;保税物流园区主要进行物流贸易的保税并享受出口退税政策;保税区虽然同时具备出口加工和物流贸易功能,但没有出口退税政策;区港联动也没有真正实现港口与保税区运作的一体化。这些都影响和制约了相关贸易、物流以及制造业的发展。第二,难以应对国际港口竞争的压力。"港口 + 自由贸易区"模式已经成为国际港口竞争的重要制度选择,没有设置自由贸易区的港口必然会在竞争中失去竞争优势,而大型自由贸易区的发展通常也是依靠港口来推动的。

2005年6月,为使港口的发展更加适应世界贸易的需要,也为进一步开拓海关特殊监管区域的创新空间,我国成立了首家保税港区——上海洋山保税港区,保税港区政策正式出台。

过渡性制度安排

"发展保税港区是我国特殊功能区向自由贸易区的过渡性制度安排。"秦海英认为,保税港区的设立是当前我国拓展对外开放广度与深度,提高对外开放型经济水平的重要战略举措。

他告诉记者,以保税港区为载体,将国际枢纽港的建设与保税区、出口加工区和保税物流区的特殊服务功能集合起来,将集装箱港口的运输装卸功能,与货物的国际中转、国际配送、国际采购、国际转口贸易和出口加工业务,以及与国际航运配套的金融、保险、代理、理赔、检测等服务业务结合起来,是我国当前历史条件下的一个具有重大意义的制度创新。

"作为特殊经济功能区的保税港区具有国家行为、境内关外、功能突出、高度自由的特点,并不享有最惠国待遇的例外,不违反WTO的基本规则,与基于自由贸易协定的自由贸易区——FTA两者并行不悖。"国务院发展研究中心研究员刘勇在接受本报记者采访时说,事实上,国际知名港口大多是自由港和自由贸易区相辅相成。

他指出,进入新一轮经济增长期以后,我国服务业增长放慢,不仅使上一轮经济周期以来本已缓解的煤、电、油、运问题再度出现,而且使我国经济中长期发展面临的能源、资源和生态环境制约更为突出。加快服务业发展和升级步伐,已成为我国现代化的整体战略选择。

接受记者采访的专家们认为,保税港区是世界自由港在中国的一种特殊表现形式,将是"中国化"的自由贸易港。

本项目涉及的知识结构:

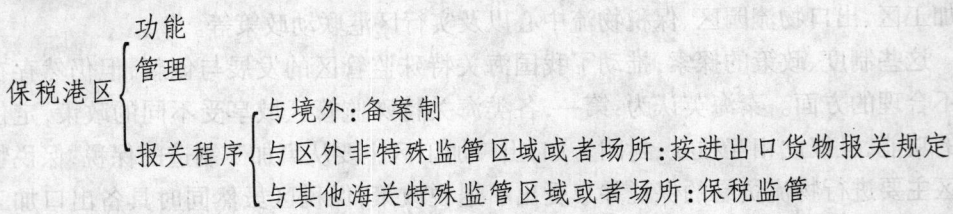

5.借助以下材料,完成下面的任务:

(1)对保税货物在以下几个方面进行全面的总结和对比。

功能　　　　保税期限　　　　报关程序
备案　　　　报核　　　　　　许可证件管理

(2)从网络中分别找出七种监管模式的具体代表,如上海外高桥保税区,通过了解这些区域的运作深入理解这些海关监管模式的作用。

保税物流之"七剑下天山"

（2009-1-1 摘自世贸博客）

了解中国的保税物流，需要了解七个关键词语：保税仓、出口监管仓、保税区、出口加工区、保税物流园区、保税物流中心和保税港。如同"七剑下天山"是快意恩仇的武林传奇一样，这七个词语也是解读中国保税物流发展和变革历程的关键。到目前为止，我国海关已经发展成了四个层次、七种模式的现代海关监管体系，即"以保税港和区港联动的保税物流园区为龙头，以保税区、保税物流中心和出口加工区为枢纽，以优化的保税仓库和出口监管仓库为网点"的结构化体系。

出口监管仓——游龙剑：团队进攻的"先锋"。随着社会分工的细化、出口暂存的需要，出口监管仓随即出现，按功能分为出口配送型出口监管仓和国内结转型出口监管仓。

保税仓——莫问剑：元老人物。从20世纪80年代我国就存在保税仓库，它是指经海关批准设立的专门存放保税货物及其他未办结海关手续货物的仓库。它分为公共型保税仓库，即向社会提供保税仓储服务，以及仅存储本企业自用的保税货物的自用型保税仓库。

保税区——青干剑。进入20世纪90年代，由于多种经济成分、多种贸易方式的出现，以及对自由贸易的需求，国家引进了自由港、自由贸易区的概念，因而出现了保税区。到目前为止，国务院已经审批了15个保税区。保税区的四大功能包括保税加工、转口贸易、保税仓储、商品展示，并"免证、免税、保税"。但随着我国加入世贸组织所做承诺的逐步兑现，外贸经营权的放开、关税的逐步下调，都使得保税区在政策和功能上的优势相对弱化。

出口加工区——竞星剑：性情敦厚，善于防守。虽然保税区引入了国外自由贸易的理念，但是由于我国进出口的管制较国外复杂，保税区的优势并没有完全发挥出来，同时还出现了一些企业利用国家政策骗取退税的行为。因此，2000年国务院基于原来的保税区的政策，成立出口加工区，使加工贸易能够从保税区脱离出来，并且能够更好地利用保税区的出口加工政策，提高海关的监管力度。

保税物流中心——天瀑剑：忽攻忽守，意列随成。保税物流园区的组成是依托邻近的保税区和港口，但这样的地理条件要求较高，为了满足其他没有这种特殊资源地区的发展需要，2004年保税物流中心应运而生，它消除了两仓的功能单一、相互隔离等缺点，并对两仓进行了整合、优化和提升，其功能相对于保税物流园区而言，只缺少了检测维修及商品展示的功能。保税物流中心的经营范围包括保税存储进出口货物及其他未办结海关手续货物；可对所存货物开展流通性简单加工和增值服务；进行全球采购和国际分拨、配送；进行转口贸易和国际中转；物流信息处理服务；经海关批准的其他国际物流业务。由此可见,保税物流中心是对两仓的整合、优化和提升。

保税物流中心分为A型和B型,两者的功能是相通的,只是监管的模式不同。简单而言,A型是对两仓的整合和优化,而B型则是多个A型的集中布局,海关实施集中监管,B型的主体不能直接参加A型的经营和管理。保税物流中心的发展方向是国际采购中心、国际分拨中心和国际配送中心。

保税物流园区——日月剑:越打越耀眼。由于保税区的地理限制,导致了进出口货物的二次报关问题,即货物由两个海关进行监管,需两次报关、两次查验、两次放行,和港口无联动,降低了通关的效率,增加了企业的物流成本。

2003年"区港联动"的政策被提出,即利用保税区的政策优势和港口的区位优势,在两者之间建立起一个通道,保税物流园区就此出现。它是依托邻近的保税区和港口,强化保税区的功能,体现保税区的政策优势和港区的区位优势。2003年国家审批了第一家保税物流园区——上海外高桥保税物流园区。除上海外,还包括青岛、大连、张家港、宁波、厦门、深圳等8个保税物流园区。保税物流园区具有七大功能:储存进出口货物及其他未办结海关手续的货物;对所存货物开展流通性简单加工和增值服务;进出口贸易包括转口贸易;国际采购、分销和配送;国际中转;检测维修;商品展示。开展"区港联动"的目的是将保税区的政策优势、功能优势与港口的区位优势进行整合,海关通过区域化、网络化、电子化通关管理,优化海关监管模式,打破保税区与港区长期以来的分离机制和瓶颈制约。一方面拓展港口的配套服务功能,形成保税区与港口的良性互动,着力吸引国际中转、国际配送和临港增值服务等高附加值业务向我国转移;另一方面赋予保税物流园区齐全的物流功能,满足跨国公司普遍采用零库存、JIT、VMI、无缝隙对接等现代新型生产方式、管理方式、营销方式的需求,使加工制造业与物流业同步协调发展,为促进加工贸易转型升级提供配套的保税物流服务。

现在保税物流园区的发展已经取得了初步成效,第一,它延长了加工链,促进了我国加工贸易转型升级;其次,它改变了保税区进口大于出口的现状,园区出口采购功能增强明显;再次,它对内陆地区的辐射和带动作用明显,加快了区域经济一体化;最后,海关对园区监管模式创新进行了有益的尝试,国际中转业务形成了从出口加工区—保税区—保税物流中心—保税物流园区—境外一条能进能出的双向保税物流产业链和保税物流循环圈,货物无需离境即可在保税状态下完成从初级产品到最终产品的转换,从而满足了跨国企业发展的需求。

保税港——舍神剑:蕴涵强烈生命力,无往不利。2005年6月,为了使港口的发展更加适应国际贸易的需要,自由贸易港的概念被引入,保税港区政策出台,它的政策级别最高,开放形式最广。其在形式上基本与自由贸易港相同,但只有经过国家认定具备国际航运中心资质的沿海城市才可以申请。

本节知识结构汇总:

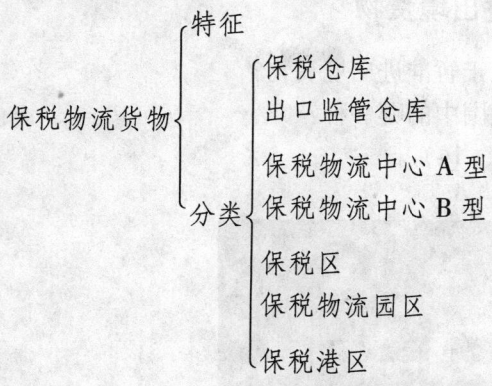

特定减免税货物

(1)下面的案例中提到的减免税设备的海关监管年限应该是多少年?
(2)河北某乳业公司正确的做法应该是什么?

"惹麻烦"的减免税设备
(2008年12月　石家庄海关　沈占明)

2005年5月,河北某乳业公司免税进口法国产检测设备一套,报关价格为70万欧元。2008年9月,三鹿奶粉事件爆发,公司产品虽然检测合格,但经营仍受到巨大影响,无法正常生产。为避免设备闲置,2008年10月,该公司将包括免税进口设备在内的绝大部分设备租赁给某大型乳业集团,租赁期限3年,年租金110万元。11月,海关对该企业进行专项稽查,发现了租赁合同,海关缉私局随即对此行政立案。公司法律顾问告诉公司总经理老张:企业涉嫌违规,海关根据相关条例可能对企业处以货物价值5%以上30%以下的罚款,并没收违法所得,同时租赁合同必须终止。老张惊得一下子说不出话来:这样一个躲避麻烦的应急措施怎么会引来这么大的麻烦?

屋漏偏逢连阴雨。与此同时,海关又发现该公司在2005年6月以此减免税设备做抵押,向某农业银行贷款人民币220万元,2006年9月,公司还清了银行贷款,抵押贷款合同终止。公司法律顾问对此判断:公司擅自抵押减免税设备的行为同样涉嫌违规,故亦需按照《海关行政处罚实施条例》第18条的罚则去处罚。也就是说,公司可能要再掏35万~230万元的罚款。老张闻言顿时万念俱灰:看来这次公司在劫难逃了!这究竟是为什么?

本项目涉及的知识结构:

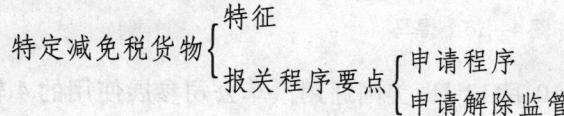

暂准进出境货物

(1)下面四个例子提及的货物哪些属于暂准进出境货物？
(2)这些货物属于暂准进出境货物范围中的哪一种？

例1：演出中使用的服装和道具（图4-14）

图4-14 美国百老汇歌舞剧《42街》剧照

此剧在我国巡演时演员所穿的服装、道具全部从美国用集装箱运过来，而且用了9个，服装多达3 500多套，每个演员还有两个人专门负责换衣服。

例2：广交会上展出的汽车（图4-15）

图4-15 悍马

在第102届广交会举办前夕的10月12日，美国通用汽车公司参展使用的4辆悍马、别克等品牌汽车在广州海关驻新风办事处申报进口。

例3:奥运期间,各国记者使用的专业拍摄设备(图4-16)

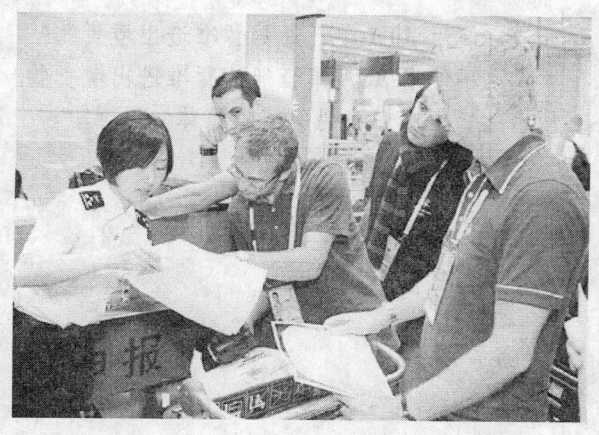

图4-16 西班牙电视台的北京奥运会注册
记者在首都机场的"奥运物资验放中心"

例4:燃气发电设备(图4-17)

图4-17 燃气发电机组设备在天津港二公司码头顺利接卸

2007年2月5日,北京奥运会专用物资——郑常庄发电厂两台燃气发电机组设备在天津二公司码头顺利接卸。为配合2008北京奥运会"绿色环保"理念,提高清洁能源的利用率,北京市将在"十一五"期间规划建设五座以天然气为能源的发电厂,为奥运场馆及各类设施提供电力供应。此次进口的这套燃气发电设备由德国西门子公司制造,单件最重设备达183吨,从德国汉堡装船,用于郑常庄发电厂,将为奥运场馆和周边居民提供清洁、环保的能源。

本项目涉及的知识结构：

暂准进出境货物 { 特征；分类 { 使用 ATA 单证册的暂准进出境货物；不使用 ATA 单证册的暂准进出境货物；暂准进出境的集装箱箱体；其他暂准进出境货物 }

# 第五章

进出口商品归类

导 言

进出口商品归类是报关员的基本专业技能之一,作为专业知识的学习,本章着重训练对归类总规则的理解和运用、对各章注和类注的宽度和广度的理解和运用。商品归类技能的获得和熟练不仅需要专业的训练,还需要有一定的生活常识及相关领域的商品知识,而后者正是学生的缺陷,因此在学习阶段,需要将基础打牢,待正式从事报关工作时,再进一步在实践中深入理解商品归类的规律和技巧。

鉴于此,本章的训练从基本功开始,另外将实际工作中出现的与商品归类相关的问题作为案例进行讨论分析,通过不同的方式和从不同角度使学生理解商品归类的相关方法。

本章知识结构:

《协调制度》简介
进出口商品归类的海关管理
《协调制度》归类总规则
商品归类的一般方法
各类进出口商品的归类

知识点汇编

海关进出口商品归类是指在《商品名称及编码协调制度公约》(以下简称《协调制度》)商品分类目录体系下,以《中华人民共和国进出口税则》(以下简称《进出口税则》)为基础,按照《进出口税则商品及品目注释》、《中华人民共和国进出口税则本国子目注释》以及海关总署发布的关于商品归类的行政裁定、商品归类决定的要求,确定进出口货物商品编码的活动。

《协调制度》将国际贸易涉及的各种商品按照生产类别、自然属性和不同功能用途等分为21类97章,每一章由若干品目构成,品目项下细分出若干一级子目和二级子目。为了避免各品目和子目所列商品发生交叉归类,在类、章下加有类注、章注和子目注释。为了使每一项商品的归类具有充分的依据,设立了归类总规则,作为整个《协调制度》商品归类的总原则。

《协调制度》是一部系统的国际贸易商品分类目录,所列商品名称的分类和编排是有一定规律的。从类来看,它基本上按社会生产的分工分类。从章来看,基本上按商品的自然属性或功能、用途来划分。从品目的排列看,一般也是原材料先于成品,加工程度低的产品先于加工程度高的产品,列名具体的品种先于列名一般的品种。

我国海关自1992年1月1日起开始采用《协调制度》,根据海关征税和海关统计工作的需要,在《协调制度》的基础上增设本国子目(三级子目和四级子目)。

在海关注册登记的进出口货物的经营单位可以在货物实际进出口的45日前,向直属海关就其拟进出口的货物预先进行商品归类,简称预归类。

《协调制度》归类总规则的条文内容包括:

规则一,类、章及分章的标题,仅为查找方便而设,具有法律效力的归类,应按品目条文和有关类注或章注确定,如品目、类注或章注无其他规定,按以下规则确定。

规则二,(一)品目所列货品,应视为包括该项货品的不完整品或未制成品,只要在进口或出口时该项不完整品或未制成品具有完整品或制成品的基本特征;还应视为包括该货品的完整品或制成品(或按本款可作为完整品或制成品归类的货品)在进口或出口时的未组装件或拆散件。(二)品目中所列材料或物质应视为包括该种材料或物质与其他材料或物质混合或组合的物品。品目所列某种材料或物质构成的货品,应视为包括全部或部分由该种材料或物质构成的货品。由一种以上材料或物质构成的货品,应按规则三归类。

规则三,(一)列明比较具体的品目,优先于列明一般的品目。但是如果两个或两个以上品目都仅述及混合或组合货品所含的某部分材料或物质,或零售的成套货品中的某些货品,即使其中某个品目对该货品描述得更为全面、详细,这些货品在有关品目的列名应视为同样具体。(二)混合物,不同材料构成或不同部件构成的组合物以及零售的成套货品,如果不能按照规则三(一)归类时,在本款可适用的条件下,应按构成货品基本特征的材料或部件归类。(三)货品不能按照规则三(一)或(二)归类时,应按号列顺序归入其可归入的最末一个品目。

规则四,根据上述规则无法归类的货品,应归入与其最相类似的货品的品目。

规则五,(一)制成特殊形状仅适用于承装某个或某套物品并适合长期使用的照相机套、乐器盒、枪套、绘图仪器盒、项链盒及类似容器,如果与所装物品同时进口或出口,并通常与所装物品一同出售的,应与所装物品一并归类。但本款不适用于本身构成整个货品基本特征的容器。(二)除规则五(一)规定的以外,与所装货品同时进口或出口的包装材料或包装容器,如果通常是用来包装这类货品的,应与所装货品一并归类。但明显可重复使用的包装材料和包装容器可不受本款限制。

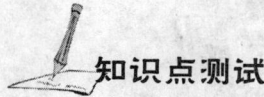

知识点测试

查出下列商品的商品编码:

2008年真题

1. 全脂奶粉(脂肪含量23%),未加糖,450克/袋
2. 头孢西丁胶囊,一种抗菌素药物,0.5克/粒,12粒/盒
3. 废电动机,大小、形状不一,混装在一起,都已损坏,只能用于拆解并回收铜、铁等原材料,以回收铜为主
4. ABS(丙烯腈-丁二烯-苯乙烯共聚物)塑料粒子
5. 50%棉、50%涤纶短纤的平纹机织布,未漂白,宽1.5米,成卷,200克/平方米
6. "索尼"笔记本电脑,重3千克
7. 香烟滤嘴成型用热熔胶,由乙烯-乙酸乙烯酯共聚物树脂、增粘树脂、蜡、抗氧剂等组成,20千克/桶
8. 一种韩国泡菜,将大白菜、萝卜先用盐腌制,然后配上由葱、洋葱、蒜、虾酱、糖、辣椒等做成的调料,再经发酵一段时间即成,2千克/坛
9. 一盒零售食品,内有少量薯条和番茄酱,以及一个牛肉汉堡(上下两层面包片,中间是牛肉,牛肉重量占60%)
10. ABS(丙烯腈-丁二烯-苯乙烯共聚物)塑料制音箱外壳
11. 轿车用后视镜(已镶框)
12. 一种强化复合地板,规格700×190×10毫米,由耐磨层(三氧化二铝膜)、表层(印木纹的纸)、基层(干法生产的中密度纤维板,密度0.85克/立方厘米,厚9.5毫米)、背板平衡层(一种纸)经树脂浸渍后高温强压复合而成,边、端制成榫接企口以便于安装
13. 一款家庭两用沙发(晚上放开可当床睡觉),由木框架、弹簧加上软垫和化纤布面制成
14. "王老吉"凉茶,易拉罐装,含有水、白砂糖、仙草、布渣叶、菊花、金银花、夏枯草、甘草等成分,有清热去火的功效
15. 一种金拉线,又称烟用拆封拉带,材料是涂有特种黏合剂的聚丙烯,主要用于开拆包装卷烟条盒和小盒的薄膜,也可用于光碟、扑克等外包装薄膜的拆封,厚25μm,宽2.5mm,长5 000m

16. 如图 5-1 所示的汽车 GPS 导航仪,装于汽车上为驾驶员提供道路导航

图 5-1

17. 如图 5-2 所示的车辆,可称为拖修车、清障车或交通事故牵引车,使用的是柴油发动机

图 5-2

18. 电子防丢器(图 5-3),由子机和主机组成,工作时子机发出稳定的无线电波,主机接收到子机的无线电信号时不报警,当主机和子机之间的距离超过预定的距离时,主机接收不到子机的无线电信号,立即发出报警声,提醒使用者的注意。用于手机、钱包、箱包、宠物、小孩等物品或人身上,防丢及防盗

图 5-3

19. 如图 5-4 所示的针织全棉服装

图 5-4

20. 如图 5-5 所示的手机挂绳,编带部分以涤纶纱线用编带机织成

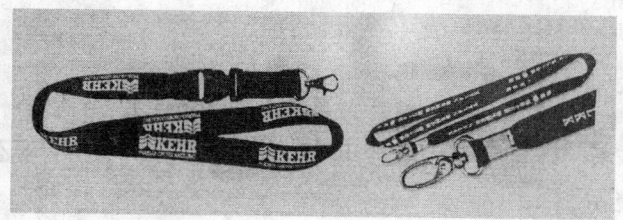

图 5-5

2007 年真题

1. 普洱茶,净重 1 千克/包

2. "SKII"洗发香波,500 毫升/瓶

3. 涤纶弹力丝(由聚酯化学纤维长丝加工成的变形纱线),非供零售用

4. 立体显微镜

5. 高尔夫球

6. 由高速钢(一种合金钢)热轧制得的圆钢,截面为实心圆形,直条状,直径 4 厘米,长 4 米

7. "达能"草莓果粒酸奶,125 克/瓶

8. "惠普"静电感光式多功能一体机,具有复印、扫描、打印和传真功能,可通过与电脑连接进行激光打印,与电话网络连接发送传真

9. "立邦"梦幻系列硝基木器漆,以硝酸纤维素为基本成膜成分,加上有机溶剂、颜料和其他添加剂调制而成

10. 男式蓝色一次性浴衣(涤纶无纺织布制)

11. 一种牛津布,用尼龙短纤织成机织物,染成黑色,然后在其一面(此面作为背面)薄薄地涂上聚氨基甲醛酯(肉眼可见涂层)以防止雨水渗透,用于制作箱包
12. 汽车发动机(点燃式活塞内燃发动机)排气门用的螺旋弹簧(材料为合金钢)
13. "远洋牌"烤鱿鱼丝,用新鲜的鱿鱼配以白砂糖、盐、味精后烤制而成,125克/袋
14. 纳米隔热膜,宽1.524米,成卷,一种新型的汽车用隔热膜,它将氮化钛材料用真空溅射技术在优质的聚对苯二甲酸乙二酯薄膜上形成纳米级涂层,可起到隔热、防紫外线、防爆等效果
15. 快速吸水浴巾,由一种新型超细纤维(70%涤纶和30%锦纶)织成的毛巾布制成
16. "宝马"2.8L轿车用汽油滤油器
17. 硫化汞
18. 利福平胶囊,24粒/盒,抗结核病药
19. "摩托罗拉"G20型手机专用天线
20. 牛奶包装盒用纸板,由漂白过的纸(每平方米重350克)与塑料薄膜复合而成,其中纸构成了基本特征,宽1.6米,成卷

2006年真题

1. 酸性红B,一种有机合成染料,红色,主要用于化学纤维的染色,25公斤包装
2. MS非泡沫板,MS即甲基丙烯酸甲酯(单体单元占30%)-苯乙烯(单体单元占70%)共聚物
3. 液体口香糖,20克/支,成分为食用酒精、香精、巴斯甜、甘油、山梨醇等,使用时喷于口腔,起清新口气的作用
4. 达菲,一种抗H5N1型禽流感病毒的口服药物(0.25克/粒),化学名称为磷酸奥司他韦
5. 日本手卷水果寿司,用紫菜裹以大米饭、少许水果丁和调料后切成小卷
6. 韩式大麦茶,由大麦烘炒磨碎制成,每10克装于纸袋,食用时连袋一起在热水中浸泡
7. 长寿牌西洋参片,干的,50克/盒
8. 活的淡水小龙虾
9. 吊秤,最大称重为1 000公斤
10. 带有录音功能的mp3音乐播放器(不能接收无线广播)
11. 一种大芯板,厚12毫米,由两面是针叶木饰面,中间层为碎木料的芯板(厚8毫米)胶合而成
12. 铜制镀金领带夹
13. 外科手术刀,不锈钢制
14. 丰田轿车用电动天窗

15. 天丝棉单股纱线,由天丝65%、棉35%混纺而成,其中的天丝(tencel)是一种新型纤维,是由木质浆粕为原料进行再生的纤维素纤维
16. 卧室用家具,红木制
17. 螺纹钢,由非合金钢经热轧扭曲成表面起螺纹的实心直条状,直径2厘米,长4米
18. 棉30%、羊毛30%、涤纶短纤25%、腈纶短纤15%的浅黄色平纹机织物,250克/平方米
19. 手工钩编的涤纶餐台布
20. 女式棉(含8%氨纶)牛仔短裤,机织
21. 我国进出口商品编码第5,6位数级子目号列为HS子目,7,8位数级子目号列为本国子目。_____(2006年真题判断题第14题)
22. 下列货品进出口时,包装物与所装物品应分别归类的是(　　)。(2006年真题多选第15题)
   A. 40升专用钢瓶装液化氮气
   B. 25公斤桶(塑料桶)装涂料
   C. 纸箱包装的彩色电视机
   D. 分别进口的照相机和照相机套

2005年真题

1. "日立"牌彩色等离子电视机(显示屏幕74厘米)
2. 装有高压水泵,并配有水炮、云梯等装置的救火车
3. 全棉的漂白平纹机织物,250克/平方米
4. "鳄鱼"牌牛皮公文包
5. 晒干的莲子,500克袋装
6. "美丽"牌柠檬香型亮光液,600毫升压力罐装,使用时喷于家具表面
7. 电子眼压记录仪,通过记录眼动脉压、眼静脉压的变化,对眼睛进行诊断
8. 早孕自测卡,纸质,涂有检测试剂,通过与尿液接触后的颜色变化来初步判断是否怀孕
9. 安放在公共场所的饮料自动售货机(装有制冷装置)
10. 一种戴在手腕处的装饰品,用樟木制成圆珠状,再用线串成
11. 冷藏的中华绒螯蟹
12. "女儿红"牌米酒(酒精浓度15%),用2升的陶罐盛装
13. 由漂白的棉线与浅黄色的人造棉线织成的平纹机织物,300克/平方米,其中按重量计,棉和人造棉含量各为50%
14. 绿豆汤罐头,由绿豆煮熟并加糖制成,含固形物约35%
15. "龙井"绿茶,150克塑料袋装

16. 线性低密度聚乙烯粒子

17. "天天"牌盒装面巾纸,250 张/盒,规格 19 厘米×20 厘米

18. 用作局部麻醉的普鲁卡因针剂

19. 美味鸭舌,一种风味小吃,真空包装,15 克/包

20. 海绵橡胶制粉拍,用于化妆时施敷香粉

21. 下列货品属于 HS 归类总规则中所规定的"零售的成套货品"的是(　　)。
(2005 年真题多选第 14 题)

　　A. 一个礼盒,内有咖啡一瓶、咖啡伴侣一瓶、塑料杯子两只

　　B. 一个礼盒,内有一瓶白兰地酒、一只打火机

　　C. 一个礼盒,内有一包巧克力、一个塑料玩具

　　D. 一碗方便面,内有一块面饼、两包调味品、一把塑料小叉

22. 当货品看起来可归入两个或两个以上税目时,应按"从后归类"的原则归类。
　　　　(2005 年真题判断第 12 题)

2004 年真题

1. 精制的玉米油

2. 一次成像平片,未曝光

3. 精梳克什米尔山羊绒制针织女式披巾

4. "飞利浦"牌 915 型电动剃须刀

5. 上过釉的瓷砖,用于厨房、卫生间的墙面装饰,规格:15 厘米×15 厘米

6. 宽 1 米,厚 2 毫米的非合金钢热轧卷板,表面涂有防锈漆

7. 洗手液,400 毫升塑料袋装,含有机表面活性剂、杀菌剂、香精等成分

8. "可口可乐"饮料自动灌装机

9. 表面镀铬的铜制浴缸用水龙头

10. 家用电卷发器

11. 500 克袋装的干制的小白蘑菇

12. 甜杏仁(1 000 克塑料瓶装,已炒熟)

13. 一种可用微波炉加热的方便快餐食品,净含量 250 克,其中含面条 150 克、鸡块 50 克、卷心菜 30 克、鱿鱼丝 20 克,食品已预先烧制过,装于一次性泡沫塑料盒中

14. 已制成特定形状的 B 型超声波诊断仪的外壳

15. 云南白药药粉,含三七等中药原料,有止血、消炎等功效,5 公斤装

16. 乙烯－乙酸乙烯酯－氯乙烯接枝共聚物,其中乙烯单体单元为 36%、乙酸乙烯酯单体单元为 24%、氯乙烯单体单元为 40%,外观为白色粉末,未加增塑剂

17. 含棉 40%、涤纶短纤 40%、桑蚕丝 20%的灯芯绒(已割绒),已染色,每平方米 250 克

18. 女式雨衣,由涤纶机织物表面(单面)涂布高分子树脂的面料(涂层可明显看出)制成
19. 经砑光处理的书写纸,A4 规格(21 厘米×29.7 厘米),80 克/平方米,用化学木浆制得
20. 成套的理发工具,由一个手动的理发推剪、一把木梳、一把剪刀、一把刷子组成,装于一只塑料盒中
21. 下列关于约束性预归类的表述正确的是( )。(2004 年真题多选第 25 题)
    A. 预归类决定书自海关签发之日起一年内有效
    B. 直属海关作出的预归类决定在本关区范围内有效
    C. 海关总署作出的预归类决定在全关境范围内有效
    D. 预归类决定书只准申请人使用
22. "从后归类"的原则是进行商品归类时优先使用的原则。_____(2004 年真题判断第 24 题)

实训项目

1. 通过对厦门远华走私案件中走私手法的剖析,认识某些企业故意瞒报商品品名与商品编码的真正目的。

伪报品名

赖昌星的第二种走私手法叫做伪报品名。在汽车走私过程中,这种手法表现得最为明显。

厦门东方发展公司保税品公司原报关员连惠山交代:汽车的报关大部分都是由我完成,但是是以塑料米 ABS 树脂、聚苯乙烯、木浆等之类的品名去报关。一般情况下,装货的船到了没有我还不知道,侯小虎还有他的弟弟侯占武就把单证先给我了,在单证上他提供给我的就已经是那些化工原料了。

海关侦查人员李明晋介绍:假单证制作完以后,由香港远华公司一个姓高的人坐飞机回来,提前回来,船运输比较慢,他坐飞机回来比较快,他就把这套单证先送到远华侯小虎这边。收到这些假单证后,侯小虎除了与报关员连惠山联络外,还要迅速将相关单证送到走私船上。因为它在海上航行的时候都要用一套真实的单证随货同行,可以应付海上的检查,到了锚地以后再换上一套假的单证。侯小虎拿到这套假的单证以后,等着船到锚地,侯小虎就通过到第一码头那边租一个交通艇直接上锚地,把真的单证换下来,把假的单证送上去,送上去以后船上就用这套假的单证在口岸各个部门申报入境。

入境的走私汽车大部分被拉到塘边仓库,这是赖昌星走私货物的另一个集散地,也

有一部分被拉到海鑫堆场。在这两个地方,走私犯罪分子打开货柜,将走私汽车装入另外的集装箱后迅速拉走。

李明晋说,一般海关有个比例,对货物不是100%都查验,一般就查验5%或者是10%,按这个比例就要搞几个柜子把ABS树脂跟聚丙烯再装进去,这几个柜子的号由侯占武提供到被收买的一些海关人员那边,按照指定号码的货柜去检查,这样一检查当然查不出来问题,一检查起来单货就相符了。

仅从1997年2月至12月间,赖昌星走私犯罪集团将走私汽车伪报成低税值的化工原料等品名,先后分29个航次走私各种系列汽车共计3 588辆,案值人民币15.7亿元,偷逃税款人民币9亿元。

2. 通过对以下报道的分析,对现实工作中出现的商品归类问题的类型进行归纳总结。

产地证品名问题多 企业应重视抓管理
(摘自《中国国门时报》)

近日,某公司向鄞州检验检疫局申报一份品名为"木屋"的产地证,所用的英文描述为"WOODEN HOUSE",HS编码对应的商品为未列名木制品。一家专营休闲用品的公司,怎么会有"房屋"出口?签证人员实地调查发现,"木屋"其实是供宠物小憩的棚架,应归入木制宠物用品。类似品名不规范的问题屡见不鲜,应引起签证机构和出口企业的关注。

近年来,随着产地证签证量越来越大,签证产品越来越杂,申报中出现的品名问题也越来越多,主要表现在五个方面:

(1)品名与编码不匹配。根据产地证的填制说明,商品名称应填写具体,其详细程度应能在HS编码的四位数字中准确归类,并与体现产品基本特征的HS编码相吻合。但在签证中发现,一些申报产品和HS编码相差很远,如电子产品用机械类编码,用男式衬衫的HS编码申报女式上衣的产地证等。

(2)中文品名不完整。有些企业不了解申报要求,不管几种产品,申请书只填一个产品的中文品名;有些企业只填写大类名称,如,生产文具的企业,不论是圆珠笔还是笔记本,中文品名一律用"文具套装";申报的中文名称与英文表述完全不一致,如,"SCOOTER"(滑板车)申报的中文品名是"铁铸件"。

(3)英文表述笼统。最典型的是英文以"GOODS"或者"MERCHANDISE"(商品)表述;服装不分男女、不列面料,只显示"CLOTHING"(衣服)等。

(4)品名词不达意,将中文品名直译。如"木鱼"被译成"WOODEN FISH"(木制的鱼),"玩具水枪"直译为"WATER GUN"(水里的枪)等。还有将其他外文与英文融合,捏造品名等。

(5)内容冗长烦琐。笔者在检验时经常发现,在产地证第七栏货物描述时,品名相似、型号不同的内容罗列了许多。有的在复杂的品名后面还加订单号、信用证号,以及每款不同的单价,甚至生产商、原料地、原产国等附加内容,使品名无法简洁明了。

为什么品名会出现这些问题?笔者认为,主要有以下原因:

其一,为结汇方便,盲目追求证单一致。绝大部分签证企业为满足信用证条款,不管实际产品如何,将信用证所列品名一概照抄,结果造成品名笼统、英文拼写错误,甚至与实际产品不符。

其二,为逃配额谎报服装面料成分。由于出口至欧美的部分服装涉及纺织品配额,有些外商要求企业借用无须配额的品名申办产地证,或者干脆只显示笼统的品名。宁波检验检疫机构签证部门通过对服装面料半年多的随机抽查检测发现,有40%左右存在申报不实的问题。

其三,为避关税,不显编码、错打品名。商品名称与 HS 编码应对应,HS 编码是国外海关核定进口关税的主要依据,有些国外客户为了少缴进口关税,会要求企业签证时在品名上做文章,用关税低的产品替代实际品名。一些外商会指定将含进口原材料的产品隐去材质,以"完全原产"形式进行申报。因为产地证对品名和原产地标准都有严格的要求,在 FORM A 证书中,"完全原产"的产品不显示商品的归类 HS 编码,在进口国海关可以低税率的商品进行报关。变相的高价低报,为反倾销等贸易壁垒埋下了导火索。

其四,逃避法检,改变品名打擦边球。近几年,宁波检验检疫机构从产地证签证入手,发现并查处了一系列逃漏检案件。例如,用非法检的锁零件申报签证,出口整锁;以非法检的防寒服名义申报产地证,出口需法检的羽绒服装等。

其五,图方便,品名描述简单笼统。部分申报人员对产地证工作不重视,业务操作不熟练,经常少打或漏打中文品名,英文描述简单笼统,或者只列一个品名,其他的以"ETC."(等)代替。

不规范品名会造成退证,而反复退证,不仅增加了签证人员的工作量,也会使企业无法及时拿到签证,从而影响正常贸易秩序。同时,不规范的品名既违反了原产地规则要求,也违背了平等互利的贸易原则,容易导致进口国采取技术性贸易措施。品名问题使国外海关退证查询增加,低价竞销、逃避关税,可能间接造成贸易统计混乱,给愈演愈烈的反倾销火上浇油。

3.通过对以下几个案例的分析,总结这些案例的共同之处并提出可行的解决方案。

奉化局查处逃漏检出口企业
(宁波出入境检验检疫局 2008 年 6 月)

日前,奉化检验检疫局调查人员在排查中发现,本市某外贸公司出口的音频线缆没有向产地检验检疫机构申报,而是通过篡改 HS 编码直接报关出口,涉嫌逃漏检行为,该局经过缜密调查后,对其进行了立案查处。

根据《中华人民共和国进出口商品检验法》第33条及《中华人民共和国进出口商品检验法实施条例》第48条的规定,进出口商品的收货人、发货人、代理报检企业或者出入境快件运营企业、报检人员不如实提供进出口商品的真实情况,取得出入境检验检疫机构的有关证单,或者对法定检验的进出口商品不予报检,逃避进出口商品检验的,由出入境检验检疫机构没收违法所得,并处商品货值金额5%以上20%以下罚款;情节严重的,并撤销其报检注册登记、报检从业注册。

奉化检验检疫局提醒有关外贸企业,进出口法检商品一定要向有关的出入境检验检疫机构申报,如实提供进出口商品的真实情况,依法经营,不要触犯法律。

频繁更换品名和HS编码应引起注意
(宁波出入境检验检疫局 2007年7月)

近日,象山检验检疫人员发现部分企业更换品名和HS编码的现象增多。随意更换品名和HS编码会造成严重后果,使商品出口检验时标准发生改变,到达国海关一旦在查验时发现货证不符,会造成货物滞港,给企业带来经济损失。

检验检疫人员发现,相关企业将"电压≤1000伏的插头及插座(8536.6900)"更换为"其他≤1 000伏电路开关等电气装置(8536.9000)","电压≤80伏有接头电导体(8544.4219)"更换为"电压≤80伏有接头电缆(8544.4211)","电压≤80伏其他电导体(8544.4919)"更换为"电压≤80伏有接头电缆(8544.4211)"。企业更换商品编码的主要原因是2007年7月1日实施新的出口退税政策,其中部分电线电缆的退税由原先的13%降为9%。这次退税对于低附加值、低利润的线缆企业无疑是当头一棒,部分企业为减少损失,采取了用高退税率的编码替换低退税率的编码的方式。

由于出口商品的HS编码是按照《商品名称及编码协调制度》的有关规定确定下来的,不同的商品对应不同的编码,检验监管措施也不同,随意更换HS编码会造成严重的后果:一是检验标准发生改变,检验人员难以判断商品是否合格;二是如果发现报检人员更换编码是为了逃避进出口商品检验,检验部门会追究报检人员的法律责任;三是通关受阻,海关在查验时若发现货证不符,会不予通关,造成货物滞港,使企业产生一定的经济损失,也会贻误出货时间。

警惕玩具产品"冒名逃检"
(宁波出入境检验检疫局 2008年3月)

宁波检验检疫局从最近查获的数起出口玩具逃检案件中发现,一些出口企业把迷你足球门、沙滩玩具、滑板车等玩具以游戏用品、体育用品归类报关出口,逃避检验。

这几起逃检案件的当事人在接受调查时,开始否认假冒行为,认为玩具和游戏用品、体育用品概念有相同的地方,难以区分。当办案人员把国家玩具技术规范(GB 6675-2003)中玩具的定义,即"设计或预定供14岁以下儿童玩耍的任何产品和材料"告知后,当事人承认他们的产品应该属于玩具。HS编码有严密的科学性和逻辑性,商品不能任意归类,按照归类原则并结合用途原则,已设计或预定用途的商品只能对应一个HS编码。游戏用品、体育用品如设计或预定为14岁以下儿童玩耍的时候,就再也不能归为游戏用品(HS9504)、体育用品(HS9506),而应归为玩具(HS9503)。

玩具作为涉及人身财产安全、健康的重要商品,实施出口质量许可(注册登记)管理,是目前出口中高风险、敏感商品。2007年出口玩具专项整治工作全面清理了出口玩具质量许可(注册登记)企业,并实施新的监管模式来保证出口玩具的质量。但是令人担忧的是,一些企业以改变HS编码的方式逃避检验监管,非法出口玩具,而这些未经检验监管的玩具存在重大质量隐患,应引起有关部门高度重视。建议海关在出口货物放行环节加强对游戏用品(HS9504)、体育用品(HS9506)项下货物的查验,关检紧密配合,形成对非法出口玩具的高压打击态势,确保出口玩具的质量安全。

石墨碎?石墨粉末?

2007年10月至12月间,C公司以一般贸易方式向某海关申报出口石墨碎两票,申报商品编码85459000,经海关认定,该货物商品编码应为38019000。经查,2007年8月A公司曾向某南方海关以85459000报关出口石墨碎,被海关审单部门退单更正为38019000。

对此,C公司的解释是:以前出口的货物是石墨粉末,现在出口的货物是石墨碎,石墨碎是有形状的石墨制品,用途也不同于石墨粉末,故仍以原申报编码报关。

4. 通过对以下几个案例的分析,发现其问题的共同之处并提出可行的解决之道。

出口"新手"更应关注HS编码
(宁波出入境检验检疫局 2008年2月)

日前,宁波鄞州一家企业在办理出口手续时,因改变商品的HS编码,造成出口产品未依法申领出口产品许可证而遭到检验检疫机构的处罚。

该企业开发了一种货物提升功能的产品,共有四种规格,其中一种还正在申请专利。由于产品得到美国客户的认可,该企业迫不及待想打入美国市场,没想到欲速则不达。因该产品是首次出口,企业人员缺乏相关的报检报关知识,也没有意识到要向监管部门进行咨询,擅自将这种产品归类为不需出口监管的提升机(HS编码8425.4990)而直接向海关报关。经海关开箱查验,认定该类商品应该属于千斤顶类别,HS编码为8425.4910,属于国家实行出口商品注册登记管理的法定出口检验商品。而该企业既未向检验检疫机构申领许可证,又未向检验检疫机构申请出口检验,试图闯关,于是被查扣,同时也因涉嫌违反商检法及其实施条例而受到检验检疫机构的立案查处。

检验检疫机构提醒初涉出口领域的企业,在产品首次出口时,一定要了解国家的政策,弄清楚监管部门的办事程序,将自己的产品性质正确定位,诚信守法地办理出口手续,以避免不必要的损失。

此T恤非彼T恤
（摘自"天下关税网"）

T恤是我国重要的出口纺织品。据宁波海关统计,仅2005年1~4月宁波口岸向欧盟出口T恤及类似服装4 448万件,价值达7 138万美元,与去年同比分别增长52.86%和79.15%。

从宁波海关了解的情况看,由于企业缺乏商品归类知识,误把其他服装归入T恤的情况时有发生。根据《协调制度注释》的规定,T恤是"无领、无扣、领口无门襟"的内衣类轻质服装。一些企业误把国内服装界通常称为T恤的软翻领扣子衫、有领有扣的服装也归入T恤,而实际上,此类"T恤"在欧洲称为马球衫(POLOSHIRT),应当归入衬衫类。因此,宁波海关提醒纺织出口企业应主动了解纺织服装归类规则,认真研究商品归类,以应对国外对我国纺织品出口的限制。

服装归类的严格要求
（摘自"报关员考试网"）

2005年3月1日开始,国家对输往美国、欧盟和香港的部分纺织品实行出口自动许可管理。由于《出口自动许可证》对于纺织品HS编码的要求较为严格,不允许有丝毫偏差,因此一些纺织品出口企业纷纷就纺织品的归类问题向宁波海关进行咨询。其中有一个较为普遍的问题是关于50%棉50%化纤的服装应如何归类的问题。

根据《商品归类总规则》的规定,由两种或两种以上材料混纺而成的服装应按其中的主要材料归入相应的税号。因此,对由棉和化纤混纺而成的服装进行归类,应先了解其中棉和化纤各占总材料的比例,如棉的比例超过50%,则按棉制服装进行归类申报;反之,则按化纤服装归类申报。如果服装的材料是50%棉和50%化纤,那么按照《商品归类总规则》的规定,适用从后归类原则。由于化纤服装的税号位列棉制服装之后,所以在这种情况下,应按化纤服装归类申报,并申领相应税号的《出口自动许可证》。

一些纺织品出口企业在对50%棉50%化纤的服装的归类问题不甚了解的情况下,按棉制服装的归类申领了《出口自动许可证》,结果在向海关报关时由于该许可证不符合要求,导致货物无法及时出运。近日,宁波某公司向宁波海关申报出口价值2万余元的50%棉50%化纤的套头衫,就由于上述原因而无法顺利通关。为此,宁波海关提醒纺织品出口企业注意,对输往美国、欧盟和香港的部分纺织品,如果其材料为50%棉

50%化纤,应按化纤服装归类申报并申领相应税号的《出口自动许可证》。

5.通过对以下案例的分析,讨论在企业归类与海关认定存在分歧的情况下,应该如何正确处理。

元通公司商品归类案
(摘自"海关网")

2007年3月至6月,元通公司在A海关出口10票钢铁类产品,申报品名为镍铁,出口税率为10%。A海关在监控中发现其存在归类风险,认为该商品的正确商品名为"合金生铁",正确商品编码应为7201.5000,出口税率为20%,并对该公司进行补税处理。2007年7月至11月,该公司在B海关又申报出口9票同类产品,申报过程中,元通公司均向海关提供了真实的出口合同、发票、质检机构的检验报告,但没有接受A海关的归类纠正,仍然申报商品名称为镍铁,商品编码为72026000,出口税率为10%。B海关发现该公司的违法行为,于2008年7月以申报不实对元通公司进行了行政处罚。元通公司不服B海关的行政处罚决定,向B海关的上一级海关申请行政复议。

是水泥添加剂吗?

2007年5月,A公司以一般贸易方式从德国进口水泥添加剂(货物英文名称ETHYLENE MATERIAL)两票。A公司向海关申报的名称和海关商品编码分别为:水泥添加剂和38244000。后经海关化验中心化验,该批货物成分实际为以醋酸乙烯为主要成分的聚合物,归类参考意见:39052900。经查,A公司此前曾以同样方式进口水泥添加剂三票。

与税率有关系吗?

2002年5月,B公司以一般贸易方式向海关申报进口红外热像仪。申报商品编码90275000(关税率3%,增值税率17%),主管海关认为实际商品编码应为90318090(关税率6.8%,增值税率17%)。后海关总署认定为90314900(关税率3%,增值税率17%)。C公司申报的编码与主管海关与海关总署认定的结果均不相同。

第六章

进出口税费

导　言

　　进出口税费的设置与征收涉及国家税收来源，是海关监管的一个重要环节。作为报关单位和报关员，不仅要按时依法纳税，更要清楚有关税种的设置和税率变化的最新情况，以便更好地服务于企业。

　　在这部分内容中，进出口货物完税价格的确定、税率的适用、税费的计算及原产地申报是应该掌握的基本技能，大家可以通过知识点汇编与测试进行全面的练习，而实际工作中常见的优惠原产地证书的申报工作也是需要重点理解和反复演练的，本章将其作为一个重要环节在实操演练中体现。

　　本章知识结构

$$\text{基本概念}\begin{cases} \text{关税} \\ \text{进口环节税}\begin{cases}\text{增值税}\\\text{消费税}\end{cases} \\ \text{船舶吨税} \\ \text{税款滞纳金}\end{cases}$$

进出口货物完税价格的确定
原产地确定及税率适用
税费的缴纳及特殊情况
税费的减免
税费的计算

优惠原产地规则

包括
- 亚太贸易协定
- 中国—东盟合作框架协议
- 香港 CEPA
- 澳门 CEPA
- 中巴自由贸易协定
- 特别优惠关税待遇
- 中智自由贸易协定

优惠原产地认定标准
- 完全获得标准
- 从价百分比标准
- 直接运输规则

原产地证明书
- 亚太贸易协定——FORM A(亚太专用原产地证)
- 中国—东盟合作框架协议——FORM E
- 港澳 CEPA——原产地证书联网管理
- 中巴自贸协定——中巴自贸区原产地证书
- 特别优惠关税待遇——中国给予特别优惠关税待遇原产地证书
- 中智自由贸易协定——FORM F

知识点汇编

一、有关税种的基本概念

(一)关税

关税是国家税收的重要组成部分,是由海关代表国家,按照国家制定的关税政策和公布实施的税法及进出口税则,对准许进出关境的货物和物品向纳税义务人征收的一种流转税。关税是一种国家税收。关税的征税主体是国家,由海关代表国家向纳税义务人征收。其课税对象是进出关境的货物和物品。关税纳税义务人是指依法负有直接向国家缴纳关税义务的单位或个人,亦称为关税纳税人或关税纳税主体。我国关税的纳税义务人是进口货物的收货人、出口货物的发货人、进(出)境物品的所有人。

1. 进口关税,是指一国海关以进境货物和物品为课税对象所征收的关税。在国际贸易中,它一直被各国公认为是一种重要的经济保护手段。

2. 出口关税,是指海关以出境货物、物品为课税对象所征收的关税。为鼓励出口,世界各国一般不征收出口税或仅对少数商品征收出口税。征收出口关税的主要目的是限制、调控某些商品的过度、无序出口,特别是防止本国一些重要自然资源和原材料的无序出口。

(二)国内税

进口货物、物品在办理海关手续放行后,进入国内流通领域,与国内货物同等对待,所以应缴纳应征的国内税。进口货物、物品的一些国内税依法由海关在进口环节征收。目前,由海关征收的国内税主要有增值税、消费税两种。按规定,船舶吨税也由海关征收。

1. 增值税,是以商品的生产、流通和劳务服务各个环节所创造的新增价值为课税对象的一种流转税。

2. 消费税,是以消费品或消费行为的流转额作为课税对象而征收的一种流转税。我国消费税的征收范围仅限于少数消费品。

(三)船舶吨税

船舶吨税(简称"吨税"),是由海关在设关口岸对进出、停靠我国港口的国际航行船舶征收的一种使用税。征收船舶吨税的目的是用于航道设施的建设。

(四)滞纳金

滞纳金是税收管理中的一种行政强制措施。在海关监督管理中,滞纳金指应纳税的单位或个人因逾期向海关缴纳税款而依法应缴纳的款项。按照规定,关税、进口环节增值税、进口环节消费税、船舶吨税等的纳税义务人或其代理人,应当自海关填发税款缴款书之日起15日内向指定银行缴纳税款,逾期缴纳的,海关依法在原应纳税款的基础上,按日加收滞纳税款0.5‰的滞纳金。

二、完税价格的审定

(一)进口货物的完税价格

进口货物的完税价格,由海关以该货物的成交价格为基础审查确定,并应包括货物运抵中华人民共和国境内输入地点起卸前的运输及相关费用、保险费。"相关费用"主要是指与运输有关的费用,如装卸费、搬运费等属于广义的运费范围内的费用。成交价格需满足一定的条件才能被海关所接受。

海关确定进口货物完税价格共有进口货物成交价格法、相同货物成交价格法、类似货物成交价格法、倒扣价格法、计算价格法、合理方法等六种估价方法。上述估价方法应当依次采用。

进口货物成交价格方法是《关税条例》及《审价办法》规定的第一种估价方法,进口货物的完税价格应尽可能采用该货物的成交价格。

(二)进口货物的成交价格

进口货物的成交价格,是指卖方向中华人民共和国境内销售该货物时买方为进口该货物向卖方实付、应付的,并按有关规定调整后的价款总额,包括直接支付的价款和间接支付的价款。调整因素包括计入项目和扣除项目。

计入项目有:①除购货佣金以外的佣金和经纪费,佣金通常可分为购货佣金和销售佣金。②与进口货物作为一个整体的容器费。③包装费,既包括材料费,也包括劳务费。④协助的价值,在国际贸易中,买方以免费或以低于成本价的方式向卖方提供了一些货物或者服务,这些货物或服务的价值被称为协助的价值。⑤特许权使用费,是指进口货物的买方为取得知识产权权利人及权利人有效授权人关于专利权、商标权、专有技术、著作权、分销权或者销售权的许可或者转让而支付的费用。⑥返回给卖方的转售收益,如果买方在货物进口之后,把进口货物的转售、处置或使用的收益一部分返还给卖方,这部分收益的价格应该计入到完税价格中。

扣除项目有:①厂房、机械或者设备等货物进口后发生的建设、安装、装配、维修或者技术援助费用,但是保修费用除外;②货物运抵境内输入地点起卸后发生的运输及其相关费用、保险费;③进口关税、进口环节代征税及其他国内税;④为在境内复制进口货物而支付的费用;⑤境内外技术培训及境外考察费用。

此外,同时符合下列条件的利息费用不计入完税价格:①利息费用是买方为购买进口货物而融资所产生的;②有书面融资协议的;③利息费用单独列明的;④纳税义务人可以证明有关利率不高于在融资当时当地此类交易通常具有的利率水平,且没有融资安排的相同或者类似进口货物的价格与进口货物的实付、应付价格非常接近的。

码头装卸费(英文名称 Terminal Handling Charge,简称 THC)是指货物从船舱到集装箱堆场间发生的费用,属于货物运抵中华人民共和国境内输入地点起卸后的运输相关费用,因此不应计入货物的完税价格。

(三)出口货物的完税价格

出口货物的完税价格,由海关以该货物的成交价格为基础审查确定,包括货物运至中华人民共和国境内输出地点装载前的运输及其相关费用、保险费。

(四)出口货物的成交价格

出口货物的成交价格,是指该货物出口销售时,卖方为出口该货物向买方直接收取和间接收取的价款总额。

不计入出口货物完税价格的税收、费用包括:①出口关税;②在货物价款中单独列明的货物运至中华人民共和国境内输出地点装载后的运费及其相关费用、保险费;③在货物价款中单独列明由卖方承担的佣金。

三、原产地确定

世界贸易组织《原产地规则协议》将原产地规则定义为:一国(地区)为确定货物的

原产地而实施的普遍适用的法律、法规和行政决定。各国以本国立法形式制定出其鉴别货物"国籍"的标准,这就是原产地规则。

从适用目的的角度划分,原产地规则分为优惠原产地规则和非优惠原产地规则。

(一)优惠原产地规则

优惠原产地规则是指一国为了实施国别优惠政策而制定的原产地规则,优惠范围以原产地为受惠国的进口产品为限。它是出于某些优惠措施规定的需要,根据受惠国的情况和限定的优惠范围,制定的一些特殊原产地认定标准,而这些标准是给惠国和受惠国之间通过多边或双边协定形式制定的,所以又称为"协定原产地规则"。

(二)非优惠原产地规则

非优惠原产地规则是指一国根据实施其海关税则和其他贸易措施的需要,由本国立法自主制定的原产地规则,故也称为"自主原产地规则"。也就是说,非优惠原产地规则是为实施最惠国待遇、反倾销和反补贴、保障措施、原产地标记管理、国别数量限制、关税配额等非优惠性贸易措施,以及进行政府采购、贸易统计等活动而认定进出口货物原产地的标准。其实施必须遵守最惠国待遇原则,即必须普遍地、无差别地适用于所有原产地为最惠国的进口货物。

四、进出口税费的缴纳及特殊情况

(一)缴纳税款

纳税义务人应当在货物的进出境地向海关缴纳税款,方式主要有两种,一种是持缴款书到指定银行营业柜台办理税费交付手续,即柜台支付税费;另一种是向签有协议的银行办理电子支付税费,即网上支付税费手续。

(二)税款的退还

以下情况经海关核准可予以办理退税手续:

1. 已缴纳进口关税和进口环节代征税税款的进口货物,因品质或者规格原因原状退货复运出境的;

2. 已缴纳出口关税的出口货物,因品质原因或者规格原因原状退货复运进境,并已重新缴纳因出口而退还的国内环节有关税收的;

3. 已缴纳出口关税的货物,因故未装运出口,已退关的;

4. 已征税放行的散装进出口货物发生短卸、短装,如果该货物的发货人、承运人或者保险公司已对短卸、短装部分退还或者赔偿相应货款的,纳税义务人可以向海关申请退还进口或者出口短卸、短装部分的相应税款;

5. 进出口货物因残损、品质不良、规格不符的原因,由进出口货物的发货人、承运人或者保险公司赔偿相应货款的,纳税义务人可以向海关申请退还赔偿货款部分的相应税款;

6. 因海关误征,致使纳税义务人多缴税款的。

（三）税款的追征和补征的范围

1. 进出口货物放行后，海关发现少征或者漏征税款的；
2. 因纳税义务人违反规定造成少征或者漏征税款的；
3. 海关监管货物在海关监管期内因故改变用途按照规定需要补征税款的。

（四）延期纳税

纳税义务人因不可抗力或者国家税收政策调整不能按期缴纳税款的，应当在货物进出口前向办理进出口申报纳税手续所在地直属海关提出延期缴纳税款的书面申请并随附相关材料，同时还应当提供缴税计划。

五、税费的减免

进出口税费减免是指海关按照国家政策、海关法和其他有关法律、行政法规的规定，对进出口货物的关税和进口环节海关代征税给予减征或者免征。税费减免可分为三大类，即法定减免税、特定减免税和临时减免税。

（一）法定减免税

法定减免税是指按照《海关法》、《关税条例》和其他法律、行政法规的规定，进出口货物可以享受的减免关税优惠。海关对法定减免税货物一般不进行后续管理。

下列进出口货物、进出境物品，减征或者免征关税：

1. 关税额在人民币50元以下的一票货物；
2. 无商业价值的广告品和货样；
3. 外国政府、国际组织无偿赠送的物资；
4. 在海关放行前遭受损坏或者损失的货物；
5. 进出境运输工具装载的途中必需的燃料、物料和饮食用品；
6. 中华人民共和国缔结或者参加的国际条约规定减征、免征关税的货物、物品；
7. 法律规定减征、免征关税的其他货物、物品。

（二）特定减免税

特定减免税是指海关根据国家规定，对特定地区、特定用途和特定企业给予的减免关税和进口环节海关代征税的优惠，也称政策性减免税。特定减税或者免税的范围和办法由国务院规定，海关根据国务院的规定单独或会同国务院其他主管部门制定具体实施办法并加以贯彻执行。

目前实施特定减免税的项目主要有：

1. 外商投资项目投资额度内进口自用设备；
2. 外商投资企业投资总额外进口自用设备；
3. 国内投资项目进口自用设备；
4. 贷款项目进口物资；

5. 特定区域物资；
6. 科教用品；
7. 科技开发用品；
8. 残疾人专用品；
9. 救灾捐赠物资；
10. 扶贫慈善捐赠物资。

(三) 临时减免税

临时减免税是指法定减免税和特定减免税以外的其他减免税，国务院根据某个单位、某类商品、某个时期或某批货物的特殊情况和需要，给予特别的临时性减免税优惠，一般是"一案一批"。

六、税费的计算

海关征收的关税、进口环节增值税、进口环节消费税、船舶吨税、滞纳金等税费一律以人民币计征，起征点为人民币50元。完税价格、税额采用四舍五入法计算至分。

(一) 进口关税税款的计算

1. 从价税

$$应征税额 = 进口货物的完税价格 \times 进口从价税税率$$

$$减税征收的进口关税税额 = 进口货物的完税价格 \times 减按进口关税税率$$

2. 从量税

$$应征税额 = 进口货物数量 \times 单位税额$$

3. 复合关税

$$应征税额 = 进口货物数量 \times 单位税额 + 进口货物的完税价格 \times 进口从价税税率$$

4. 滑准税

$$从价应征进口关税税额 = 完税价格 \times 暂定关税税率$$

$$从量应征进口关税税额 = 进口货物数量 \times 暂定关税税率$$

(二) 反倾销税税款的计算

$$反倾销税税额 = 完税价格 \times 适用的反倾销税税率$$

(三) 出口关税税款的计算

$$应征出口关税税款额 = 出口货物完税价格 \times 出口关税税率$$

其中

$$出口货物完税价格 = FOB(中国境内口岸)/1 + 出口关税税率$$

(四) 进口环节海关代征税的计算

1. 消费税税款的计算

(1) 从价征收的消费税

消费税组成计税价格 = 进口关税完税价格 + 进口关税税额/1 - 消费税税率

应纳税额 = 消费税组成计税价格 × 消费税税率

（2）从量征收的消费税

应纳税额 = 应征消费税消费品数量 × 消费税单位税额

（3）同时实行从量、从价征收的消费税

应纳税额 = 应征消费税消费品数量 × 消费税单位税额 + 消费税组成计税价格 × 消费税税率

2. 增值税税款的计算

应纳税额 = 增值税组成计税价格 × 增值税税率

增值税组成计税价格 = 进口关税完税价格 + 进口关税税额 + 消费税税额

3. 滞纳金的计算。海关征收的关税、进口环节增值税和消费税、船舶吨税，如纳税义务人或其代理人逾期缴纳税款的，由海关自缴款期限届满之日起至缴清税款之日止，按日加收滞纳税款 0.5‰ 的滞纳金。纳税义务人应当自海关填发滞纳金缴款书之日起 15 日内向指定银行缴纳滞纳金。

进出口货物的纳税义务人，应当自海关填发税款缴款书之日起 15 日内缴纳税款，逾期缴纳的，由海关征收滞纳金。在实际计算纳税期限时，应从海关填发税款缴款书之日的第二天起计算，当天不计入。缴纳期限的最后一日是星期六、星期天或法定节假日的，关税缴纳期限顺延至周末或法定节假日过后的第一个工作日。如果税款缴纳期限内含有星期六、星期天或法定节假日，则不予扣除。滞纳天数按照实际滞纳天数计算，其中的星期六、星期天或法定节假日一并计算。

关税滞纳金金额 = 滞纳关税税额 × 0.5‰ × 滞纳天数

进口环节代征税滞纳金金额 = 滞纳的进口环节海关代征税税额 × 0.5‰ × 滞纳天数

知识点测试

有关税种基本概念

1. 目前我国不实行从量计税的进口商品是（ ）。（2007 年真题单选第 15 题）

　A. 冻乌鸡　　　　　　　　B. 鲜啤酒

　C. 未梳原棉　　　　　　　D. 盘装胶卷

2. 下列属于进出口环节由海关依法征收的税费是（ ）。（2007 年真题多选第 16 题）

　A. 关税　　　　　　　　　B. 消费税

　C. 进口车辆购置附加费　　D. 船舶吨税

3. 下列税费中，不足人民币 50 元免予征收的是（ ）。（2007 年真题多选第 18 题）

A. 滞纳金 B. 关税
C. 增值税 D. 消费税

4. 我国目前征收的进口附加税主要是报复性关税。_____(2007 年真题判断第 15 题)

5. 消费税组成计税价格的计算方法为:(进口关税完税价格＋进口关税税额)÷(1＋消费税税率)。_____(2007 年真题判断第 16 题)

6. 关税的征税主体是国家,其征税对象是( )。(2004 年真题多选第 14 题)
   A. 进出关境的货物 B. 进出关境的物品
   C. 进口货物收货人 D. 出口货物发货人

7. 对应征进口环节消费税的货物,其进口环节消费税组成计税价格包括( )。(2004 年真题多选第 15 题)
   A. 进口货物关税完税价格 B. 进口货物关税税额
   C. 进口环节消费税税额 D. 进口环节增值税税额

8. 采用价内税计税方法的税种是( )。(2008 年真题单选第 15 题)
   A. 进口关税 B. 进口环节增值税
   C. 进口环节消费税 D. 出口关税

9. 下列关于滑准税的表述正确的是( )。(2008 年真题多选第 16 题)
   A. 当商品价格上涨时采用较低税率
   B. 当商品价格上涨时采用较高税率
   C. 当商品价格下跌时采用较高税率
   D. 当商品价格下跌时采用较低税率

10. 进口环节增值税的征收管理,适用关税征收管理的规定。_____(2008 年真题判断第 15 题)

原产地认定

1. 非优惠原产地认定标准之一的从价百分比标准,是指在某一国家(地区)对非该国(地区)原产原料进行制造、加工后的增值部分,超过所得货物价值的比例( )。(2007 年真题单选第 16 题)
   A. ≥30% B. ≥40%
   C. ≥55% D. ≥60%

2. 优惠原产地规则的实施必须遵守最惠国待遇原则,即必须普遍地无差别地适用于所有原产地为最惠国的进口货物。_____(2007 年真题判断第 17 题)

3. 下列不符合优惠原产地认定标准中"完全获得标准"的有( )。(2006 年真题多选第 19 题)
   A. 由该国(地区)船只在公海捕捞的水产品

B. 由该国(地区)在公海开采的矿产品
C. 该国(地区)利用由他国(地区)加工制造过程中产生的废料加工所得的产品
D. 在该国(地区)领土出生和饲养的活动物

4. 直属海关在接到进口货物收货人或者经营单位的原产地预确定书面申请和全部必要文件资料后150天内作出原产地预确定决定,并告知申请人。_____(2005年真题判断第14题)

5. 适用优惠原产地规则的原产地证书,凡是受惠国政府指定机构签发的,即可适用于多批进口货物,并多次使用。_____(2004年真题判断第13题)

6. 下列不属于非优惠原产地认定标准中的"实质性改变标准"的是( )。(2008年真题单选第17题)
   A. 完全获得标准   B. 税则归类改变标准
   C. 从价百分比标准   D. 加工工序标准

7. 对于在反倾销措施实施之前已经申报进口的保税货物,进口经营单位在反倾销措施实施期间因故申报内销的,可免予提交原产地证明。_____(2008年真题判断第17题)

税率适用

1. 境内某公司从香港购进孟加拉国产的某商品一批,设该商品的最惠国税率为10%,普通税率为30%,亚太协定税率为9.5%,香港CEPA项下税率为0,该商品进口时适用的税率是( )。(2007年真题单选第17题)
   A. 10%   B. 30%
   C. 9.5%   D. 0

2. 下列情形中,应当适用海关接受纳税义务人申报办理纳税手续之日实施的税率的是( )。(2007年真题多选第19题)
   A. 保税货物经批准不复运出境的
   B. 保税仓储货物转入国内市场销售的
   C. 减免税货物经批准转让的
   D. 租赁进口货物分期缴纳税款的

3. 在计算出口关税时,优先执行暂定税率。_____(2007年真题判断第18题)

4. 根据《中华人民共和国进出口关税条例》的规定,下列表述正确的是( )。(2006年真题单选第15题)
   A. 适用最惠国税率的进口货物有暂定税率的,应当适用最惠国税率
   B. 适用协定税率的进口货物有暂定税率的,应当从低适用税率
   C. 适用特惠税率的进口货物有暂定税率的,应当从高适用税率
   D. 适用普通税率的进口货物有暂定税率的,应当适用暂定税率

5. 关于税率适用原则,下列表述正确的是( )。(2006年真题多选第18题)
   A. 进口货物应当适用纳税义务人申报该货物进口之日实施的税率
   B. 进口货物到达前,经海关核准先行申报的,应当适用装载该货物的运输工具申报进境之日实施的税率
   C. 进口转关运输货物,应当适用指运地海关接受该货物申报进口之日实施的税率
   D. 保税货物经批准不复运出境的,应当适用海关接受纳税义务人再次填写报关单申报办理纳税及有关手续之日实施的税率

6. 关于暂定税率适用的原则,下列表述错误的是( )。(2005年真题单选第14题)
   A. 适用最惠国税率的进口货物同时有暂定税率的,应当适用暂定税率
   B. 适用协定税率、特惠税率的进口货物有暂定税率的,应当从低适用税率
   C. 适用普通税率的进口货物,不适用暂定税率
   D. 适用出口税率的出口货物有暂定税率的,不适用暂定税率

7. 关于税率适用时间,下列表述正确的是( )。(2005年真题多选第16题)
   A. 减免税货物经批准转让或者移作他用的,应当适用海关批准之日实施的税率征税
   B. 因纳税义务人违反规定需要追征税款的,应当适用海关发现该行为之日实施的税率
   C. 租赁进口货物分期缴纳税款的,应当适用海关接受申报办理纳税手续之日实施的税率
   D. 进口货物到达前,经海关核准先行申报的,应当适用装载货物的运输工具申报进境之日实施的税率

8. 下列进口货物中,应当适用装载货物的运输工具申报进境之日实施的税率的是( )。(2008年真题多选第18题)
   A. 到达前经海关核准先行申报的进口货物
   B. 货物运抵指运地前经海关核准先行申报的进口转关运输货物
   C. 因超过规定期限未申报而由海关依法变卖的进口货物
   D. 因纳税义务人违反规定需要追征税款的进口货物

进出口货物的完税价格

1. 某企业以CIF成交方式购进一台砂光机,先预付设备款25 000港币,发货时再支付设备价款40 000港币,并另直接支付给境外某权利所有人专用技术使用费15 000港币。此外,提单上列明THC费为500港币,该批货物经海关审定的成交价格为( )。(2007年真题单选第18题)
   A. 65 500元港币   B. 65 000元港币
   C. 80 500元港币   D. 80 000元港币

2. 下列关于海关审定加工贸易保税货物内销完税价格的表述,正确的是( )。(2007年真题多选第17题)

   A. 进料加工进口料件内销时,以料件原进口成交价格为基础审查确定完税价格
   B. 进料加工制成品内销时,以料件原进口成交价格为基础审查确定完税价格
   C. 来料加工进口料件内销时,以接受内销申报的同时或者大约同时进口的相同或者类似的货物的进口成交价格为基础审查确定完税价格
   D. 来料加工制成品内销时,以接受内销申报的同时或者大约同时进口的相同或者类似的货物的进口成交价格为基础审查确定完税价格

3. 某家企业从法国进口一台模具加工机床,发票分别列明:设备价款 CIF 上海 USD600 000,机器进口后的安装调试费为 USD20 000,卖方佣金 USD2 000,与设备配套使用的操作系统使用费 USD80 000。该批货物经海关审定的成交价格应为( )。(2006年真题单选第16题)

   A. USD702 000   B. USD682 000
   C. USD680 000   D. USD662 000

4. 对于买卖双方之间存在的特殊关系是否影响进口货物的成交价格,承担举证责任的是( )。(2006年真题单选第19题)

   A. 行业协会   B. 卖方
   C. 纳税义务人   D. 海关

5. 在海关审定完税价格时,纳税义务人应履行的义务包括( )。(2006年真题多选第17题)

   A. 如实提供单证及其他相关资料
   B. 如实申报货物买卖中发生的、有关规定所列的价格调整项目
   C. 提供根据客观量化标准对需分摊计算的价格调整项目进行分摊的依据
   D. 为先行提取货物,依法向海关提供担保

6. 海关在审定货物的完税价格时,如买卖双方在经营上有相互联系,一方是另一方的独家代理、经销或受让人的,应当视为有特殊关系。_____(2006年真题判断第15题)

7. 海关审定的进口货物的成交价格,是指卖方向中华人民共和国境内销售该货物时买方为进口该货物向卖方实付、应付的价格总额,包括直接交付的价格和间接支付的价款。_____(2006年真题判断第17题)

8. 某公司从德国进口一套机械设备,发票列明:设备价款 CIF 天津 USD300 000,设备进口后的安装及技术服务费用 UDS10 000,买方佣金 USD1 000,卖方佣金 USD1 500。该批货物经海关审定后的成交价格应为( )。(2005年真题单选第15题)

A. USD311 000　　　　　　　　B. USD301 500
C. USD301 000　　　　　　　　D. USD291 500

9. 下列哪些情况海关可以拒绝接受申报价格而另行估价？（　　）（2005年真题多选第15题）

　　A. 买方对进口货物的处置受到了卖方的限制,具体表现在买方必须将进口货物转售给卖方指定的第三方

　　B. 买卖双方达成的销售价格是以买方同时向卖方购买一定数量的其他货物为前提

　　C. 进口方在国内销售进口货物所产生的收益中有一部分返还给出口方,然后这一部分收益的具体金额尚不能被确定

　　D. 进口方和出口方是母子公司,但上述关系并未对成交价格产生影响

10. 《中华人民共和国海关行政处罚实施条例》所称的"货物价值",应包括（　　）。（2005年真题多选第18题）

　　A. 进出口货物的完税价格
　　B. 进出口货物的关税税额
　　C. 进口货物的进口环节增值税税额
　　D. 进口货物的进口环节消费税税额

11. 下列关于特殊进口货物完税价格审定的表述错误的是（　　）。（2004年真题多选第16题）

　　A. 内销的来料加工的进口料件,以进口料件申报内销时的价格确定

　　B. 从保税区、出口加工区销往区外的进口货物,均以海关审定的原进入保税区、出口加工区的价格为完税价格

　　C. 运往境外加工的货物,以海关审定的该出境货物的境外加工费和料件费作为完税价格

　　D. 出口加工区内的加工企业内销的制成品,以制成品申报内销时的价格确定

12. 进口时在货物的价款中列明的下列税收、费用,不计入货物关税完税价格的有（　　）。（2004年真题多选第24题）

　　A. 厂房、机械、设备等货物进口后进行建设、安装、装配、维修和技术服务的费用

　　B. 进口货物运抵境内输入地点起卸后的运输及相关费用、保险费

　　C. 进口关税及国内税收

　　D. 作为该货物向我国境内销售的条件,买方必须支付的,与该货物有关的特许权使用费

13. 进口货物的买卖双方存在特殊关系时,进口货物的成交价格不能作为海关审定完税价格的基础。_____（2004年真题判断第14题）

14. 下列经纳税义务人书面申请,海关可以不进行价格质疑以及价格磋商,依法审

查确定进出口货物完税价格的商品是( )。(2008 年真题单选第 16 题)

A. 汽车 　　　　　　　　　　B. 电梯

C. 矿砂 　　　　　　　　　　D. 废五金

15. 某企业从德国进口医疗检查设备一台,发票分别列明:CIF 上海 50 000 美元/台,境外培训费 3 000 美元。此外,合同列明设备投入使用后买方从收益中另行支付卖方 20 000 美元。该批货物经海关审定的成交价格应为( )。(2008 年真题单选第 18 题)

A. 73 000 美元　　　　　　　　B. 50 000 美元

C. 70 000 美元　　　　　　　　D. 53 000 美元

16. 下列应计入出口货物完税价格的项目是( )。(2008 年真题多选第 17 题)

A. 出口关税

B. 在货物价款中单独列明由卖方承担的佣金

C. 境内生产货物的成本、利润和一般费用

D. 货物运至境内输出地点装载前的运输及其相关费用、保险费

税费计算

1. 境内某公司从日本进口电焊机一批,已知该批货物应征关税税额人民币 15 000 元,进口环节增值税额为人民币 30 000 元,海关于 2007 年 4 月 16 日(星期一)填发海关专用缴款书,该公司于 2007 年 5 月 10 日缴纳税款,应缴的税款滞纳金是( )。(2007 年真题单选第 19 题)

A. 0 元 　　　　　　　　　　B. 45 元

C. 67.50 元　　　　　　　　　D. 225 元

2. 某公司从香港购买一批日本产富士彩色胶卷 8 000 卷(宽度 35 mm,长度 2m 之内),成交价格为 CIF 上海 HKD12/卷。设外汇折算价为 1 港元＝1.2 元人民币,以上规格胶卷 0.05 平方米/卷。该批商品的最惠国税率为 30 元人民币/平方米,计算应征进口关税税额为( )。(2006 年真题单选第 17 题)

A. 115 200 元　　　　　　　　B. 34 560 元

C. 16 800 元　　　　　　　　　D. 12 000 元

3. 海关于 2006 年 4 月 17 日(星期一)填发海关专用缴款书。为避免产生滞纳金,纳税义务人最迟应缴纳税款的日期是( )。(2006 年真题单选第 18 题)(5 月 1 日至 5 月 7 日是节假日)

A. 4 月 30 日　　　　　　　　B. 5 月 2 日

C. 5 月 8 日　　　　　　　　　D. 5 月 9 日

4. 关于进出口货物税费的计算,下列表述正确的是( )。(2006 年真题多选第 16 题)

A. 海关按照该货物适用税率之日所适用的计征汇率折合为人民币计算完税价格

B. 关税税额采用四舍五入法计算至人民币"分"

C. 完税价格采用四舍五入法计算至人民币"元"

D. 滞纳金的起征点为人民币 50 元

5. 关于进出口税率的计算，下列表述正确的是（　　）。(2005 年真题多选第 17 题)

A. 税款的起征点为人民币 50 元

B. 完税价格计算至元，元以下四舍五入

C. 税额计算至分，分以下四舍五入

D. 进出口货物的成交价格及有关费用以外币计价的，海关应当按照填发税款缴款书之日公布的汇率中间价折合成人民币

6. 关税纳税义务人或其代理人应当自海关填发税款缴款书之日起 15 个工作日内向指定银行缴纳税款。_____ (2005 年真题判断第 13 题)

7. 某公司进口一批货物，货价为 FOB 纽约 1 800 美元，运费为 200 美元，保险费率为 3‰，已知外汇折算率为 1 美元 = 人民币 8.2 元，关税税率为 10%，则该批货物的关税税款为人民币（　　）。(2004 年真题单选第 14 题)

A. 1 640 元　　　　　　　　　B. 1 644.92 元

C. 1 480.40 元　　　　　　　　D. 1 315.90 元

8. 海关于 2004 年 7 月 9 日（星期五）填发税款缴款书，纳税义务人最迟应于哪一天缴纳税款才可避免滞纳？（　　）(2004 年真题单选第 15 题)

A. 7 月 23 日　　　　　　　　B. 7 月 24 日

C. 7 月 25 日　　　　　　　　D. 7 月 26 日

9. 境内某公司从日本进口除尘器一批。设该批货物应征关税税额为人民币 10 000 元，进口环节增值税税额为人民币 40 000 元。海关于 2008 年 5 月 23 日（星期五）填发海关专用缴款书，该公司于 2008 年 6 月 12 日缴纳税款（注：6 月 8 日为端午节，公休日顺延至 6 月 9 日），应征的税款滞纳金为（　　）。(2008 年真题单选第 19 题)

A. 免于征收　　　　　　　　B. 75 元

C. 100 元　　　　　　　　　　D. 125 元

税费的减免等特殊情况

1. 下列可以免征进口关税和进口环节增值税、消费税的特定减免税货物是（　　）。(2007 年真题多选第 20 题)

A. 科教用品　　　　　　　　B. 残疾人专用品

C. 科技开发用品 D. 扶贫慈善捐赠物资
2. 强制扣缴和变价抵扣的税款含纳税义务人未缴纳的税款的滞纳金。_____
  （2007年真题判断第19题）
3. 对于已缴纳进出口关税的货物，纳税义务人在规定期限内可以申请退还关税的有（ ）。（2006年真题多选第20题）
  A. 因规格原因原状退货复运进境，并已重新缴纳因出口而退还的国内环节有关税收的
  B. 因销售渠道不畅原状退货退运进境，并已重新缴纳因出口而退还的国内环节有关税收的
  C. 因品质原因原状退货复运出境的
  D. 因故未装运出口申报退关的
4. 出口货物自出口之日起3年内，因品质或者规格原因原状复运进境的，不征收进口关税。_____（2006年真题判断第16题）
5. 海关发现多征税款的应当立即通知纳税义务人办理退还手续，纳税义务人应当自海关发出通知之日起3个月内办理有关退税手续。_____（2006年真题判断第18题）
6. 已征税放行的散装进出口货物发现短卸、短装的，如果该货物的发货人、承运人或者保险公司已对短卸、短装部分退还或者赔偿相应货款的，纳税义务人可以向海关申请退还进口或者出口短卸、短装部分的相应税款。_____（2006年真题判断第19题）
7. 因纳税义务人违反规定造成少征或漏征税款的，海关可以在规定期限内追征税款并从缴纳税款或者货物放行之日起至海关发现违规行为之日止按日加收少征或漏征税款的滞纳金。其规定期限和滞纳金的征收标准分别为（ ）。（2005年真题单选第16题）
  A. 1年；0.5‰ B. 3年；0.5‰
  C. 1年；1‰ D. 3年；1‰
8. 海关应当自受理退税申请之日起30日内查实并通知纳税人办理退还手续。纳税人应当自收到通知之日起60日内办理有关退税手续。_____（2005年真题判断第15题）
9. 纳税义务人、担保人超过规定期限未缴纳税款的，海关可以依法采取强制扣缴措施。其规定期限是_____（2004年真题单选第16题）
  A. 15天 B. 1个月
  C. 3个月 D. 6个月
10. 在海关放行前遭受损失的货物可根据海关认定的受损程度减征关税。_____

(2004年真题判断第12题)

11. 下列属于纳税义务人可以在货物进出口前向海关申请延期缴纳税款的情形是（　　）。(2008年多选第19题)

    A. 因企业分立不能按期缴纳税款的

    B. 因不可抗力不能按期缴纳税款的

    C. 因国家税收政策调整不能按期缴纳税款的

    D. 因企业资金紧张不能按期缴纳税款的

12. 下列企业中，如投资项目符合有关规定，除《国内投资项目不予免税的进口商品目录》所列商品外，其投资总额内进口的自用设备可免征关税和进口环节增值税的是（　　）。(2008年真题多选第20题)

    A. 外国投资者的投资比例低于25%的外商投资企业

    B. 境内内资企业发行B股转化的外商投资股份有限公司

    C. 向中西部地区再投资设立的外资比例低于25%的企业

    D. 外商投资企业向中西部以外地区再投资设立的企业

13. 对于已实施进口零部件、原材料先征后退政策的重大技术装备，国家停止执行相应整机和成套设备的进口免税政策。＿＿＿＿（2008年真题判断第18题）

14. 海关发现多征税款的，应当立即通知纳税义务人办理退还手续，但已征收的滞纳金不予退还。＿＿＿＿（2008年真题判断第19题）

税费与其他专业内容的综合

某省纺织品集团公司从A国进口粗梳羊毛（税则号列51051000，适用非优惠原产地规则）一批，该批粗梳羊毛系以B国原产的未梳含脂剪羊毛（税则号列51011100，适用优惠原产地规则）加工而成，发票列明货物价值、包装费、至境内指运地的运费及相关费用、保险费，货物以境内外全程联运方式自上海进境运至该收货人所在的某省会城市。

粗梳羊毛系法定检验检疫及进口关税配额管理商品，但收货人未能足额获得配额数量。

某报关企业受收货人委托向海关报关时，报关员未能对收货人提供的情况进行认真审核，致使电子数据报关单填制不规范，被海关作退单处理。

根据上述案例，解答下列问题：(2007年真题综合实务第二题)

1. 以下关于该批货物原产地的表述，正确的是（　　）。

    A. 适用优惠原产地规则中的"完全获得标准"，并以此认定B国为原产国

    B. 适用非优惠原产地规则中的"加工工序标准"，并以此认定A国为原产国

    C. 适用非优惠原产地规则中的"税则归类改变标准"，并以此认定A国为原产国

D. 适用优惠原产地规则中的"从价百分比标准",并以此认定 B 国为原产国
2. 进口粗梳羊毛的完税价格应不包含货物成交价格中的下列部分( )。
   A. 货物价值
   B. 包装费
   C. 运抵境内输入地点起卸后的运费及相关费用
   D. 运抵境内输入地点起卸后的保险费
3. 进口粗梳羊毛向海关申报时,应提交的监管证件是( )。
   A. 优惠贸易协定项下的进口原产地证明书
   B. 关税配额证明
   C. 入境货物通关单
   D. 自动进口许可证
4. 超出关税配额部分的进口粗梳羊毛,可能适用的税率是( )。
   A. 普通税率   B. 最惠国税率
   C. 协定税率   D. 关税配额税率
5. 下列情形中,可能造成海关退单的是( )。
   A. 未在报关单"进口口岸"栏填报进境地口岸海关名称及代码
   B. 未在报关单"备案号"栏填报原产地证书代码及编号
   C. 未在报关单"随附单据"栏填报监管证件的代码及编号
   D. 未在报关单"标记唛码及备注"栏填报监管证件的代码及编号

实训项目

1. 根据下面提供的材料,找出涉及的优惠原产地规则有哪几种?

东盟"早期收获"商品进口凭"证"享零关税

"从泰国进口的木薯干属于'早期收获'商品,如提供原产地证明,可享受零关税优惠。"近日湛江光大酒精有限公司报关员小李在办理一票从泰国进口的木薯干通关手续时,海关关员这样提醒他。在现场关员指导下,小李立即到有关部门出具了原产地证明,该批数量为 4 000 吨、货值达 52 万多美元的木薯干全部享受了零关税待遇。

据了解,早在 2003 年初,为加快中国—东盟自由贸易区的建立,我国和泰国就开始启动中国—东盟自由贸易区框架下的"早期收获"计划。这项计划是指在中

国—东盟全面经济合作框架总协议下，提前实施部分协议的内容，涵盖的商品包括商品统一编码（HS码）01-08章的所有产品，列入"早期收获"计划的东盟进口商品，中国对其实行零关税。2005年1月1日起，中国—东盟自由贸易区"早期收获"方案全面实施。

原产地证明作为确定原产国的证明文件，是海关确定原产国、计征税费的依据。如小李申报进口的泰国木薯干，当他提供原产地证明、确定国别后，就可享受零关税优惠；但如果不能提供原产地证明，海关无法确定为东盟产品，木薯干税费将按关税税率5%、增值税税率13%来计征。

湛江港作为大西南主要通道，是泛珠三角区域现代物流业的重要枢纽，也是中国—东盟自由贸易区的桥头堡。自中国—东盟自由贸易区"早期收获"方案全面实施以来，湛江海关积极宣传受惠商品范围，落实好原产地管理措施，使企业进口优惠协定商品充分享受优惠协定税率，有力地促进了东盟"早期收获"商品在湛江口岸进口，使地方经济发展从中受益。

据统计，仅今年1~7月份，湛江海关共验核东盟"早期收获"商品的原产地证26份，主要商品分别为木薯干和棕榈仁油，分别来自泰国、印尼、越南等国，共计货物进口6.2万吨，总价12 535万美元，减免关税878万元、增值税58万元。

越南开始执行中国—东盟自由贸易区货物贸易协定

近日，越南财政部颁布中国—东盟自由贸易区货物贸易协定执行决议，并公布了2006年越南减税产品清单及关税税率，对原产于中国和越南的产品相互给予优惠关税待遇，以自由贸易区的关税税率实现彼此货物的通关（并可追溯自2006年1月1日起在海关报关登记的货物）。越南成为继泰国、马来西亚、缅甸、新加坡、印度尼西亚、文莱、菲律宾之后第八个执行中国—东盟自由贸易区货物贸易协定的东盟成员国家。

此次越南公布的减税产品清单覆盖面大，降税幅度较大，涉及HS编码7 000个子目项下的产品，包括农副产品、矿产品、化工产品、塑料产品、轻工产品、机械电器产品、纺织服装等。其中，根据越南新税率，我国出口越南的氢氧化物、金属氧化物、碱类、有机化工品、染料、颜料、毛皮、钢锭、钢材、铜制品、镍制品、铝制品、机床、发动机、水轮机、造纸机械、皮革机械、纺织机械、橡胶机械、塑料机械、制酒机械、推土机、铁路电子机车、医疗器械、摄像机、各种照相机、胶卷、望远镜、显微镜、灯管、焊接工具、水文仪、气压计、流量计、示波器、千斤顶、打字机等类产品可凭检验检疫机构签发的FORM-E证书在越南通关时获得免税待遇。

越南执行中国—东盟自由贸易区货物贸易协定,为我进一步拓展越南市场提供了难得的机遇。目前,国际贸易市场竞争不断加剧,出口企业应从实现市场多元化的高度抓住这一机遇,主动利用越南的优惠关税待遇,积极拓展海外市场。对2006年1月1日以后报关出口的货物,均可申办 FORM E 证书,凭该证书即可享受越南的关税优惠。

《亚太贸易协定》实施 宝石、翡翠进口税率下降

从商务部国际司了解到,根据《亚太贸易协定》,从2006年9月开始,中国将向韩国、印度、孟加拉等其他《亚太贸易协定》5个成员国的1 717项产品提供优惠关税。降税商品多达1 717种,平均减让幅度达27%,其中宝石、翡翠的税率从8%降到4%。

同时,原产于我国的部分产品在出口到上述五国时也将享受到优惠税率。

这次对亚洲5国之间的多项贸易产品互相减少关税,对于企业和老百姓会带来什么好处呢?让我们来听听专家的分析。

据统计,今年上半年,我国与亚太地区贸易总额为5 561亿美元,占我国外贸总额的70%。其中,出口2 876亿美元,进口3 671亿美元,分别占我国上半年出口和进口总额的67%和73%。

专家提醒,外贸企业可自9月1日起对出口上述几个国家所列清单内的产品申领《亚太贸易协定》优惠原产地证明书,以充分享受关税优惠待遇。以往,在我国对东盟国家实施原产地优惠政策的时候,不少企业因为没有进行专项申请,错过了优惠政策。

中智自由贸易协定受到原产地证困扰,实施出现困难

(摘自"世贸人才网"2006年11月)

中智自由贸易协定无法顺利实施。据智利《三点钟报》11月2日报道,中智自由贸易协定生效已经1个月,具体实施出现困难。由于中国出口商不能提供所需的各种资料,智利进口商并没能享受关税减免。主要受影响的部门是需要购买原料进行生产的工业和制造业企业。因此在这一个月中,智利生产促进会和制造商出口协会不断收到相关投诉。

生产促进会的对外贸易经理 Hugo Baierlein 认为,主要的困难之一是中国生产企业产品的出口往往要通过另一个专门从事出口的公司,获取原产地证需要有生产企业的所有资料,但是出口公司因为害怕进口商获取这些资料后直接与生产企业做贸易,所以

不愿意提供这些材料。

制造商出口协会国际关系经理 Luis Palma 认为,另一个困难是信用证内容。智利进口商在当地银行开的信用证应该和原产地证一致,但是往往原产地证上注明的是离岸价,不包括运费和保险的价格,而信用证上却写的是到岸价,应包括这些费用。

因此,由于信用证和原产地证内容不一致,智利进口商并不能享受到关税减免,这就和没有中智自由贸易协定一样。但是这在以后可以弥补,智利外交部国际经济关系双边司长 Andres Rebolledo 说,智利进口商可以先交关税进口中国商品,一年后可以拿着原产地证申请免税。

在行会负责人看来,这些问题主要是因为中国企业在这方面缺乏经验和知识。

尽管如此,对中智自由贸易协定,人们还是保持乐观态度的,制造商出口协会国际关系经理 Hugo Baierlein 说,下个星期将会与中国方面进行电视会议来商讨解决这些问题的最快途径。

中智自由贸易协定规定了50%的中国商品自该协定生效起立即实行零关税,智利外交部国际经济关系司预计这意味着智利进口商可以节省8.13亿美元。

2. 根据前面知识结构的列表内容并结合网络,查找各优惠原产地规则中的受惠国国别范围。

3. 根据前面知识结构的列表内容并结合网络,查找各优惠原产地规则中的降税或者减让关税产品清单。

4. 从受惠国国别和产品清单中自拟国别和产品,完成以下各原产地证明书的申报工作,包括:FORM – A 、FORM – E、中巴自由贸易区原产地证、特别优惠关税待遇原产地证明、FORM – F。

有关证书格式见图 6 – 1 至图 6 – 5。

原产地证书格式

1. Goods consigned from (Export's business name, address, country)	Reference No. **GENERALIZED SYSTEM OF PREFERENCES CERTIFICATE OF ORIGIN** (Combined declaration and certificate) **FORM A** Issued in THE PEOPLE'S REPUBLIC OF CHINA ------------------------------ (country) See Notes overleaf
2. Goods consigned to (Consignee's name, address, country)	
3. Means of transport and route (as far as known)	4. For official use

5. Item number	6. Marks and numbers of packages	7. Number and kind of packages; description of goods	8. Origin criterion (see Notes overleaf)	9. Gross weight or other quantity	10. Number and date of invoices

11. Certification It is hereby certified, on the basis of control carried out, that the declaration by the exported is correct. ------------------------------ Place and date, signature and stamp of certifying authority	12. Declaration by the exporter The undersigned hereby declares that the above details and statements are correct; that all the goods were produced in ------------------------------ (country) and that they comply with the origin requirements specified for those goods in the Generalized System of Preferences for goods exported to ------------------------------ (importing country) ------------------------------ Place and date, signature of authorized signatory

图 6-1

Original

1. Goods consigned from (Exporter's business name, address, country) NINGBO ELECTRIC & CONSUMER GOODS IMPORT & EXPORT CORPORATION 17TH FLOOR, LING QIAO PLAZA 31 YAO HANG STREET, NINGBO, P. R. CHINA	Reference No. E063900000230001 **ASEAN-CHINA FREE TRADE AREA PREFERENTIAL TARIFF CERTIFICATE OF ORIGIN** (Combined Declaration and Certificate) FORM E Issued in THE PEOPLE'S REPUBLIC OF CHINA (Country) See Notes overleaf
2. Goods consigned to (Consignee's name, address, country) BUHONO INT. CO. LTD 5610-3 HONNAI STREET, PENANG, MALAYSIA	
3. Means of transport and route (as far as known) Departure date NOV. 16, 2006 Vessel's name/Aircraft etc. FU ZHOU 2351 Port of discharge PENANG	4. For official use ☐ Preferential Treatment Given Under ASEAN-CHINA Free Trade Area Preferential Tariff ☐ Preferential Treatment Not Given (Please state reason/s) Signature of Authorised Signatory of the Importing Country

5. Item number	6. Marks and numbers on packages	7. Number and type of packages, description of goods (including quantity where appropriate and HS number of the importing Country)	8. Origin criterion (see Notes overleaf)	9. Gross weight or other quantity and value (FOB)	10. Number and date of invoices
1	C/NO. 1-87 BUHONO PENANG	EIGHTY SEVEN (87) CTNS OF HAIR CUT COVER H.S CODE: 3926 *** *** *** *** ***	"X"	8352PCS USD 4927.68	26DZCY001 NOV. 17, 2006

11. Declaration by the exporter 宁波市家电日用品进出口有限公司 NINGBO ELECTRIC AND CONSUMER GOODS IMPORT & EXPORT CORPORATION CHINA (Country) and that they comply with the origin requirements specified for these goods in the ASEAN-CHINA Free Trade Area Preferential Tariff for the goods exported to MALAYSIA (Importing Country) NINGBO, CHINA, NOV. 17, 2006 Place and date, signature of authorised signatory	12. Certification It is hereby certified, on the basis of control carried out, that the Declaration by the exporter is correct. NINGBO, CHINA, NOV. 17, 2006 Place and date, signature and stamp of certifying authority

CN 4149936

图 6-2

ORIGINAL

1. Exporter's Name and Address, Country NINGBO ELECTRIC & CONSUMER GOODS IMPORT & EXPORT CORPORATION NINGBO CHINA	CERTIFICATE NO. P063800000230001 **CERTIFICATE OF ORIGIN** **CHINA-PAKISTAN FTA** (Combined Declaration and Certificate)
2. Consignee's Name and Address, Country A. B. C. CO. LTD SONG BUILDING 1153 LSLAMIC STREET KARACHI PAKISTAN	Issued in THE PEOPLE'S REPUBLIC OF CHINA (Country) See Instructions Overleaf
3. Producer's Name and Address, Country NINGBO FARM 25 MINGZHOU ROAD NINGBO CHINA	
4. Means of transport and route (as far as known) Departure Date NOV. 21, 2006 Vessel /Flight/Train/Vehicle No. SONG HE 023 Port of loading SHANGHAI Port of discharge KARACHI	5. For Official Use Only ☐ Preferential Treatment Given Under China-Pakistan FTA Free Trade Area Preferential Tariff ☐ Preferential Treatment Not Given (Please state reason/s) Signature of Authorized Signatory of the importing Country

6. Item number	7. Marks and numbers on packages; Number and kind of packages; description of goods; HS code of the importing country	8. Origin Criterion	9. Gross Weight, Quantity and FOB value	10. Number and date of invoices	11. Remarks
1	ONE HUNDRED AND FIFTY TWO (152) CTNS OF MUSHROOM HS:070959 *** *** *** *** *** Marks and numbers on packages: N/M	"P"	4323KGS USD 31925.70	26DZCY001 NOV. 17, 2006	L/C NO. BOC56_ 364213SH_ 00253

12. Declaration by the exporter 宁波市家电日用品进出口有限公司 The und NINGBO ELECTRIC AND CONSUMER GOODS statement are co IMPORT & EXPORT CORPORATION CHINA (Country) and that they comply with the origin requirements specified for these goods in the China-Pakistan Free Trade Area Preferential Tariff for the goods exported to PAKISTAN (Importing country) NINGBO, CHINA, NOV. 17, 2006 Place and date, signature and stamp of authorized signatory	13. Certification It is hereby certified, on the basis of control carried out, that the declaration by the exporter is correct. NINGBO, CHINA, NOV. 17, 2006 Place and date, signature and stamp of certifying authority

AQSIQ 060043582

图 6-3

1. Exporter (full name, address and country)	2. CERTIFICATE NO. DATE OF ISSUE
3. Consignee (full name, address and country)	**CERTIFICATE OF ORIGIN** SPECIAL PREFERENTIAL TARIFF PROGRAM Granted by China (Combined Declaration and Certificate)
4. Manufactory (full name, address and country)	
5. Departure Date	
6. Vessel/Flight/Train/Vehicle No.	7. Place of Loading	8. For official use only
9. Port of Discharge		

10. Item number	11. Marks & numbers on packages	12. Container No.; No. and Kind of Packages; Description of goods (including quantity where appropriate and HS Code of China);	13. Gross weight or other quantity (Quantity unit) and value (FOB)	14. Number and date of invoice
		15. Please select the following origin criteria where appropriate: ☐ Wholly Obtained ☐ 4-digit Tariff Heading Change ☐ Ad Valorem Percentage (40%)		

16. Declaration by the exporter The undersigned hereby declares that the above details and statements are correct, that all the goods were produced in ------------------ (country) and that they comply with the origin requirements specified for these goods under the SPT Program exported to China. ------------------ Place and date, signature of authority signatory	17. Certification It is hereby certified, on the basis of control carried out, that the declaration by the exporter is correct. ------------------ Place and date, signature and stamp of certifying authority	18. Customs verification This is to certify that the goods declared for exportation correspond to what is stated under this certificate ------------------ Place, date, signature and stamp of exporting customs authority.

图 6-4

Certificate of Origin
ORIGINAL

1. Exporter's name, address, country:	Certificate No.： **CERTIFICATE OF ORIGIN** **Form F for China – Chile FTA** Issued in _____ （see Instruction overleaf）
2. Producer's name and address, if known：	
3. Consignee's name, address, country：	
4. Means of transport and route（as far as known） Departure Date Vessel /Flight/Train/Vehicle No. Port of loading Port of discharge	5. For Official Use Only ☐ Preferential Tariff Treatment Given Under _____ ☐ Preferential Treatment Not Given（Please state reasons） -------- Signature of Authorized Signatory of the Importing Country
	6. Remarks

7. Item number (Max 20)	8. Marks and numbers on packages	9. Number and kind of packages; description of goods	10. HS code (Six digit code)	11. Origin criterion	12. Gross weight, quantity (Quantity Unit) or other measures (liters, m^3, etc)	13. Number, date of invoice and invoiced value

14. Declaration by the exporter The undersigned hereby declares that the above details and statement are correct, that all the goods were produced in _____ （Country） and that they comply with the origin requirements specified in the FTA for the goods exported to _____ （Importing country） Place and date, signature of authorized signatory	15. Certification It is hereby certified, on the basis of control carried out, that the declaration of the exporter is correct. Place and date, signature and stamp of certifying authority Certifying authority Tel： Fax： Address：

图 6-5

第七章

报关单填制

导 言

报关单填制是报关员的基本专业技能之一,它在报关工作中的重要性不言而喻。2007年12月7日,《报关员国家职业标准(试行)》颁布,其中对助理报关师的职业功能进行划分时,明确阐述了助理报关师侧重在具体业务操作层面,主要包括报关单填制、报关业务现场操作。

这部分内容的学习是建立在对前面各章内容的熟练掌握基础上的,是实操性非常强的一个环节。因此,掌握这部分内容的关键是掌握有效的学习方法。本章采用的实训方式,有别于传统的教材编排方式,改变了按照报关单栏目顺序讲解练习的传统模式,而更加注重报关单栏目之间的内在逻辑关联性,转而按照逻辑模块训练,使训练效率和效果大大提高。

本章知识结构:

报关单概述
- 报关单分类
- 进出口报关单各联及其用途
- 报关单的法律效力
- 报关单填制的一般要求
  - 如实申报
  - 单证相符、单货相符
  - 分单填报
  - 分项填报

报关单模块
1. 备案号、贸易方式、征免性质、用途(进口)、征免
2. 经营单位、收/发货单位、境内目的地/境内货源地
3. 口岸、进出口日期、申报日期
4. 运输方式、运输工具名称、提运单号
5. 起运国、装货港、原产国/运抵国、指运港、最终目的国

第七章 报关单填制

报关单模块 {
6. 成交方式、运费、保费、杂费
7. 件数、包装种类、集装箱号、备注
8. 毛重、净重、数量及单位
9. 合同号、项号、商品编号、商品名称及规格型号、单价、总价、币制
10. 许可证号、随附单据、唛码及备注
11. 其他：结汇方式、征税比例、批准文号、用途、生产厂家
}

知识点汇编

进出口货物报关单是报关单位按照《中华人民共和国海关进出口货物报关单填制规范》的要求，对所申报货物的实际状况做出书面声明，凭此要求海关对其申报货物办理通关手续的法律文书。报关单位必须按照《海关法》、《货物申报管理规定》、《报关单填制规范》的规定和要求，按照"单单相符、单证相符"的原则，依法如实填写并对填报内容承担相应的法律责任。

进出口货物报关单按照进出口流向分为进口货物报关单、出口货物报关单；按照介质分为纸质报关单、电子数据报关单；按照海关监管方式分为进料加工进（出）口货物报关单、来料加工及补偿贸易进（出）口货物报关单、一般贸易及其他贸易进（出）口货物报关单。

纸质出口报关单一式六联：海关作业联、海关留存联、企业留存联、海关核销联、出口收汇证明联、出口退税证明联。纸质进口报关单一式五联：海关作业联、海关留存联、企业留存联、海关核销联、进口付汇证明联。

一份报关单中只能填报一个批文号、一个合同号、一种贸易方式、一种征免性质、一个备案号、一个提运单号、一种运输方式、一个航次、一份原产地证书等。

模块一　备案号、贸易方式、征免性质、用途（进口）、征免

备案号是指进出口货物收发货人办理报关手续时，应向海关递交的备案审批文件的编号。如加工贸易手册编号、加工贸易电子账册编号、征免税证明编号、实行优惠贸易协定项下原产地证书联网管理的原产地证书编号、适用ITA税率的商品用途认定证明编号等。

贸易方式是指以国际贸易中进出口货物的交易方式为基础，结合海关对进出口货物监督管理综合设定的对进出口货物的管理方式，即海关监管方式。

征免性质是海关根据《海关法》、《关税条例》及国家有关政策对进出口货物实施的征、减、免税管理的性质类别。常见的有一般征税、加工设备、来料加工、进料加工、中外合资、中外合作、外资企业、鼓励项目、自有资金等。

进口货物的用途主要有外贸自营内销、其他内销、企业自用、加工返销等。

征免是指海关依照《海关法》、《关税条例》及其他法律、行政法规,对进出口货物进行征税、减税、免税或特案处理的实际操作方式。同一份报关单上可以有不同的征减免方式。报关单中的主要征减免税方式有照章征税、折半征税、全免、特案减免、随征免性质、保证金和保证函。

模块二 经营单位、收/发货单位、境内目的地/境内货源地

进出口货物报关单中的**经营单位**专指对外签订并执行进出口合同的我国境内企业、单位或者个人。填制报关单时填报其名称及10位编码。经营单位编码是经营单位向所在地主管海关办理注册登记手续时,海关为之设置的注册登记编码。经营单位编码的结构如下:

其一,第一至第四位数为进出口单位属地的行政区划代码,其中第一、二位数表示省、自治区、直辖市;第三、四位数表示省辖市(地区、省直辖行政单位),如第三、四位用"90"的,则表示未列名的省直辖行政单位。

其二,第五位数为市经济区划代码,第六位数为进出口企业经济类型编码,第七至第十位数为顺序编号。

外商投资企业委托外贸企业进口投资设备、物品的,"经营单位"栏填报外商投资企业的中文名称及编码,并在"标记唛码及备注"栏注明"委托××公司进口"。

收货单位是指已知的进口货物在境内的最终消费、使用单位。

发货单位是指出口货物在境内的生产或销售单位。

收货单位/发货单位与经营单位不一定存在必然的关系。自行进出口货物的收发货单位同经营单位。外商投资企业委托外贸企业进口投资设备、物品的,收货单位同经营单位。其他委托进出口企业进出口货物的收发货单位与经营单位不一致。

境内目的地是指已知的进口货物在我国关境内的消费、使用地区或最终运抵的地点。

境内货源地是指出口货物在我国关境内的生产地或原始发货地(包括供货地点)。

该两栏应根据进口货物的收货单位、出口货物的发货单位的生产厂家或发货单位所属国内地区,按国内地区代码表选择国内地区名称或代码填报,代码含义与经营单位代码前5位的定义相同。

模块三 口岸、进出口日期、申报日期

进口口岸填报货物实际进入我国关境的口岸海关的名称及海关的四位代码。

出口口岸填报货物实际运出我国关境的口岸海关的名称及海关的四位代码。

进口日期栏填报的日期必须与运载所申报货物的运输工具申报进境的实际日期一致。

出口日期是指运载所申报货物的运输工具办结出境手续的日期。因本栏供海关打

印报关单证明联用,可免于填报。

申报日期是海关接受报关单位向海关申报货物进出口的日期。除特殊情况外,进口申报日期不能早于进口日期,出口申报日期不能晚于出口日期。

以电子数据报关单方式申报的,申报日期为海关计算机系统接受申报数据时记录的日期。以纸质报关单方式申报的,申报日期为海关接受纸质报关单并对报关单进行登记处理的日期。

模块四 运输方式、运输工具名称、提运单号

运输方式填写海关规定的相应运输方式名称或代码。海洋运输,运输方式填写为"江海运输"或"2";铁路运输,运输方式填写为"铁路运输"或"3";汽车运输,运输方式填写为"汽车运输"或"4";航空运输,运输方式填写为"航空运输"或"5"。

运输工具名称填写装载货物进出境的运输工具的名称。海运货物应填:船名(英文或编号)+"/"航次号。空运货物应填:航班号。

提运单号填写进出口货物提运单的编号。一份报关单只能填写一个提运单号。

模块五 起运国、装货港、原产国/运抵国、指运港、最终目的国

进口报关单中的**起运国**(地区)是指进口货物直接运抵或者在运输中转国(地)未发生任何商业性交易的情况下运抵我国的起始发出的国家(地区)。

出口报关单中**运抵国**(地区)是指出口货物离开我国关境直接运抵或者在运输中转国(地)未发生任何商业性交易的情况下最后运抵的国家(地区)。

对发生运输中转的货物,如中转地未发生任何商业性交易,则起、抵地不变,如中转地发生商业性交易,则以中转地作为起运/运抵国(地区)填报。

进口报关单中的**装货港**是指进口货物在运抵我国关境前的最后一个境外装运港。

出口报关单中的**指运港**是指出口货物运往境外的最终目的港。

原产国(地区),是指进口货物的生产、开采或加工制造的国家或地区。对经过几个国家或地区加工制造的进口国家,以最后一个对货物进行经济上可以视为实质性加工的国家或地区作为该货物的原产国(地区)。

最终目的国(地区),是指已知的出口货物最后交付的国家(地区),也即最终实际消费、使用或作进一步加工制造的国家或地区。

模块六 成交方式、运费、保费、杂费

成交方式是指在进出口贸易中进出口商品的价格构成和买卖双方各自应承担的责任、费用和风险,以及货物所有权转移的界限。值得注意的是,报关单中的"CIF\CFR\FOB"成交方式是中国海关规定的《成交方式代码表》中所指定的成交方式,与《2000通

则》中的贸易术语内涵并非完全一致，填报时应根据实际成交价格条款对应的海关规定的成交方式名称或代码填报。

运费，指进出口货物从始发地至目的地的国际运输所需要的各种费用。

保费，进出口货物报关单所列的保险费专指进出口货物在国际运输过程中，由被保险人付给保险人的保险费用。

进出口中运费、保费的填写规则如表7-1所示。

表7-1 进出口中运费、保费的填写

	CFR		CIF	
	运费	保费	运费	保费
出口（FOB）	填	不填	填	填
	FOB		CFR	
	运费	保费	运费	保费
出口（CIF）	填	填	不填	填

杂费栏用于填报成交价格以外的、应计入完税价格或应从完税价格中扣除的费用，如手续费、佣金、折扣等。

模块七 件数、包装种类、集装箱号、备注

件数填写有外包装的进出口货物的实际件数。裸装及散装货物填写为"1"。

包装种类栏是指进出口货物在运输过程中外表所呈现的状态。有两种不同的包装种类出现时包装种类统报为"件"。

集装箱号栏填写"集装箱号"+"/"+"集装箱规格"+"/"+"集装箱自重"；非集装箱货物填写为"0"；如多于一个集装箱，本栏仅填写其中之一，其他填写在"备注"栏内。

模块八 毛重、净重、数量及单位

毛重是指商品重量加上商品的外包装物料的重量。应填报进出口货物的实际毛重。以千克计，不足1千克的填报为"1"。

净重是指货物的毛重扣除外包装材料后所表示出来的纯商品重量。应填写进出口货物的实际净重。以千克计，不足1千克的，应填写为"1"。

数量及单位栏分为三行填写：第一行按照海关法定计量单位填写；第二行按照法定第二计量单位填写（如果不存在法定第二计量单位，此行为空）；第三行填写成交计量单位（如果成交单位与法定计量单位不一致）。

模块九　合同协议号、项号、商品编号、商品名称及规格型号、单价、总价、币制

合同协议号填写进(出)口合同的号码。

项号,指申报货物在报关单中的商品排列序号及该项商品在加工贸易手册、征免税证明等备案单证中的顺序编号。分两栏填报,第一行填报货物在报关单中的商品排列序号,第二行专用于加工贸易、减免税和实行原产地证书联网管理等已备案的审批货物,填报该项货物在加工贸易手册中的项号、征免税证明或对应的原产地证书上的商品项号。

商品编号亦称商品编码,是指按商品分类编码规则确定的进出口货物的商品编号。

商品名称及规格型号,本栏分上下两行填写,上一行填写进口货物的商品中文名称,下一行填写规格型号。

单价填写进出口商品实际成交的商品单价金额的数值。

总价填写进口商品实际成交总额的数值。

币制填写进出口货物实际成交的货币名称、代码或符号。

模块十　许可证号、随附单据、唛码及备注

许可证号填写进出口许可证、两用物项和技术进出口许可证、两用物项和技术进出口许可证(定向)、出口许可证(加工贸易)、出口许可证(边境小额贸易)的编号。

随附单据应该填报的是在"许可证号"栏填报的进出口许可证以外的监管证件的代码及编码,所申报货物涉及多个监管证件的,一个监管证件代码和编号填报在"随附单据"栏,其余监管证件代码和编号填报在"唛码及备注"中。

唛码及备注专指货物的运输标志,填报除图形以外的所有文字和数字。

另外,填报于此的还有以下的情况:

其一,受外商投资企业委托代理进口投资设备、物品的进出口企业名称,格式为"委托××公司进口"。

其二,关联备案号。

其三,关联报关单号。

其四,报关时多于一个监管证件的,除第一个监管证件以外的其余的监管证件和编号。

其五,报关时有多个集装箱的,除第一个集装箱号以外的其余的集装箱号。

模块十一　结汇方式、征税比例、批准文号、用途、生产厂家

出口报关单填报的**结汇方式**,即出口货物的发货人或其代理人收结外汇的方式。

进口的**征税比例**栏仅限于填写"进料非对口"贸易方式下的进口报关单。现在海关不要求填写。

批准文号,进口此栏海关不要求填报,出口此栏用于填报"出口收汇核销单"编号。

用途/生产厂家,进口应根据进口货物的实际用途按海关规定的《用途代码表》选择填报相应的用途代码。出口生产厂家是指出口货物的境内生产企业,仅供必要时填报。

图7-1、图7-2为出口报关单和进口报关单。

中华人民共和国海关出口货物报关单

预录入编号:　　　　　　　　　　　　　　海关编号:

出口口岸		备案号		出口日期		申报日期	
经营单位		运输方式		运输工具名称		提运单号	
发货单位		贸易方式		征免性质		结汇方式	
许可证号		运抵国(地区)		指运港		境内货源地	
批准文号		成交方式	运费		保费	杂费	
合同协议号		件数	包装种类		毛重(千克)	净重(千克)	
集装箱号		随附单据				生产厂家	
标记唛码及备注							
项号	商品编号	商品名称	规格型号	数量及单位	最终目的国(地区)	单价	总价	币制	征免
税费征收情况									
录入员	录入单位	兹声明以上申报无讹并承担法律责任			海关审单批注放行日期(签章)		
报关员							
		申报单位(签章)			审单		审价
单位地址					征税		统计
邮编	电话	填制日期			查验		放行

图7-1　出口货物报关单

中华人民共和国海关进口货物报关单

预录入编号：　　　　　　　　　　　　　　　　　　　　　海关编号：

进口口岸		备案号		进口日期		申报日期	
经营单位		运输方式		运输工具名称		提运单号	
收货单位		贸易方式		征免性质		征税比例	
许可证号		起运国（地区）		装货港		境内目的地	
批准文号		成交方式		运费		保费	杂费
合同协议号		件数		包装种类		毛重（千克）	净重（千克）
集装箱号		随附单据				用途	
标记唛码及备注							

项号	商品编号	商品名称	规格型号	数量及单位	原产国（地区）	单价	总价	币制	征免

税费征收情况：

录入员	录入单位	兹声明以上申报无讹并承担法律责任	海关审单批注放行日期（签章）	
报关员				
		申报单位（签章）	审单	审价
单位地址			征税	统计
邮编	电话	填制日期	查验	放行

图 7-2　进口货物报关单

实训项目

模块一:

内容:备案号、贸易方式、征免性质、用途(进口)、征免。

要求:根据所给条件,在进口或者出口报关单中填制出本模块中的相应栏目。

训练:

1. ABC(广州)有限公司(4401241234)位于广州经济技术开发区,按照备案手册B52084400153中的料件进口,货物于2004年7月16日抵口岸,转天向黄浦海关新港办(5202)申报进口。

2.

上海兰生股份有限公司

SHANGHAI LANSHENG CORPORATION

Inv. No.:

S/C No.:

To:

By: T/T

(发票以下内容从略)

2004年2月18日委托上海某报关行向吴淞海关(2202)申报出口,由上海兰生(3101915020)生产发货。

模块二:

内容:经营单位、收/发货单位、境内目的地/境内货源地。

要求:根据所给条件,在进口或者出口报关单中填制出本模块中的相应栏目。

训练:

1. ABC(广州)有限公司(4401241234)位于广州经济技术开发区,按照备案手册B52084400153中的料件进口,货物于2004年7月16日抵口岸,转天向黄浦海关新港办(5202)申报进口。

2.

     上海兰生股份有限公司
     SHANGHAI LANSHENG CORPORATION
     Inv. No.：
     S/C No.：
     To：
     By：T/T
    （发票以下内容从略）

  2004年2月18日委托上海某报关行向吴淞海关(2202)申报出口,由上海兰生(3101915020)生产发货。

  3.浙江浙海服装进出口公司(3313910194)在对口合同项下进口湿牛皮,委托浙江嘉宁皮鞋有限公司(3313920237)加工牛皮沙发革,经营单位委托××报关行持C29083100693号手册申报进口。

  4.本进口货物系沈阳沈港电器产业有限公司(2101930…)委托辽宁外贸集团公司(2101910…)进口,用于生产空调设备供应国内市场。

  5.北京宇都商贸有限公司(1101250756)委托大连化工进出口公司与韩国某公司签约,为长春特钢厂进口B30S型电动叉车。

  请按表7-2所列项目填写。

表7-2

	经营单位	收/发货单位	境内目的地/货源地
1			
2			
3			
4			
5			

模块三：

内容:口岸、进出口日期、申报日期
要求:根据所给条件,在进口或者出口报关单中填制出本模块中的相应栏目。
训练:
1.2003年7月30日货轮运抵吴淞口岸申报进境,并于次日向海关申报进口。
2.该船于2002年2月27日由大连外代申报进境,船舶进口次日委托某报关行向海关申报。

3. 货物于 2000 年 5 月 22 日向吴淞海关申报出口。

模块四：

内容：运输方式、运输工具名称、提运单号

要求：根据所给条件，在进口或者出口报关单中填制出本模块中的相应栏目。

训练：

1.

上海兰生股份有限公司
SHANGHAI LANSHENG CORPORATION
Inv. No.：　　　　　　　　　　　　S/C No.：
To：Golden Mountain Trading Ltd. Hong Kong
By：L/C at Sight
From：Shang Hai Via：Hong Kong To：Los Angeles
Vsl：Hanjin Dalian V.014E
B/L No：HJSHB142939

（发票以下内容从略）

2.

INVOICE
ABC（HONG KONG）LTD
INV. NO.：BL04060643
SALES CONTRACT NO.：ABC－1001
DATE：JUL. 01. 2004
TO：GUANGZHOU XINGLONG CO., LTD
FROM：KUNSAN KOREA
TO：HUANGPU CHINA
VIA：HONG KONG
VSL：HEUNG ANAGOYA V.423S
B/L NO. HNA12345

（发票以下内容从略）

3. 青岛某公司与美国签订购买合同，有关一程船和二程船的信息如下：

（一程）port of loading：Los Angeles　　　（二程）Hong Kong
　　　　port of receipt：Los Angeles　　　　　　　Hong Kong
　　　　port of discharge：Hong Kong　　　　　　Qing Dao
　　　　place of delivery：Qing Dao　　　　　　　Qing dao

B/L NO: 6070035512　　　　　　　21929HKQD405
S/S: APL ENGLAND V.00127　　　ANDALUSIAN EXPRESS V.405N

模块五：

内容：
  进口：起运国（地区）、装货港、原产国（地区）
  出口：运抵国（地区）、指运港、最终目的国（地区）
要求：根据所给条件，在进口或者出口报关单中填制出本模块中的相应栏目。
训练：

1.

INVOICE
ABC（HONG KONG）LTD

INV NO. BL044060643
CONTRACT NO. ABC-1001
DATE: JUL 01, 2005
TO: GUANG ZHOU XINGLONG CO., LTD
FROM: HONG KONG　　　　TO: HUANGPU, CHINA　　　　BY: VESSEL
COUNTRY OF ORIGIN: USA

（发票以下内容从略）

2.

INVOICE
SHANGHAI LANSHENG CORP.

INV. NO. SHL1234
CONTRACT NO.
TO: GOLDEN MOUNTAIN TRADING LTD HK
FROM: SHANG HAI, CHINA　　　　TO: LOS ANGELES, USA　　　　BY: VESSEL

（发票以下内容从略）

3. 中国内地某公司与香港某公司签订一份进口合同，运输过程如下：
FROM: KUNSAN, KOREA　　　　TO: HUANGPU, CHINA
VIA: HONG KONG　　　　　　　BY: HEUNG ANAGOYA, V.413S

4.

INVOICE

SHANGHAI LANSHENG CORP.

INV. NO. SHL1234
CONTRACT NO.
TO: GOLDEN MOUNTAIN TRADING LTD HK

FROM: SHANG HAI, CHINA   VIA: HONG KONG
TO: LOS ANGELES, USA   BY: VESSEL

（发票以下内容从略）

模块六:

内容:成交方式、运费、保费、杂费
要求:根据所给条件,在进口或者出口报关单中填制出本模块中的相应栏目。
训练:

1. 保险费率0.3%

MINMETALS STEEL CO. ,LTD.

MINMETALS PLAZA, 6 SANLIHE ROAD, HAIDIAN DIST. BEIJING 100044
BEIJING, CHINA

Invoice No. :   Invoice Date:

DESCRIPTION OF GOODS AND /OR SERVICES:
COMMODITY: HOT FINISHED SEAMLESS STEEL PIPES FOR BOILER
QUALITY:
ASME SA106B/C
ASTM A335 M P12/P91/P22
ASME A213 M T12
PRICE TERM: CPT DALIAN
COUNTRY OF ORIGIN AND MANUFACTURER: V AND M FRANCE OR GERMANY OR ITALY

（发票以下内容从略）

2. 相关单据见图 7-3。

大连万凯化工贸易公司
DALIAN PAN – CHEM TRADING CORPORATION

Invoice NO. <u>82N3430213</u>   Dalian, <u>23 MAY 2005</u>

To: <u>PAN – CHEM COMPOUNDS SINGAPORE LTD.</u>   Contract No. <u>XM2004NA266</u>

Shipped per ____ from <u>DALIAN</u> to <u>SINGAPORE</u> on or about

Shipping Mark		Amount
SINGAPORE FOR TRANSSHIPMENT TO CHITTAGONG, BANGLADESH GROSS WEIGHT: 294KGS TARE WEIGHT: 24KGS SHIPMENT NO.: 2	CHLOROPICRIN 99.5% MIN. AT USD 459/DRUM FOB DALIAN QUANTITY: 680 DRUMS TERM: D/A 60 DAYS FROM B/L DATE	USD312 120.00
	LESS PREPAYMENT 10%	USD31 212.00
	LESS DISCOUNT 5%	USD15 606.00
	TOTAL TO BE INVOICED	USD265 302.00
		DALIAN PAN – CHEM TRADING CORPORATION - - - - - - - - - - E. & O. E.

图 7-3

模块七：

内容：件数、包装种类、集装箱号、备注（相关单据见图 7-4、图 7-5）

要求：根据所给条件，在进口或者出口报关单中填制出本模块中的相应栏目。

训练：此票业务中的 MUD PUMP 泥浆泵的件数、包装种类、集装箱号是什么？

INVOICE

Item	Commodity Description	CNTR	QTY (set)	AMOUNT (USD)
1	BEM-600 Shale shaker with Flow Divider	HJCU7492121	4	382 434.60
2	Degasser, CD 14000	HJCU8030278	2	72 380.00
3	Mud pump for trip tank	WFHU4032026	2	11 142.00
4	Mud pump for mud mixing		2	23 000.00
5	Mud pump for mud charge		3	31 000.00
6	Mud pump for base oil transfer		2	24 572.00
7	Mud pump for brine transfer		1	8 214.00
8	Mud pump for LP shear		1	15 793.00
		Total:	17	
		Total: in USD		567 535.60

图 7-4

Covering:
UNDER CONTRACT NO. Z04SLCS-NOI0005
4 SHALE SHAKER, 2DEGASSER, 11 MUD PUMPS
TOTAL AMOUNT: USD 567 535.60
PRICE TERM: C AND F DALIAN SEAPORT, P. R. CHINA
PACKING CONDITIONS: PACKED IN STRONG WOODEN CASE(S) SUITABLE FOR LONG DISTANCE

BILL OF LADING

SHIPPER/EXPORTER PANTAINER EXPRESS LINE P.O.BOX 60164 AMF HOUSTON, TX 77205			BOKING No. HOU4A058270	BILL OF LADING No. HJSCLGBA00347202
			EXPORT REFERENCES	
CONSIGNEE PANALPINA CHINA LTD ROOM ×××× SINOTRANS LIAONING BLDG 85-1 RENMIN ROAD ZHONGSHAN DISTRICT DALIAN 116001 LIAONING CHIAN			FORWARDING AGENT REFERENCES PANALPINA HOUSTON PO BOX 60164 AMF HOUSTON,TEXAS,77205 U.REF:050-617630	
NOTIFY PARTY SAME AS CONSIGNEE			POINT AND COUNTRY OF ORIGIN	
			ALSONOTIFY/DOMESTIC ROUTING PANALPINA CHINA LTD.RM×××× DINOTRANS LIAONING BLDG,85-1 RENMIN ROAD, ZHONGSHAN DISTRICT DALIAN, 116001 LIAONING CHINA	
PIER OR PLACE OF RTCEIPT HOUSTON,TX	PRE-CARRIAGE BY			
VESSEL VOY (FLAG). YONG YUE 6 V0445W	PORT OF LOADING LONG BEACH, CA		TYPE OF MOVE	CONTAINERIZED (VESSEL ONLY)
PORT OF DISCHARGE BUSAN, KOREA	PLACE OF DELIVERY DALIAN SEAPORT, P.R.CHINA		FINAL DESTINATION (FOR THE MERCHANT'S REFERENCE ONLY)	

PARTICULARS FURNISHED BY SHIPPER

CONTAINER No. MATKS & No.	No.OF PKGS. OR CONTAINERS		KIND OF PACKAGES; DESCRIPTION OF GOODS	TOTAL GROSS WEIGHT kg	TOTAL MEASUREMENT M³(CFT)
				26 732.000	
			-SHIPPEN'SLOAD & COUNT- 1×20ST CONTAINER SAID TO CONTAIN: 1×40ST CONTAINER SAID TO CONTAIN:		
HJCU7492121 TARE 4 050kg HJCU8 030278 TARE 2 280kg WFHU4032026 TARE 4 050kg	8 819.000kg 10 068.000kg 7 836.000kg	8 PKGS 4 PKGS 12 PKGS	24 PACKAGES IN A TOTAL MUD CONDITIONING SYSTEM (OILWELL SUPPLIES) UNDER CONTRACT No.Z04SLCS-NO1005 4SHALE SHAKER, 2 DEGASSER, 11 MUD PUMPS L/C No. LC21A5756/04 FREIGHT PREPAID NO SED BEQUIRED 132564822-5HOU749809		

Total No. of container or packages(in words) ONE TWENTY AND TWO FORTY FOOT CONTAINERS ONLY

FREIGHT & CHARGES	RATE AS	RATE	PER	PREPAID	COLLECT	LADEN ON BOARD THE VESSEL
FREIGHT	ALL AS	ARRANGED				Date 22 OCT 2004 BY
						PLACE OF B(s)L ISSUE
						No.OF ORIGINAL B(s)L SIGNED
			TOTAL AT			DATE OF B(s)L ISSUE
					HANJIN SHIPPING CO.,LTD. As Carrier By	

图 7-5

模块八：

内容：毛重、净重、数量及单位（相关单据见图7-6、图7-7）
要求：根据所给条件，在进口或者出口报关单中填制出本模块中的相应栏目。
训练：此次出口申报 WASHER（机械垫圈）。

INVOICE

NO.	DESCRIPTION OF GOODS	QUANTITY	UNIT PRICE/KP	AMOUNT
104083	SHAFT SUPPORT MATERIAL 93-346	20 000M	0.2000	4 000.00
105525	WASHER 05-610M	1 000K	1.0000	1 000.00
105526	WASHER 05-610M	3 000K	1.0000	3 000.00
105527	WASHER 05-610M	3 000K	1.0000	3 000.00
105528	WASHER 05-358M	200K	0.750 0	150.00
105614	WASHER 05-305M	200K	1.250 0	250.00
105529	SHAFT SUPPORT MATERIAL 93-346	40 000M	0.2000	8 000.00
NOTE：1K = 1 000PCS			TOTAL：US $ 19 400.00	

图7-6

PACKING/WEIGHT LIST

Shipping Mark Carton No	Description of goods	Remark Drawing No	Quantity K(pcs)	Weight	
				Net	Gross
No.1	105525	1.97×3.4×0.25	05-610M	1 000	13.00	14.00
	105526	1.97×3.4×0.25	05-610M	3 000		
	105527	1.97×3.4×0.25	05-610M	3 000		
	105528	1.50×3.2×0.25	05-358M	200		
	105614	1.50×3.6×0.25	05-305M	200		
No.2-7	105529	0.25×7	93-346	6 000M×6	12.65×6	13.15×6
No.8	105529	0.25×7	93-346	4 000M	12.65	13.15
	104083	0.25×7	93-346	2 000M		
No.9-11	104083	0.25×7	93-346	6 000M×3	12.65×3	13.15×3

图7-7

模块九：

内容：合同号、项号、商品编号、商品名称及规格型号、单价、总价、币制（相关单据见图7-8）

要求：根据所给条件，在进口或者出口报关单中填制出本模块中的相应栏目。

训练：

上海兰生股份有限公司
SHANGHAI LANSHENG CORPORATION
Inv. No.：04A702758
S/C No.：04A3272
To：Golden Mountain Trading Ltd. Hong Kong
Invoice & Packing list

Marks & Nos	Quantity and description	Amount
RNS NO. 7920 MADE IN CHINA C/NO. 1-117	FOOTWEAR ART NO. CC10758-112 ORDER NO. RNS7920 COL. WHITE SZ：5-10 2106PRS T. G. WT：1 638KGS T. N. WT：1 404KGS TOTAL PACKED IN 117CARTONS	CIF LOS ANGELES @ USD3.15 USD6 633.90

图7-8

出口成品皮鞋（胶底），位列备案手册号C22074100502中成品第2项，商品编号：64039900，计量单位：双，外汇核销单号：311555451，出境货物通关单编号：311090204038739000，运费：USSD800，保费率：0.27%。

模块十：

内容：许可证号、随附单据、唛码及备注（相关单据见图7-9）

要求：根据所给条件，在进口或者出口报关单中填制出本模块中的相应栏目。

训练：南京某进出口公司出口小五金工具一批。出境货物通关单号：3100502044155308000。

INVOICE

To Messrs.   DATE: May. 12, 2004
PANMARK MPEX PTE LTD.
432 BELESTIER ROAD PUBLIC MANSION
#6 - 440E SINGAPORE 329813

Invoice No. SUNJ04M3109   Marks& Numbers:
S/C No.   CB0406 BMC   BRIGHT
L/C No.   T/T   CHITTAGONG
Shipped Per: JOLLY
VOY: 031S
From SHANGHAI TO CHITTAGONG with transshipment via SINGAPORE
B/L No.   PSHSINO4Y8039

Description	Packages	Quantity	Unit Price	Amount
TOOLS & HARDWARE EQUIPMENTS CFR SINGAPORE				
MEASURING TAPE	120 CTNS	100.00 GROSS	@ USD 29.4140/GROSS	USD2 941.40
THREADED TOOLS	106 CTNS	1 700.00 DOZS	@ USD 3.2892/DOZ	USD5 591.64
CUTTING FILE	544CTNS	4 425.00 GROSS	@ USD 15.3316/GROSS	USD67 842.33
SUB TOTAL			USD76 375.37 (FREIGHT USD3000.00 INCLUDED)	
			INSURANCE: USD250.00	
				USD76 625.37
TOTAL:				
PACKAGES:	770 CTNS			
QUANTITY:	6 225.00S			
1DOZEN = 12PCS				
1GROSS = 12DOZS				

图 7-9

模块十一：

内容：结汇方式、征税比例、批准文号、用途、生产厂家（相关单据见图 7-10）

要求：根据所给条件，在进口或者出口报关单中填制出本模块中的相应栏目。

训练：上海华柔丝袜有限公司(3110935123)采用国产原料生产袜品，凭 319403360 号外汇核销单号出口。

INVOICE

JUL 10 2003

To: M/S   BELL TEX CO., LTD.   No. of Invoice: HZ0307-10

          KAGAKU SENI - KAIKAN 2F

          4-6-8, KAWARA - MACHI, CHUO - KU,   Sales Confirmation No. 03HZ - US225P

          OSAKA JAPAN (FAX: 06-6213-42)

Terms: BY D/P AT SIGHT

From SHANGHAI CHINA (PORT OF LOADING) to OSAKA JAPAN (PORT OF DISCHARGE)

Shipped per BLUE STAR SW096E upon Bill of Lading BL - HASOSARSB81101

Sailing on or about JUL 11 2003 to SAN FRANCISCO (FINAL DESTINATION)

Paid by REMITTANCE BY BANKERS DEMAND DRAFT

Marks & Nos	Quantities and Description	Unit Price	Amount
	PANTY STOCKING		
C. NO. 150-4191	5 280 PCS/440 DOZENS	JPY 148.00/PCS	JPY 781 440.00
PANTY HOSE			
MADE IN CHINA	HIGH SOCKS		
	350-4161 840 PCS/70 DOZENS	JPY 88.00/PCS	JPY 73 920.00
	350-4171 840 PCS/70 DOZENS	JPY 83.00/PCS	JPY 69 720.00
TOTAL:	58 CARTONS/580 DOZ/6 960 PCS	CNF OSAKA	JPY 925 080

图 7-10

第 2 部分　报关实操训练

◇第八章　准咨询员

◇第九单　报关职业实操训练

第八章

准咨询员

导 言

有一种常见的实训方式,叫做角色扮演,是学生将自己作为通关流程中某个岗位上的工作人员,运用学到的知识和技能充分演练相关业务的一种训练方法。在这一章里,学生将作为海关的咨询员,对企业和有关人员提出的问题给予答复,这些问题已经完全将教材的顺序打乱,将知识点分解,是考查学生对有关内容掌握的深度与灵活度的很好的一种锻炼形式。

实训项目

1. 我公司首次申请加工贸易,现已取得外经贸委的生产能力证明,正准备向海关申请单耗备案、加工贸易备案和海关验厂。我想咨询一下,同一企业是否只能在来料加工和进料加工中选择一种？如果是,这个选择要在什么时候决定？

2. 我公司是一家来料加工企业,因运输成本问题,想将公司2008年4月外发加工产生的剩余料件就地处理,不运回本公司,请问如何办理？

3. 减免税设备是否可以租赁,海关如何管理？

4. 我公司是一家有进出口经营权的外资贸易公司,从德国进口一个轮胎样品,价值50.88欧元,属于法检商品,因低于100美元,如何申报？

5. 我公司是一家从事进料加工的外商独资企业,进口的保税料件在加工过程中由于成品检测不良导致产生一批残次品,叫做连接器残次品,税则号85369000,海关监管条件AB,想拟申请将其退运出口至境外处理,应如何办理？

6. 2005年我公司进口了日本总公司的工业用熔化炉,生产铸件用,现该设备当中线圈部分的马达及测试用示波器损坏,因技术问题需出境返回日本修理,如何办理手续？

7. 我公司是一家来料加工厂,计划承接一家客户的外发加工业务,将一个橡胶件外发到我公司涂装色油,是否橡胶件和色油都应由客户提供？如果我公司提供涂装的色油,且色油是保税进口的,是否外发加工耗用的色油要做保税料件的内销补税?

8. 某外贸公司以"美国进口商未在美国食品药品管理局备案"为由,以全免方式申报退运进口干高丽参片,共计40公斤,申报总价为1 000美元。是否可行?

9. 2007年3月10日某木制工艺品公司,将原出口日期分别为2005年3月20日和2005年3月23日的杨木木线,以全免方式申报部分退运进口,共计54立方米,申报总价为58 810美元。是否可行?

10. 我公司是一家外商投资企业,由于主要客户在全球推行环保政策,要求所有供应商必须使用它提供的包装材料——塑料托盘和塑料包装箱,同时还要循环使用,此种情况应该以何种贸易方式申报进口?

11. 我公司是一家有进出口经营权的一般贸易公司,受一些单位委托从国外租赁一套展览会用设备,现已找到一家日本设备供应商,并计划签订租赁合同。请问,可以租赁贸易方式进口此套设备吗?

12. 我公司一年前从国外进口了一台设备,目前在使用中发现存在一定问题。由于尚在保修期内,国外供货商同意免费提供一些新的零部件过来,由工程师就地维修,然后将旧的零部件退运出去,而不是将整台设备退运到境外维修,这样可以保证我公司正常的生产运作。据了解,进口设备维修的一般操作是先将设备退运出去维修,然后再复运进境。请问,就我公司现在先进来新零部件,再退运旧零部件这种情况,可否这样操作?怎样报关?

13. 我公司代理出口报关一批货物。该批货物原来是从国外进口,直接存入保税仓库。现在公司发现,部分货物的质量有问题,需要退回国外并且更换一批新的进口。请问,我公司该以何种贸易方式申报?是按照保税仓库货物退运报关,还是申报"其他",以后再以无代价抵偿形式报关?

14. 我公司代理一家企业报关,该企业几个月之前进口一批货物,存入保税仓库,由于生产原因,此批货物不再需要,想要退回国外。我公司是否应该按照"保税仓库货物"或者"退运货物"贸易方式申报出口?需要核销单、保税货物退运审批表,以及其他各种材料吗?

15. 请教进料料件复出和进料料件退换两个监管方式的具体含义?在办理退运上有什么不同要求?

16. 报关单上的贸易方式、征免性质、征免方式、用途有对应关系。请问,境外空集装箱箱体进境报关,报关单上的贸易方式为暂时进出货物,征免性质为其他法定、征免栏填全免吗?用途栏填什么?

17. 我方进口一台设备,在保修期内发现该设备有质量问题,外方同意为该设备进行有偿维修,且6个月返回申报进口。我方将该设备以"修理物品"申报出境,在报关单中征免该如何填写?是保证金、保函还是其他什么?

18. 提前报关转关和直转报关有什么区别？这两种方式下，海关对实际货物的监管有什么不同？

19. 我公司分几批出口日本针织毛衫 10 000 多件，销售中发现部分商品有异味，经协商我公司同意日方将有问题的针织毛衫约 5 000 多件运回，由我公司免费水洗处理后再出口日本。请问这个过程如何操作，需要准备什么文件？

20. 我公司为进料加工的外资企业，主要从事毛衫的生产，目前有几个工序需要外发加工，比如绣花、洗水等，请问申请外发加工的企业备案需要哪些材料？

21. 我公司今年 4 月从日本进口了 4 台不作价设备。由于订单取消，需提前将该设备退运回外商处，请问：①是否可以退运到除日本以外的其他地方？②不作价设备的退运程序是怎样的？是和其他退运货物一样，准备相关资料后就可直接安排船期退运，还是需要在备案海关解除监管后才能安排退运？

22. 边角料内销征税和放弃如何界定？怎样办理海关手续？

23. 我公司是一家外商投资企业，与境外厂商签订合同，试用其一台设备。如经测试符合我公司要求，则我公司向其购买此设备，如试用不合格，则设备退还厂商，不需我公司付汇，试用期为 6 个月。请问我公司该以何种方式申报进口？

24. 从东盟国家进口燕窝要关税吗？比如从马来西亚、印度尼西亚等国家进口？

25. 我公司是上海外高桥保税区内的一个企业，现准备停止经营。之前生产用的设备都是免税进口的，2003 年已经过了监管期限。现在结业之际，想把生产设备和办公自用设备转让给保税区外的国内企业，不知道需要在海关办理哪些手续来进行转让？

26. 我公司空运进口货物，货物到达后我公司办理完清关手续（一般贸易）、准备提货时发现，在运输途中货物破损，已被损坏，不能使用了。商检部门验货后出具了检验报告。在该破损货物不退回国外的前提下，国外发货人重新给我公司发送了同样的货物。请问对我公司重新进口的货物是否还要交进口环节的关税及增值税，能否凭商检部门出具的检验报告请求海关予以减免部分或全部进口环节税？

27. 我公司 2009 年 4 月 11 日以货样广告品的方式从上海出口一台激光器给韩国的客户试用，如果客户试用满意，将会下定单向我公司大量订购，但是客户收到激光器后，经测试，认为我们的激光器不符合他们的要求，因此对方将激光器样品退回上海，我公司应该以什么贸易方式申报进口？是否可以免税进口？需要提供哪些资料？

28. 近期有巴基斯坦客户反映，有部分从中国进口的商品有关税减免，客户想了解涵盖哪些产品。

29. 我公司现有一批设备在广州办理减免税手续，但由于设备代理商在上海，可否凭广州海关出具的减免税证明于上海报关？需要办理哪些手续？

30. 我公司从德国进口一批产品，并由德国技术人员对产品的功能进行展示演说，同时对我公司人员进行培训，我们按暂时进出口向当地海关申请，原因是该批产品属于用于教学类的物品,可是当地海关拒绝受理,原因是教学是针对于文化方面的,企业内部的培训产品不属于该类。可是按其他贸易方式报也不合理,再者,展示过后又要出口到其他国家去。我的问题是:①这属于暂时进出口吗? 符合展览品的标准吗?②如果报暂时进出口,我公司从德国进口后再出口到韩国去,这样可以吗?

31. 我公司是外商独资企业,以一般贸易方式进出口货物,现有一柜钛白粉需从马来西亚进口过来,产地:马来西亚,商品编码:32061110,有原产地证书,请问是否可免进口关税? 在哪里可以查阅相关信息?

32. 我公司要进口空载重量为 27 吨的飞机,海关注册地在北京,但飞机在成都进口,那么我们是否可以在北京办理减免税手续,在成都报关进口?

33. 我公司是一家台商独资企业,2007 年在国内购买 2 台"新注塑机",在我公司加工塑胶半成品。由于技术问题,现要把这 2 台已成"旧的注塑机"运到台湾,请问可否以"一般贸易"方式出口? 可否以我公司的名义出口?

34. 中化集团可以从事国际船舶的供油业务,同时也可操作一般贸易出口业务,那么中化通过保税物流园供国际船舶用的油料,入区能否按正常的一般贸易出口报关? 出区供国际船舶使用时,应该以何种方式申报?

35. 进口支付的报检费用是否计入进口完税价格?

36. 由于金融风暴,我公司出口到英国的两个货柜的手袋到英国后无人提货,现我公司申请退运回国,当时是在黄埔海关出口的,进口时能按退运货物报关吗? 需提供哪些资料?

37. 一般贸易出口,海关会退回来出口报关单核销联和收汇联。展览品用 ATA 手册报关后,海关有没有相应的报关单退回来呢?

38. 我公司生产各类点心,以一般贸易的方式出口,如叉烧包、奶黄包、鸡肉包、寿司、餐包、菜肉包、素菜包、莲蓉包等 100 多种,如每一个品名作为一项申报的话,需要打印很多份报关单,浪费很多精力和财力。我公司想用下列办法申报,不知可否? 第 1 项 1902200000 叉烧包、奶黄包、鸡肉包、寿司;第 2 项 1902200000 菜肉包、素菜包、莲蓉包、餐包。

39. 请问以下两种情况出口时包装种类和数量应该如何填报? ①纸卡板上装有 20 个纸箱,纸箱外用透明塑料薄膜包捆,包装种类是托盘还是纸箱,件数是 1 还是 20?②纸托盘上有一个大纸箱,大纸箱里有 10 个小纸箱(非销售包装),包装种类和件数该如何申报? 以上的托盘只起到方便叉车搬运的作用。

40. 我公司是做对外承包工程出口的,2008 年 12 月出口了一台大型设备,设备到达现场后发现有几个配件发漏了,需要补发,当时出关时是按整台设备的价值申报。在此情况下补发配件,能否按无代价抵偿贸易方式申报? 该贸易方式是不是可以不要出口收汇核销单? 由于我们这批货是不收汇的,那申报时价格该如何填写?

第九章

报关职业实操训练

导 言

报关职业实操训练以不同的海关监管货物类型为训练模块,这些模块的选择以实际工作中的报关业务量为支撑,训练的针对性比较强。同时,在每个模块中又以真实全面的业务背景为训练情境,与报关实景极为接近,每个情境中所设计的问题重点在于引导学生学会条理清楚地思考,遇事既讲求原则,又灵活处理,从而逐渐形成良好的工作习惯。因此,在训练过程中,指导教师不应以是否能够填制出一张报关单作为考量学生合格与否的标准,而应当把训练重心侧重在完整的业务执行过程上,在整个报关业务操作过程中,已经不再是孤立的报关知识的片段组合,而是对学生报关知识是否真正掌握、深入理解的真实考核。同时,训练中还融入其他元素,如对贸易合同和背景的理解、对特殊商品检验检疫的敏感度、对海关工作流程的熟悉程度等,这些都需要指导教师重点关注。

实训项目

一般进出口货物的报关流程

通过对下列业务情境的实操演练,应该达到以下操作技能训练目标:
(1) 熟练掌握一般进出口货物的报关流程;
(2) 能够根据业务背景正确判断使用哪些申报单据,并且能够填制正确;
(3) 可以根据业务实际情况灵活掌握进出口货物的申报时间;
(4) 对查验现场的突发事件能够正确处理;
(5) 对一般进出口货物的税费能够正确计算,对进口货物的滞报、滞纳金能够正确计算;
(6) 海关放行后,能够及时将有关证明联签发到位;
(7) 对一般进出口货物的退运情况能够甄别清楚,并掌握正确的申报方式;

(8) 对一般进出口货物的转关方式能够分辨清楚,并掌握正确的申报方式。

1. 南京某进出口公司出口小五金工具一批,合同内容如下。其他相关信息为:外汇核销单号:32C199255,出境货物通关单号:310050204415308000。该批货物的法定计量单位分别为:钢卷尺:个;攻丝工具:千克/个;锉刀:千克/个。计量单位之间的换算为:

1DOZEN = 12PCS,1GROSS = 12DOZS。发票号:SUNJ04M3109。货物运输过程为从上海港装船,在新加坡转船,目的港是吉大港。船名:JOLLY V.031S,提单号是PSH-SIN04Y8039。集装箱号是GMDU2414620。该批货物的运费是3 000美元,保险费是250美元。客户要求的唛头是:

BRIGHT　　　　　　　CHITTAGONG.

Sales Contract

编号(No.):CB0406 BMC
签约地点(Signed at):NANJING,CHINA
日期(Date):APR.20 2004

卖方(Seller):NANJING MACHINERY PRODUCTS I/E CORP. LTD. CHINA
地址(Address):×××××
买方(Buyer):PANMARK IMPEX PTE LTD.
地址(Address):432 BELESTIER ROAD PUBLIC MANSION,#6 – 440E SINGAPORE 329813

买卖双方经协商同意按下列条款成交:
The undersigned Seller and Buyer have agreed to close the following transactions according to the terms and conditions set forth as below:

(1)货物名称、规格和质量(Name, Specifications and Quality of Commodity):
　　1) MEASURING TAPE
　　2) THREADED TOOLS
　　3) CUTTING FILE
(2)数量(Quantity):
　　1) 120 CTNS, 100.00 GROSS
　　2) 106 CTNS, 1700.00 DOZS
　　3) 544CTNS, 4425.00 GROSS

(3) 单价及价格条款 (Unit Price and Terms of Delivery):
　　1) @ USD 29.4140/GROSS CFR SINGAPORE
　　2) @ USD 3.2892/DOZ CFR SINGAPORE
　　3) @ USD 15.3316/GROSS CFR SINGAPORE
(4) 总价 (Total Amount): USD76 375.37 (FREIGHT USD3 000.00 INCLUDED)
(5) 允许溢短装 (More or Less): ____%。
(6) 装运期限 (Time of Shipment): DURING MAY 2004
(7) 付款条件 (Terms of Payment): BY T/T
(8) 包装 (Packing): NET IN 770CARTONS
(9) 保险 (Insurance): TO BE COVERED BY BUYER
(10) 品质/数量异议 (Quality/Quantity discrepancy):

如买方提出索赔,凡属品质异议须于货到目的口岸之日起 30 天内提出,凡属数量异议须于货到目的口岸之日起 15 天内提出,对所装货物所提任何异议于保险公司、轮船公司、其他有关运输机构或邮递机构所负责者,卖方不负任何责任。

In case of quality discrepancy, claim should be filed by the Buyer within 30 days after the arrival of the goods at port of destination, while for quantity discrepancy, claim should be filed by the Buyer within 15 days after the arrival of the goods at port of destination. It is understood that the Seller shall not be liable for any discrepancy of the goods shipped due to causes for which the Insurance Company, Shipping Company, other Transportation Organization/or Post Office are liable.

(11) 由于发生人力不可抗拒的原因,致使本合约不能履行,部分或全部商品延误交货,卖方概不负责。本合同所指的不可抗力系指不可干预、不能避免且不能克服的客观情况。

The Seller shall not be held responsible for failure or delay in delivery of the entire lot or a portion of the goods under this Sales Contract in consequence of any Force Majeure incidents which might occur. Force Majeure as referred to in this contract means unforeseeable, unavoidable and insurmountable objective conditions.

(12) 仲裁 (Arbitration)

凡因本合同引起的或与本合同有关的任何争议,如果协商不能解决,应提交中国国际经济贸易仲裁委员会深圳分会。按照申请仲裁时该会现行有效的仲裁规则进行仲裁。仲裁裁决是终局的,对双方均有约束力。

Any dispute arising from or in connection with the Sales Contract shall be settled through friendly negotiation. In case no settlement can be reached, the dispute shall then be submitted to China International Economic and Trade Arbitration Commission (CIETAC), Shenzhen

Commission for arbitration in accordance with its rules in effect at the time of applying for arbitration. The arbitral award is final and binding upon both parties.

(13) 通知(Notices)

所有通知用_____文写成,并按照如下地址用传真/电子邮件/快件送达给各方。如果地址有变更,一方应在变更后_____日内书面通知另一方。

All notice shall be written in _____ and served to both parties by fax/e-mail/courier according to the following addresses. If any changes of the addresses occur, one party shall inform the other party of the change of address within _____ days after the change.

(14)本合同为中英文两种文本,两种文本具有同等效力。本合同一式_____份。自双方签字(盖章)之日起生效。

This Contract is executed in two counterparts each in Chinese and English, each of which shall be deemed equally authentic. This Contract is in _____ copies effective since being signed/sealed by both parties.

卖方签字: 买方签字:
The Seller: The Buyer:

操作训练题:

(1)根据业务背景,模拟出该货物的报关流程图。

(2)报关员申报前,应该准备和填制的报关单据包括什么?并填制完整。

(3)货代的送货通知要求在5月10日之前送货,而发货人却在5月10日当天才把货送到,报关员如何处理申报的时间。

(4)如果遇到海关布控查验,在查验现场,如果海关在查验过程中对其中两个纸箱造成了损坏,不能再起到对货物包装保护的作用,如何处理?

(5)如果货物实际装船数量与申报的报关单据不符,海关拒绝签发相关证明联,此时该如何处理?

2. 大连万凯化工贸易公司(210291××××)代理大连万凯化工有限公司(210225××××)对外签约出口三氯硝基甲烷(无出口税,法定计量单位为千克)。经营单位持有毒化学品出口环境管理放行通知单(代码X,证号TE050616005)、出口农药登记证明(代码S,证号CH200511818)和出口许可证(05-AA-701226),于2005年5月31日向海关申报,次日货物出口。发票号82N3430213。该票货物的合同签订后,客户预付了10%的货款,同时我方给予客户5%的折扣。货物的运输过程是从大连港装运,目的港是新加坡。客户拟定的唛头是:SINGAPORE/FOR TRANSSHIPMENT TO/CHITTAGONG, BANGLADESH/GROSS WEIGHT:294KGS/TARE WEIGHT:24KGS/SHIPMENT NO. 2.

该批货物的配载信息是:

船名:CSCL YANTIAN 0042S

提单号:ZIMU DA 927057
似开航时间:2005年5月31日
该批货物共装运了9个20尺集装箱,1个40尺集装箱。其箱号等情况如下:

CONTAINER NO.	SEAL NO.	TYPE	TARE KGS
CLHU3122339		20'DRY	2275
CLHU3122597		20'DRY	2275
CLHU3122811		20'DRY	2275
CLHU3122827		20'DRY	2275
CLHU3122869		20'DRY	2275
CLHU3122940		20'DRY	2275
CLHU3122961		20'DRY	2275
CLHU3122977		20'DRY	2275
CLHU3122979		20'DRY	2275
CLHU0762612		40'DRY	4080

Sales Contract

编　号(No.):XM2004NA266
签约地点(Signed at):DALIAN,CHINA
日　期(Date):APR. 20 2004

卖方(Seller):DALIAN PAN-CHEM TRADING CORPORATION
地址(Address):

买方(Buyer):PAN-CHEM COMPOUNDS SINGAPORE LTD.
地址(Address):

买卖双方经协商同意按下列条款成交:
The undersigned Seller and Buyer have agreed to close the following transactions according to the terms and conditions set forth as below:

(1)货物名称、规格和质量(Name, Specifications and Quality of Commodity):
CHLOROPICRIN 99.5% MIN
ACIDITY 70PPM MAX, WATER 150PPM MAX, DENSITY 1.654~1.663, TOXOCITY HIGH POISONOUS

(2)数量(Quantity):680DRUMS/183.6MTS

(3)单价及价格(Unit Price and Terms of Delivery):USD459/DRUM FOB DALIAN

(4)总价(Total Amount):USD312 120.00

(5)允许溢短装(More or Less):___%。
(6)装运期限(Time of Shipment):DURING MAY 2004
(7)付款条件(Terms of Payment):D/A 60DAYS FROM B/L DATE
(8)包装(Packing):NET IN 270KGS GALVANIZED IRON DRUMS
(9)保险(Insurance):TO BE COVERED BY BUYER
(10)品质/数量异议(Quality/Quantity Discrepancy):

如买方提出索赔,凡属品质异议须于货到目的口岸之日起30天内提出,凡属数量异议须于货到目的口岸之日起15天内提出,对所装货物所提任何异议于保险公司、轮船公司、其他有关运输机构或邮递机构所负责者,卖方不负任何责任。

In case of quality discrepancy, claim should be filed by the Buyer within 30 days after the arrival of the goods at port of destination, while for quantity discrepancy, claim should be filed by the Buyer within 15 days after the arrival of the goods at port of destination. It is understood that the Seller shall not be liable for any discrepancy of the goods shipped due to causes for which the Insurance Company, Shipping Company, other Transportation Organization /or Post Office are liable.

(11)由于发生人力不可抗拒的原因,致使本合约不能履行,部分或全部商品延误交货,卖方概不负责。本合同所指的不可抗力系指不可干预、不能避免且不能克服的客观情况。

The Seller shall not be held responsible for failure or delay in delivery of the entire lot or a portion of the goods under this Sales Contract in consequence of any Force Majeure incidents which might occur. Force Majeure as referred to in this contract means unforeseeable, unavoidable and insurmountable objective conditions.

(12)仲裁(Arbitration)

凡因本合同引起的或与本合同有关的任何争议,如果协商不能解决,应提交中国国际经济贸易仲裁委员会深圳分会。按照申请仲裁时该会现行有效的仲裁规则进行仲裁。仲裁裁决是终局的,对双方均有约束力。

Any dispute arising from or in connection with the Sales Contract shall be settled through friendly negotiation. In case no settlement can be reached, the dispute shall then be submitted to China International Economic and Trade Arbitration Commission (CIETAC), Shenzhen Commission for arbitration in accordance with its rules in effect at the time of applying for arbitration. The arbitral award is final and binding upon both parties.

(13)通知(Notices)

所有通知用_____文写成,并按照如下地址用传真/电子邮件/快件送达给各方。如果地址有变更,一方应在变更后_____日内书面通知另一方。

All notice shall be written in _____ and served to both parties by fax/e - mail / courier according to the following addresses. If any changes of the addresses occur, one party shall inform the other party of the change of address within _____ days after the change.

(14)本合同为中英文两种文本,两种文本具有同等效力。本合同一式_____份。自双方签字(盖章)之日起生效。

This Contract is executed in two counterparts each in Chinese and English, each of which shall be deemed equally authentic. This Contract is in _____ copies effective since being signed/sealed by both parties.

卖方签字:　　　　　　　　　　　　买方签字:
The Seller:　　　　　　　　　　　　The Buyer:

操作训练题:
(1)根据业务背景,模拟出化工品的报关流程图。
(2)有毒化学品出口放行单如何办理?
(3)该票货物的出口农药登记证明如何申领?
(4)该票货物的出口许可证如何申领?
(5)为该票货物准备好所需的报关单据。

3. 2007年5月,杭州凌云文具有限公司(3301944018)出口自产打孔机铁件一批,出口报关单号310420070546636188,出口收汇核销单号039997791。货到目的地后,客商检验发现货物存在质量问题,双方协商同意将货物退回凌云公司。2007年10月,该批打孔机铁件与凌云公司自同一客商购买的旧点焊机同批进境(运费共计3 300美元),在向口岸海关办理转关手续(转关申报单编号@0731049999505171)后,运抵指运地海关办理正式进口报关手续。

点焊机属自动进口许可管理商品,为凌云公司投资额内进口减免税货物。

发票、装箱单见图9-1,提单见图9-2。

操作训练题:

第一部分:

(1)出口打孔机铁件应该按照什么贸易方式申报?
(2)杭州凌云文具有限公司可以选择怎样的报关行为?

第二部分:

(1)退运的打孔机铁件和旧点焊机能否在同一份报关单中申报进境?
(2)如果需要分单填报,请分别为两种货物填制好进口报关单。
(3)打孔机铁件属于退运货物的哪一种?如果该货物还未收汇,应如何办理退运进口手续?
(4)该批进口货物属于哪种转关方式?其转关的报关程序应如何操作?

ACCO BRANDS Corporation
300 Tower Parkway
Lincolnshire, IL 60069-3604
www.accobrands.com

INVOICE & PACKING LIST

INVOICE NO.: NGBAO7011   DATE: Sep.1, 2007

CONSIGNED TO: SHIPPING MARK:

HANGZHOU UNITOP STATIONERY BO., LTD.
RIVER HILL ROAD HAN GZHOU, ZHEJIANG, CHINA

SHIPPED PER   SAILING ON OR ABOUT
   OCEAN VESSEL   Sep.3, 2007

FROM   TO
   LONG BEACH, USA   NINGBO, CHINA

DESCRIPTION	Qty	P'KG	G.W.	N.W.	UNIT PRICE	AMOUNT
					FCA NOGALES	
1. Welding machines (used)	8 set	16 pallets	16 000kg	15 600kg	@ $ 17 100.-	$ 136 800.-
2. Punch metal parts - Returned cargo,	40 400pcs	2 cases	16 000kg	1 500kg	@ $ 0.15	$ 6 060.-
Price for customs declaration only						

Country of Origin: USA

ACCO BRANDS Corporation

Authorized Signature

图 9-1

Shipper		B/L NO. KKLUUS0681814
ACCO Brands US LLC. 300 Tower Parkway Lincolnshire, IL		**"K" LINE** KAWASAKI KISEN KAISHA, LTD **BILL OF LADING**
Consignee Hangzhou Unitop Stationery Co., Ltd. River Hill Road, Hangzhou, China		
Notify Party Same as Consignee		Forwarding Agent References
Pre-carriage By	**Place of Receipt** NOGALES	**Point and Country of Origin** NOGALES, US
Vessel / Voyage ROTTERDAM BRIDGE v.226w	**Port of Loading** LONG BEACH	
Port of Discharge NINGBO	**Place of Delivery** NINGBO	**Type of Movement** DOOR/CY

PARTICULARS FURNISHED BY SHIPPER

Container & Seal No.	Number & Kind of Packages	Description of Goods	Gross Weight (KGS)	Measurement (CBM)
KKFU7044043 6794		1 × 40' Container (6794) 12 pallets of used machinery XTN#265705100-NINGO-40FT	12 000	24.82
PRSU2208522 6531		1 × 20' Container (6531) 6 p'kgs of used machinery and parts of other machines XTN#265705100-NINGO-20FT Shipper's Load Stow and Count	5 600	9.75

Total No. of ContainersOr Packages (In Words):
SIXTEEN PALLETS AND TWO WOODEN CASES

Date Laden on Board September 03, 2007	Place and Date of B(S)/L Issue RICHMOND, VA September 03, 2007
Freight and Charges FREIGHT PREPAID AS ARRANGED	No. of Original B/L Issued THREE (3)
	STAMP AND SIGNATURE OF THE CARRIER OR ITS AGENT "K" Line America, Inc.

图 9-2

4. 中外合资沈阳贝沈钢帘有限公司(2101232999)使用自有资金,委托上海新元五矿贸易公司(3105913429)持2100-2003-WZ-00717号自动进口许可证(代码:7)进口镀黄铜钢丝(法定计量单位为千克)。货物到港后,报关代理公司报检时为货主代付熏蒸费等410元人民币。舱单件数同装箱单件数。设货物申报当日适用的汇率为1美元=8.2元人民币。

注:发票中所列"Fumigation"项为境外熏蒸费。

相关单据见图9-3至图9-6。

Shipper				B/L No.	
BMB BELGO MINEIRA-BEKAERT ARTEFATOS DE ARAMA LTDA				COSU84554730	
RUA DA NACOES, 2101 - VESPASLANO - M. G. BRAZIL					
CNPJ:18786988/0001-21 - FONE:5531-36293050					
Consignee				COSCO	
TO ORDER				CONTAINER LINES	
Notify Party					
BMB - SHENYANG STEEL CORD CO., LTD.				Port-to-Port or	
NR. 8 KUNMING ST, ECONOMIC DEVELOPMENT ZONE				Combined Transport	
110141 SHENYANG, LIAONING PROV., CHINA				BILL OF LADING	
Place of Receipt				Pre-carriage by	
Ocean Vessel			Voy. No.	Port of Loading	
M/V COSCO HONGKONG			V. 302N	SANTOS BRAZILIAN PORT	
Port of Discharge				Place of Delivery	
HONGKONG				DALIAN CHINA	
Particulars furnished by the Merchant					
Marks & Nos Container No.	No. of Container or PKgs	Kind of Packages/Description of Goods		Gross Weight	Measurement
BSSC PLATED STEEL WIRE HP 00605/VE 044-045 MADE IN BRAZIL		02 CONTAINERS SAID TO CONTAIN 30 WOODEN PALLETS WITH PLATED STEEL WIRE CLEAN ON BOARD FRIGHT PREPAID INVOICE:ZF2 7703 001415-1416 2ND VESSEL:M/V COSCO HONGKONG V. 208N		38 692.000 KGs	30.240M^3
	CONTAINER NO	SEAL	TARE	TYPE	
	CBHU 075206-2	052029	2.250	DC20	
	CBHU 306851-5	052072	2.210	DC20	

图 9-3

CONTAINER VESSEL					
TOTAL NUMBER CONTAINERS OR PACKAGES (IN WORDS) 2×DC20					
FREIGHT&CHARGES "FREIGHT	Weight/Measurement AS PER AGREEMENT"	Rate	Per	Prepaid	Collect
Laden on Board the Vessel Date Aug. -03-2003	No. of Original B(s)/L3 (THREE)	Place of B/L Issue SANTOS		Signed for the Carrier COSCO BRAZIL S/A	

BMB Belgo Mineira - Bekaert   Tel:55/31/3629/-3050
Artefatos de Arama Ltda   Telefax:55/31/3629-3151
Rua da Nacoes 2101
33200-000 Vespasiano
MG Brazil

BMB

   STEELCORD
   Plant VE

Commercial Invoice
ZF2 7703 001414 24.07.2003

BMB - Shenyang SteelCord Co., Ltd.
NO 8 Kunming Street, Economic Development Zone
110141 Shenyang, Liaoning Prov., CHINA
Shipment to
BMB - Shenyang SteelCord Co., Ltd.
NO 8 Kunming Street, Economic Development Zone
110141 Shenyang, Liaoning Prov., CHINA

P.O.
BR-3099 26.03.2003
Order number/Date
64306/31.03.2003
Price conditions/Delivery conditions
CIF Dalian, P.R. China Incoterms 2000
Packing Included

Payment terms: At 60 days of B/L

Pos.	Material	Quantity	Unit price	Value USD
000370	18807	36 562 KG	805 USD/1 000KG	29 432.41
	Plated Steel Wire			
	1.80 mm HT H.S. 7217.3000			
	On spools BS550, on pallet			
	Customer reference PLATED STEEL WIRE			
	Plant VE - HP 00605 Lot 00605/044-045			
	Fumigation			
	17143	60 PC		50.00
	Wooden spools BS550			
	18554	30 PC		
	Wooden pallets			
	Sub-total			29 482.41
	Total amount due			USD 29 432.41

Shipment 301184   ETS 31.07.2003   Santos/SP - Brazil
                    ETA 09.09.2003   Dalian
Agent MERIDIAN
Transport by TRANSCAP
   International freight   2 450.00 USD
   Insurance   99.34 USD
   FOB value   26 933.07 USD

                BMB BELGO MINEIRA - BEKAERT
                   ARTEFATOS DE ARAMA LTDA

1/1

图 9-4

BMB Belgo Mineira – Bekaert Tel:55/31/3629/–3050		BMB
Artefatos de Arama Ltda Telefax:55/31/3629–3151		
Rua da Nacoes 2101		
33200 – 000 Vespasiano		
MG Brazil		
STEELCORD	VE/23.07.2003/24.07.2003	Packing list
BMB – Shenyang SteelCord Co., Ltd.		P.O. BR – 3009
NO 8 Kunming Street, Economic Development Zone		Order number/Date
110141 Shenyang, Liaoning Prov., CHINA		Bekaert number
		HP 00605 Lot 044
Shipment to		Delivery/date
AS above		80306971/29.08.2003

Plated Steel Wire 1.80 mm HT 7217.3000

Package number	Net weight	Gross weight	#Spools	Dimensions (CM)	Serial No
HP/00605/044/646	1.309	1.380KG	2	1080×810	0098349
HP/00605/044/647	1.304	1.375KG	2		0098350
HP/00605/044/648	1.243	1.314KG	2		0098351
HP/00605/044/649	1.264	1.335KG	2		0098352
HP/00605/044/650	1.276	1.347KG	2		0098353
HP/00605/044/651	1.183	1.254KG	2		0098354
HP/00605/044/652	1.145	1.216KG	2		0098355
HP/00605/044/653	1.193	1.264KG	2		0098356
HP/00605/044/654	1.210	1.281KG	2		0098357
HP/00605/044/655	1.163	1.234KG	2		0098358
HP/00605/044/656	1.190	1.261KG	2		0098359
HP/00605/044/657	1.219	1.290KG	2		0098360
HP/00605/044/658	1.229	1.300KG	2		0098361
HP/00605/044/659	1.256	1.327KG	2		0098362
HP/00605/044/660	1.242	1.313KG	2		0098363

15 Wooden pallets PI
30 Wooden spools BS550   Net weight: 18 426 KG/Gross weight: 19 491 KG

Marks	BSSC		
	PLATED STEEL WIRE	Stor. 1OC.	1 –
	HP 00605/VE 044 – 045	Loading number	301184
	MADE IN BRAZIL	Forwarder	TRANCAP

BMB BELGO MINEIRA – BEKAERT
ARTEFATOS DE ARAMA LTDA

1/2

图 9 – 5

BMB Belgo Mineira – Bekaert Artefatos de Arama Ltda Rua da Nacoes 2101 33200 – 000 Vespasiano MG Brazil	Tel: 55/31/3629/ – 3050 Telefax: 55/31/3629 – 3151		BMB
STEELCORD BMB – Shenyang SteelCord Co., Ltd. NO 8 Kunming Street, Economic Development Zone 110141 Shenyang, Liaoning Prov., CHINA Shipment to AS above	VE/23.07.2003		Packing list P. O. BR – 3009 Order number/64306/370 Bekaert number HP 00605 Lot 045 Delivery/date 80306971/29.08.2003

Plated Steel Wire 1.80 mm HT 7217.3000

Package number	Net weight	Gross weight	#Spools	Dimensions (CM)	Serial No
HP/00605/045/661	1.097	1.168KG	2	1080×810	0098334
HP/00605/045/662	1.093	1.164KG	2		0098335
HP/00605/045/663	1.131	1.202KG	2		0098336
HP/00605/045/664	1.167	1.238KG	2		0098337
HP/00605/045/665	1.243	1.314KG	2		0098338
HP/00605/045/666	1.259	1.330KG	2		0098339
HP/00605/045/667	1.268	1.339KG	2		0098340
HP/00605/045/668	1.231	1.302KG	2		0098341
HP/00605/045/669	1.303	1.374KG	2		0098342
HP/00605/045/670	1.289	1.360KG	2		0098343
HP/00605/045/671	1.285	1.356KG	2		0098344
HP/00605/045/672	1.154	1.225KG	2		0098345
HP/00605/045/673	1.247	1.318KG	2		0098346
HP/00605/045/674	1.202	1.273KG	2		0098347
HP/00605/045/675	1.167	1.238KG	2		0098348

15 Wooden pallets PI
30 Wooden spools BS550   Net weight: 18 136 KG/Gross weight: 19 201 KG

Marks	BSSC		
	PLATED STEEL WIRE	Stor. 1OC.	1 –
	HP 00605/VE 044 – 045	Loading number	301184
	MADE IN BRAZIL	Forwarder	TRANCAP

BMB BELGO MINEIRA – BEKAERT
ARTEFATOS DE ARAMA LTDA

2/2

图 9 – 6

操作训练题：

(1) 你作为该报关代理公司的报关员,在接到上述材料后,首先应该明确什么问题？

(2) 在做进口申报前,你应该准备哪些报关单据？

(3) 有关进出口货物的熏蒸手续如何办理？

(4) 请根据上述材料,归纳出下列合同条件,以便顺利填制进口报关单。

①交易双方；

②货物情况,包括品名、规格、数量、成交单价及总价、付款条件；

③装运情况。

(5) 根据归纳的合同条件,填制该批货物的进口报关单。

5. 厦门世新海正家具有限公司(350294×)委托厦门世伟进出口有限公司(350211×)进口松木板材(法定计量单位:千克)用于生产内销家具。相关单据如图9-7、图9-8所示。

操作训练题：

(1) 在该业务背景下,作为报关员,你应该按照什么贸易方式进行申报？

(2) 厦门世新海正家具有限公司与厦门世伟进出口有限公司的关系是什么？在报关单中如何体现？

(3) 请根据所给材料,归纳出下列合同条件,以便顺利填制进口报关单。

①交易双方；

②货物情况,包括品名、规格、数量、成交单价及总价、付款条件；

③装运情况；

④包装情况。

(4) 根据归纳的合同条件,填制该批货物的进口报关单。

(5) 申报木材进口,应该注意哪些问题？

6. 厦门某外商投资企业利用自有资金进口零件(法定计量单位:千克)用于本企业设备维修。货物于2007年6月28日运抵上海浦东国际机场(机场代码PVG),办理相关手续后,于6月29日运至厦门高崎机场向海关(3715)办理进口报关纳税手续。相关资料如图9-9至图9-11所示。

操作训练题：

(1) 熟悉空运进口报关操作,体会其与海运进口操作的联系与区别,并绘制出该票货物的空运进口流程图。

(2) 从空运单中找出如下信息：

运单号、航班号、运输路线、始发站机场、目的站机场、数量、重量、运费

		COMBINED TRANSPORT BILL OF LADING	
1.Shipper SOUTH PINE(NELSON)LTD NEW ZEALAND		Booking No. 07092160	Bill of Lading No. COSU07092160
		Export References	
2.Consignee TO THE ORDER OF XIAMEN WORLD GREAT IMPORT &EXPORT CO LTD.		Forwarding Agent and References	
		Point and Country of Origin	
3.Notify Party XIAMEN WORLD GREATIMPORT & EXPORT CO. LTD		Also Notify Party-routing & Instructions 2NDVESSEL TO BE ARRANGED BY CARRIER	
4.Pre-Carriage by	5.Place of Receipt NELSON NEW ZEALAND		
6.Ocean Vassel Voy No. RUI YUN HE V084N	7.Port of Loading NELSON NEW ZEALAND	Service Contract No.	Commodity Code
8.Port of Discharge HONG KONG	9.Place of Delivery XIAMEN,CHINA	Type of Movement FCL/FCL CY/CY	
Marks & Nos. Container/Seal No.	No. of Container or Packages	Description of Goods	Gross Weight	Measurement
---	---	---	---	---
	13PACKS	1×40' CONTAINER (S) NEW ZEALAND KILN DRIED RADIATA PINE No.2 CUTS AS PER P/O No.JK07-48 IPPC APPROVAL NUMBER NZ-182-HT FREIGHT PREPAID	25 520 kg	43.154m^3

OCEAN FREIGHTPREPAID
  ON CY-CY TBRM
  "SHIPPERS LOAD,STOWAGE AND COUNT"
  "BUNKER SURCHARGE INCLUSIVE WITH OCEAN FREIGHT"				

GVCU5134714/COSCO 032830/13 PACKS / FCL / FCL / 40HQ				
Declared Cargo Value US$				

10.Total Number of Containers and/or Packages (in words)   SAY ONE CONTAINER TOTAL

11.Freight& Charges	Revenue Tons	Rate	Per	Amount	Prepaid	Collect	Freight & Charges Payable at/by
					Date Laden on Board 8 MAY 2007		
					COSCO(NEW ZEALAND) LTD. AS AGET		

9805 Date of Issue   8 MAY 2007   Place of Issue   CHRISTCHURCH

图 9－7

Shipper SOUTH PINE (NELSON) LTD NEW ZEALAND		**Agent** ENHANCED FORESTRY CO LTD NO.16,ALLEY 17,LANE 60,NEIHU ROAD,TAIPEI CITY.	
Consignee TO THE ORDER OF XIAMEN WORLD GREAT IMPORT & EXPORT CO. LTD.		**COMMERCIAL INVOICE**	
		Country of Origin NZ NEW ZEALAND	**Country of Destination** CN CHINA
Buyer XIAMEN WORLD-GREAT IMPORT & EXPORT CO. LTD.		**Payment Terms** TELEGRAPHIC TRANSFER PRIOR TO SHIPMENT	
Pre-Carriage by MOTOR TRUCK	**Pre-Carriage From** NELSON		
Flight & Date / Vessel & Voyage No. RUI YUN HE V.084N	**Port of Loading** NELSON	**Currency of Sale** USD	
Port of Discharge XIAMEN ,CHINA	**Final Destination** XIAMEN, CHINA	**Price Basis (FOB,CIF etc)** CIF XIAMEN,CHINA	
Container / Seal Nos. **Marks & Nos.**	**Description of Goods**	**Quantity / Weight**	**Selling Price to Buyer**
			Unit Price / Amount USD / USD
	1×40' CONTAINER(S) 13 PACKS NEW ZEALAND KILN DRIED RADIATA PINE NO.2 CUTS 150-250MM×50MM×2.4-6MM * DETAILS AS PER ATTACHED SHEET * AS PER P/O NO. JK07-48 CONTAINER NO. GVCU5134714 SEAL NO. COSCO 032830 100×50/W NO.2 CUTS	43.154 M3 21,570 KGS	280.00 12083.12
			LESS DEPOSIT PAID 27/3/07 -3780.00
Nominal 43.154 m3 / Actual 43.154 m3			
Documentary Credit No.	**Intended Shipment Month** MAY	**E.T.D.** **E.T.A.** **Total** 43.154	**INVOICE TOTAL (State Currency)** USD 8303.12
ADDITIONAL INFORMATION		**CERTIFICATE of ORIGIN**	
		I, the undersigned, being duly authorized in that behalf by the above Seller and having made the necessary enquiries, do HEREBY SOLEMNLY DECLARE that this Invoice ,including continuation sheets(if any),is Correct in all respects and in ACCORDANCE with our books. ALL of the goods in this consignment, were grown, produced or manufactured in the stated Country of Origin- As Shown in this Invoice. **Name of Signatory's Company** SOUTH PINE (NELSON) LTD **Name and Business Designation of Signatory** p.p. Kelvin Williams – Company Accountant **Place and Date of Issue** NELSON 18/05/2007 **Authorized Signature**	
9805 Date of Issue 8 MAY 2007	Place of Issue CHRISTCHURCH		

图 9-8

781 OSA 51500083
781-51500083

Air Waybill
Not negobable
Issued by **CHINA EASTERN AIRLINES**
SHANGHAI BLDG, 2550 HONGQIAO ROAD.
200335. SHANGHAI, CHINA

Shipper's Name and Address	Shipper's Account Number
NHV CORPORATION TOKYO JAPAN	

Copies 1,2 and 3kf this Air waybill are onginals and have the same validity

Consignee's Name and Addrtss	Consignee's Account Number
XIAMEN XXXX CO.LTD XIN YANG INDUSRTIAL DISTRICT XIAMEN.CHINA TEL:0592-6537xxxx	

Issuing Carrier's Name and City
THE SUMITOMO WAREHOUSECO LTD
OSAKA JAPAN

Accounting Infomation
Claims for overcharges must be made in writing within one hundred and eighty(180)days from The date of issue of the air waybill.
** JAPAN
• CHINA

Agent's IATA Code	Account No
16-3 0030/0026	

Airport of Departure (Addr.of First Camer)and Requested Routing
OSAKA AIRPORT

To	By First Carrier	Routing and Destination	to	by	to	by	Cunency	Chgs Code	WT VAL PPD COLL	Other PPD COLL	Declared Value for Carriage	Declared Value for Customs
PVG	MU		XMN	MU			JPY		×	×	N.V.D	

Airport of Destinatian	Reqiested Flight Date	Amount of Insurance	If shipper requests Insurance in accordance with the conditions thercof, Indicate amount to be insured in figuner in box marked Amount of Insurance
XIAMEN AIRPORT	MU730/28 MU245/29		

Handing Infomation
NOTIFY SAME AS CONSIGENN
FRAGILE ARTICLES HANDL E WITH CARE

NO.of pieces RCP	Gross Weight	kg ib	Rate Class / Comnodity Hem No	Chargeable Weight	Rate / Charge	Total	Nature and Quantity of Goods (incl Dimensions or Volume)
1	5.3	K	M	5.5	8 500	8 500	Windou Belo with Snuoil Washces INVOICE No. NHV07-0342 COUNTRY OF ORIGIN JAPAN
	MARK-AS PER ATTACHED INVOVE						
							FREIGHT PREPAID TOTAL ICASE DIM 42 19 22 1
1	5.3					8 500	

Prepaid	Weight Charge	Collect	Other Charges
8.500			
	Valuation Charge		
	Tax		
	Total Other Charges Due Agent		
	Total Other Charger Due Camer		

Signature of Shipper or his Agent

Total Prepaid	Total Collect	Carrier certifes that the goods described hereon are accepted for carriage subject to THE CONDITION OF CONIRACT ON THE REVERSE HEREOF. the goods then being inapparent good and condition except as noted hereon.
8.500		27JUN.2007 OSAKA JAPAN
Currency Conversion Rates	CC Charges in Dest Currency	Executed on (date) at (place) Signature of issuingCarrier
For Carriers Use only at Destination	Charges at Destination	Total Collected Charges

图 9-9

NHE Corporation
1,Kandaizumi-cho,Chiyoda-ku,Tokyo 101-0024.JAPAN
TEL:+86-3-582-5909   FAX:+86-3-5821-0380

INVOICE

INVOICE No.NHV 07-0342   DATE:June 26.2007

CONSIGNED TO:		SHIPPING MARK:
XIN YANG INDUSTRIAL DISTRICT.HAICANG XIAMEN CHIA TEL:0592-6537××××		XIAMEN ×××× CO.LTD CASE NO.1 MADE IN JAPAN
PAYMENT TERMS: 100%by T.T Remantence within 1 month after shippment		
SHIPPED PER AIRCRAFT	SAILING ON OR ABOUT June 28.2007	
FROM OSAKA AIRPORT.JAPAN	TO XIAMEN AIRPORT.CHINA	

DESCRIPTION	QUANTITY	UNIT PRICE	AMOUNT
		CIF XIAMEN AIRPORT.CHIAN	
		<u>IN JAPENESE YEN</u>	
P/O No.NHV07B34217 Window Bolts with Special Washers (94NHV-0256A)	1set	@¥176 000	¥176 000
AMOUNT			
Country of Origin Japan Freight Prepaid		Total Amount ¥176 000	
		NHV Corporation Authorized Signatute	

图 9－10

NHE Corporation
1,Kandaizumi-cho,Chiyoda-ku,Tokyo 101-0024.JAPAN
TEL:+86-3-582-5909   FAX:+86-3-5821-0380

PACKING LIST

INVOICE No.NHV 07-0342   DATE: June 26.2007

CONSIGNED TO:	SHIPPING MARK:
XIN YANG INDUSTRIAL DISTRICT,HAICANG XIAMEN CHIA TEL:0592-6537××××	XIAMEN ×××× CO.LTD CASE NO.1 MADE IN JAPAN

PAYMENT TERMS:	
100%by T.T Remantence within 1 month after shippment	

SHIPPED PER	SAILING ON OR ABOUT
AITCRAFT	June 20.2007

FROM	TO
OSAKA AIRPORT.JAPAN	XIAMEN AIRPORT.CHINA

DESCRIPTION	QUANTITY	UNIT PRICE	AMOUNT
P/O No.NHV07B34217 Window Bolts with Special Washers (94NHV-0256A) (100pc/set)	1set	NET WEIGHT 4.5KG GROSSWEIGHT 5.3KG M'MENT 42×19×22CM (0.0176M³)	

Total: 1 Case   Authorized Signature

图 9-11

7. 杭州华云纸业有限公司(3301910221)从境外采购废纸(法定计量单位为千克)一批,拟加工成白卡纸后最终销往国内市场。货物进境后,华云公司自行向口岸海关办理报关手续。

相关单据如图 9-12、图 9-13 所示。

操作训练题:
(1)该批废纸应该以什么贸易方式向海关申报进口?
(2)废纸的进口报关有什么注意事项?
(3)根据下面提供的单据,填制报关需要的其他单证。

MACAO UNITED COMMERCIAL OFFSHORE CO., LTD.

INVOICE&PACKING LIST

Invoice No: 19243
Contract No.: NBZH/06004LL/CN
Messrs: HANGZHOU HUAYUN PAPER CO., LTD.
　　　　801, DINGJLAO STREET, HANGZHOU, CHINA
Date: 10 - Apr - 2008

From MINNEAPOLIS, USA　　　　　to　HANGZHOU, CHINA
Port of Loading: LOS ANGELES　　　Port of Discharge: NINGBO, CHINA
Shipped per. "XIN RIZHAO" V.0038W　Sailing on or about: 12 - Apr - 2008

Marks	Description	Quantity	Unit Price	Amount
			US $	CIP HANGZHOU
	RECOVERD PAPER	200 BALES	213.00	26 675.69
	NO.37 SORTED OFFICE PAPER	125.238M/T		

PACKING DETAILS:

CONTAINER NO.	SIZE/TYPE	PKGS	NET WEIGHT	GROSS WEIGHT
CCLU6849804	40HC	40BALE	24839.00KGS	24839.00KGS
CCLU6191441	40HC	40BALE	24694.00KGS	24694.00KGS
CCLU6234965	40HC	40BALE	25011.00KGS	25011.00KGS
CCLU6451868	40HC	40BALE	25819.00KGS	25819.00KGS
GESU5127693	40HC	40BALE	24875.00KGS	24875.00KGS

Total: 5×40HC　　200 BALES　　N.W.125,238 KGS　　G.W.125,238KGS

MACAO UNITED COMMERCIAL OFFSHORE CO., LTD.

Authorised Signature

图 9-12

COMBINED TRANSPORT BILL OF LADING

1. shipper NL FIBERS 132 IHAVE SUITE A302 BEIIFVUE, WAUSA		Booking No HOU183382	Bill of Lading No SEANGB000137
		Export References	
2. Consignee HANGZHOU HUAYUN PAPER CO. LTD 801. ×× STREET, HANGZHOU, CHINA		Forwarding Agent and References	
		Point and Country Origin U.S.A	
3. Notify Party SAME AS CONSIGNEE		Also Notify Party – routing &Instructions MACAO UNITED COMMERCIAL OFFSHORE CO. LTD	
4. Pre – Carriage by	5. Place of Receipt MINNEAPOLIS		
6. Ocean Vessel Voy. No XIN RIZHAO 0038W	7. Place of Loading LOS ANGELES	Service Contract No. LOA 06502	Commodity Code
8. Port of Discharge XINGBO	9. Place of Delivery HANGZHOU, CHINA	Type of Movement FCL/FCL CY/CY	

Marks &Nos. Container/Seal No	No of Container or Packages	Description of Goods	Gross Weight	Measurement
	200	5×40HC CONTAINERS SLAC 200 BALES 125.238 MT COMMODITY RECOVERED PAPER NO. 37 SORTED OFFICE PAPER COUNTRY OF ORIGIN: USA PACKED IN STANDARD NON – WOODEN EXPORT PACKING FREIGHT PREPAID INCLUDING DTHC 14 DAYS OF FREE TIME AT THE DESTINATION PORT	125 23800 KGS	244.0 M³
CONTAINER NO CCLU6849804 CCLU6191441 CCLU6234965 CCLU6451868 CCLU5127693	SEAK NO 0001655 0001641 0001654 0001642 0001643	SIZE/TYPE PKGS 40 HC 40BALE 40 HC 40BALE 40 HC 40BALE 40 HC 40BALE 40 HC 40BALE	WELGHT 24839.00 KGS 24694.00 KGS 25011.00 KGS 25819.00 KGS 24875.00 KGS	48.80 CBM 48.80 CBM 48.80 CBM 48.80 CBM 48.80 CBM

THESE COMMODITES TECHNOLOGY, OR SOFTWARE WERE EXPORTED FROM THE UNTED STATES IN ACCORDANCE WITH THE EXPORT ADMINISTRATION REGULATIONS DIVERSION STATES IN ACCORDANCE WITH COUNTRY TO U.S. LAW PROHBITED

Declared Cargo Value US $

10. Total Number of Containers and/or Packages (in words)

SAY FLVE CONTAINERS TOTAL

11. Freight&Charges	Revenue Tons	Rate	Per	Amount	Prepaid	Collect	Freight & Charges Payable at by
					PP		

Date Laden on Board: 12 APR 2008

China Shipping (×××) Agency Co, Inc

9805 Date of Issue   12 APR 2008   Place of Issue   HOUSTON. TX

图 9 – 13

8. 江苏某机械设备进出口公司与香港某贸易商以一般贸易方式分签购货合同,为苏州某服饰有限公司(位于某出口加工区)进口工业缝纫机 20 台,为苏州某金属制品有限公司(非鼓励类外商投资企业)进口数控镗床 2 台。货物同批从 B 国某港起运,由上海进境。全程运输的目的地为苏州。

工业缝纫机系使用 A 国成套散件在 B 国组装,适用非优惠原产地规则并列入《适用制造或者加工工序及从价百分比标准的货物清单》,且符合清单列明标准;数控镗床为 B 国生产。两项货物均为法定检验商品。

操作训练题:

(1) 该合同项下的两项货物是应该分单填报还是使用一份报关单申报?

(2) 详细列出该票两种货物在报关前需要准备的各项单据。

(3) 模拟该票货物进境后的直转转关流程,并绘制出流程图。

保税货物报关流程

通过对下列业务情境的实操演练,应该达到以下操作技能训练目标:

(1) 对保税加工贸易的两种主要形式——来料加工和进料加工能够清楚地理解和区分。

(2) 对纸质手册的合同备案流程能够全程模拟,对应该使用的单证能够正确填报。

(3) 对纸质手册的异地加工贸易合同备案能够全程模拟,对应该使用的单证能够正确填报。

(4) 对纸质手册的单耗申请和手册核销有初步的了解。

1. 中国矿产钢铁有限责任公司(110891××××)订购进口一批热拔合金钢无缝锅炉管(属法定检验检疫和自动进口许可管理商品,法定计量单位为千克),委托辽宁抚顺辽抚锅炉厂有限责任公司(210491××××)制造出口锅炉。载货运输工具于 2005 年 4 月 10 日申报进境,次日辽宁龙信国际货运公司(210298××××)持经营单位登记手册和相关单证向大连大窑湾海关申报货物进口。保险费率为 3‰。

相关单据如图 9-14 至图 9-16 所示。

操作训练题:

(1) 中国矿产钢铁有限责任公司按照哪种加工贸易方式申领纸质手册?

(2) 该本纸质手册的合同备案应该在哪里进行? 模拟出合同备案的步骤。

(3) 合同备案时需要哪个单位提交哪些单证?

(4) 根据以下材料,填制出热拔合金钢无缝锅炉管的进口报关单。

(5) 如果该本手册在 2005 年 4 月 1 日申领到位,成品锅炉在 2005 年 8 月 5 日出口,则该本手册应该什么时候进行核销?

(6) 如果海关在下厂核查过程中,发现辽宁抚顺辽抚锅炉厂将 150 公斤的热拔合金钢无缝锅炉管自行内销处理,海关将如何处理这个问题?

Mitsui O. S. K. Lines, Ltd.

Shipper						Booking No. 803364874 – A	B/L No. MOLU803364874
V AND M DEUTSCHLAND GMBH THEDORSTRASSE 90 D – 40472 DUSSELDORF – RATH, GERMANY TEL：(0049)211 960 XXXX							
Consignee (Not negotiable unless consigned 'to order') TO ORDER						COMBINED TRANSPORT BILL OF LADING	
Notify party SINOTRANS LIAONING SHIPPING IMPORT CO. RM 1207 SINOTRANS LIAONING BLDG, NO. 85, RENMIN ROAD DALIAN CHINA.							
Pre – carriage by			Place of receipt ANTWERP – CY			Also notify 888/1178.1	(For Merchant's reference only)
Ocean vessel Voy. No. 116E APL HONGKONG			Port of loading ANTWERP EUROPEAN MAIN PORT				
Port of discharge DALIAN			Place of delivery DALIAN – CY			Final destination for the Merchant's reference	
Container No.； Seal No. Marks & Nos. SHIPPING MARK： 04EUWTJ7304317T054 DALIAN Container-no. Seal No. MOFU045543 – 7 718961		No. of containers or packages Type Tare		Kind of packages；Description of goods FREIGHT PREPAID. SHIPPER'S LOAD AND COUNT. EQUIPMENT SUBSTITUTION PER RULE 2 – G5 1×40' DRY CONTAINERS SAID TO CONTAIN： HOT FINISHED SEAMLESS STEEL PIPES FOR BOILER GW KGS GW LBS ON BOARD MV "APL HONGKONG" ON 04 – 03 – 2005 'FREIGHT PREPAID' CONTRACT NO. 04EUWTJ7304317T054 IRREVOCABLE DOCUMENTARYl CREDIT NUMBER LC251060500042			Gross weight Kgs 28 795.00 63 482.50	Measurement M³ 25.000
Total No. of container or other packages or units received by the Carrier(in words)						THREE CONTAINER	
Cod	Tariff Item	Basis	Freighted as.	Curr.	Rate Per	Prepaid	Collect
No. of Originals			Place and date of B/L issue：		Total & Pay at：		
LADEN ON BOARD The VESSEL THE VESSEL APL HONGKONG VOY NO 116E AT ANTWERP Date 04 – 03 – 2005 Signature							

图 9 – 14

Mitsui O. S. K. Lines, Ltd. As Carrier

| | | INVOICE NO.: 57/88/0032 | Invoice Date 04.03.2005 | Page 1 |

Original
MINMETALS STEEL CO., LTD.
MINMETALS PLAZA, 6 SANLIHE ROAD, HAIDIAN DIST. BEIJING 100044 BEIJING, CHINA

M/V" APL HONGKONG 116E"	Contract no.	04ERWTJ7304317T054	Our order No.	888/1178-1
On 04.03.2005	L/C no.	LC251060500042	Clerk telephone	0211/960/2xxx
Shipment from Antwerp	country of destination	China	Telefax	0211/960-3xxx
European Main Port	station of destination	Dalian	Gr. WT. of delivery note	28 795 kgs
To Dalian	Mill	Reisholz/Press	Gr. WT. of consignment	28 795 kgs
	Dispatch station	Dusseldorf, Germany	Gross weight = Net weight	
	Freight notice	CPT Dalian	Carriage free wt. of consignment	
	Price based on delivery	CPT Dalian		

Item No.	TRGN	PRODUCT			Price			Amount USD
		Dimension	Quantity delivered					
			Piece	Kg	Total length/m	Designation	Unit	USD
		DESCRIPTION OF GOODS AND /OR SERVICES: COMMODITY: HOT FINISHED SEAMLESS STEEL PIPES FOR BOILER QUALITY: ASME SA106B/C ASTM A335 M P12/P91/P22 ASME A213 M T12 PRICE TERM: CPT DALIAN COUNTRY OF ORIGIN AND MANUFACTURER: V AND M FRANCE OR GERMANY OR ITALY SHIPPING MARK: 04EUWTJ7304317T054 -------- DALIAN PACKING: UNPACKED SPECIFICATION: SIZE: SEE CONTRACT NO. 04EUWTJ7304317T054 QUANTITY SHIPPED: 787×39×5000-7000MM TOTAL: TOTAL INVOICE VALUE:				QUANTITY(MT) 1 711.000			
	ACTUAL LOT 1 2 3 4 5 6 7	LENGTH LENGTH(M) LENGTH(FT) 5.655 18.553 5.953 19.472 6.000 19.685 5.925 19.439 6.005 19.701 6.050 19.849 6.070 19.915		28.795 28.795	41.640 TOTAL LENGTH 41.640 (M) TOTAL LENGTH 136.61 (FT)		MT	3 080.00	88 688.60 88 688.60

V&M DEUTSCHLAND GmbH

图 9-15

1. Consignor V AND M DEUTSCHLAND GMBH THEODORSTRASSE 90 D – 40472 DUSSELDORF – RATH, GERMANY TEL: (0049)211 960 2 ××××	No. ×××××××	ORIGINAL
	EUROPEAN COMMUNITY --------------------------- CERTIFICATE OF ORIGIN	
2. Consignee MINMETALS STEEL CO. ,LTD MINMETALS PLAZA, 6 SANLIHE ROAD, HAIDIAN DIS. BEIJING 100044 BEIJING, CHINA	3. COUNTRY OF ORIGIN FEDERAL REPUBLIC OF GERMANY (EUROPEAN COMMUNITY)	
4. Means of transport M/v	5. Remarks CONTRACT NO. 04EUWTJ7304317T054 OUR ORDER NO. 888 – 1178 – 1	
6. Item no., marks, nos., number and kind of packages, description of goods HOT FINISHED SEAMLESS STEEL PIPES FOR BOILER 787×39×5000 – 7000MM HS 73045910 MARKING ACC. TO THE B/L	7. Quantity 28 795 KGS	
8. The undersigned authority certifies that the goods described above originate in the country shown in box 3 18. MRZ. 2005 Industrie – und Handelskammer Zu Dusseldorf		

图9 – 16

2. 广州斯达电子有限公司为海关 C 类管理企业,进口冷轧铁条(加工贸易限制类商品)一批用于加工成品出口,规格为直径 18mm 与 13.9mm,分别位列 B51055200188 号手册备案料件第 7、第 8 项,入境货物通关单号为 440130106008121,法定计量单位为千克。

相关单据如图 9-17 至图 9-19 所示。

BILL OF LADING

Shipper
MING YANG LINE (H.K.) LTD.
22/F EVER GREEN PLAZA, TOWER 1,
KWAI CHUNG, HONGKONG

B/L No. XH666002495

Consignee
TO ORDER OF THE HOLDER OF MING YANG
MARINE TRANSPORTATION CORP ORIGINAL
THRU B/L No. YMLU1202060693

广州领南物流服务有限公司
GUANGZHOU RING NAM
LOGISTICS SERVICES LTD.

Notify Party
广州斯达电子有限公司
TEL: 86428×××
FAX: 86429×××

运输工具编号: 5101550125
船舶代码: 5101550125

Vessel	Voy No.	Port of Loading	Port of Discharge
XIE HANG 666	5101100607200	香港	广州新风

Mark & Nos.	No. of Packges	Packing	Description of Goods	Gross weight KGS	Measurement CBM
No.: 1-UP SPEC: N.W.: KGS KEEFU METAL	17 BUNDLE		SHIPPER'S LOAD, COUNT & SEAL 1×20' GP TKL/CY S.T.C. 冷轧铁条等一批 T/C FM KEELUNG TO GUANGZHOU VIA HONGKONG EX YM PEAR RIVER 1 P15 CONTAINER NO./SEAL/SIZE YMLU3129802/YML5680541/20'GP	15 009.000	25.000

Total No. of Packages or Containers
TOTAL: ONE (1) × 20'GP CONTAINER(S) ONLY.***

Remarks		Loaded on board on	
		Date of Departure	2006/07/20
Freight payable at 香港	Number of Original B/L THREE (3)	Place & Date of Issue HONGKONG	2006/07/20
Freight and Charges		Signed for and on behalf of the Carrier	

图 9-17

鹏威 国际（香港）有限公司
BOND WEALTH INTERNATIONAL (H.K.) LIMITED
INVOICE

ORIGINAL

TO:

广州斯达电子有限公司

广州石井石潭西路×××号

Invoice No.:	05ZX(INP)004
Invoice Date:	2006/07/13
L/C(P/O)No.:	
Delivery Note No.:	
Payment Terms:	
Page:	

Sipped from: 香港　　To: 广州　　per　　on/about

ITEM	DESCRIPTION	QUANTITY	UNIT PRICE	AMOUNT
	冷轧铁条/直径13.9mm	10919 kgs	0.40	4 367.60
	冷轧铁条/直径 18mm	4039 kgs	0.40	1 615.60
			合计 CIF 广州 USD:	5 983.20

Authorized Signature

图 9–18

鹏威 国际（香港）有限公司
BOND WEALTH INTERNATIONAL (H.K.) LIMITED
PACKING LIST

ORIGINAL

Buyer:	Invoice No.:	05ZX(INP)004
广州斯达电子有限公司	Shipped per:	
	On or about:	
广州石井石潭西路×××号	From: HONGKONG	To: GUANGZHOU
	Region of Origin:	TAIWAN
Consignee(if other buyer)	L/C(P/O)No.:	

Item	Description	Quantity	Net Weight	Gross Weight
1	冷轧铁条 / 直径 13.9mm	749 kgs	749 kgs	752 kgs
2	冷轧铁条 / 直径 13.9mm	728 kgs	728 kgs	731 kgs
3	冷轧铁条 / 直径 13.9mm	737 kgs	737 kgs	740 kgs
4	冷轧铁条 / 直径 13.9mm	728 kgs	728 kgs	731 kgs
5	冷轧铁条 / 直径 13.9mm	745 kgs	745 kgs	748 kgs
6	冷轧铁条 / 直径 13.9mm	733 kgs	733 kgs	736 kgs
7	冷轧铁条 / 直径 13.9mm	733 kgs	733 kgs	736 kgs
8	冷轧铁条 / 直径 13.9mm	740 kgs	740 kgs	743 kgs
9	冷轧铁条 / 直径 18mm	1 022 kgs	1 022 kgs	1 025 kgs
10	冷轧铁条 / 直径 18mm	1 009 kgs	1 009 kgs	1 012 kgs
11	冷轧铁条 / 直径 13.9mm	1 008 kgs	1 008 kgs	1 011 kgs
12	冷轧铁条 / 直径 13.9mm	1 002 kgs	1 002 kgs	1 005 kgs
13	冷轧铁条 / 直径 13.9mm	1 002 kgs	1 002 kgs	1 005 kgs
14	冷轧铁条 / 直径 13.9mm	1 012 kgs	1 012 kgs	1 015 kgs
15	冷轧铁条 / 直径 13.9mm	1 002 kgs	1 002 kgs	1 005 kgs
16	冷轧铁条 / 直径 18mm	1 004 kgs	1 004 kgs	1 007 kgs
17	冷轧铁条 / 直径 18mm	1 004 kgs	1 004 kgs	1 007 kgs
合计 17		14 958 kgs	14 958 kgs	15 009 kgs

Authorized Signature

图 9-19

操作训练题:
(1) 广州斯达电子有限公司在申领手册的过程中,应如何开设保证金台账?
(2) 如果广州斯达电子有限公司用该批料件生产的成品是 8 000 个工业变压器,请为该来料加工拟订一份合同。见图 9-20。
(3) 根据所提供的单据,填制出料件进口时的进口报关单。

来料加工合同

协议:_____ 合同:_____
签订日期:_____ 地点:_____
甲方:_____ 地址:_____ 电话:_____
加工企业:_____ 地址:_____ 电话:_____
乙方:_____ 地址:_____ 电话:_____

兹经甲、乙双方协商同意按下列条款进行对口合同来料加工业务:

(一)乙方不作价向甲方提供原辅料如下表:

编 码	原辅料名称、规格	数 量	单价 HK $	金额 HK $	装 运 期
					自 年 月 日
					至 年 月 日
原辅料总值		HK $			分批装运

(二)甲方向乙方提供制成品

编 码	制成品名称、规格	数量	单价	金额 HK $	加工单价	加工费 HK $	装 运 期
							自 年 月 日
							至 年 月 日
制成品总值	HK $			加工费总值		HK $	分批装运

(三)装运口岸和目的地:
(四)保险与运输。保险:由乙方负责投保。   运输:费用全部由乙方负责。
(五)质量:制成品的工艺及质量要求由乙方负责。
(六)合同有效期限:自   年   月   日至   年   月   日。
(七)付款方式:乙方汇加工费给甲方方式_____
(八)本合同系_____协议不可分割的一部分。
(九)其他:
甲方: 加工企业: 乙方:
代表: 代表: 代表:

图 9-20

3. 万威微型电机大连有限公司(2102245678)持C09033401543登记手册进口手册中的料件塑料垫圈(非法检商品,法定计量单位为千克)。

相关单据见表9-1、图9-21、图9-22。

操作训练题:

(1) 该批料件进口时应该提交哪些报关单证?

(2) 根据下列材料,请还原出该料件的进口合同。

(3) 如果用该批垫圈加工成的500套电机出口至韩国ABC CO.,LTD,成交条件CIF BUSAN,单价每套38美元,模拟出该成品的出口合同。

表9-1

0900	大连海关	0901	大连港湾	0902	大连机场
0903	连开发区	0904	连加工区	0905	开北良办
0906	连保税区	0908	连大窑湾	0909	大连邮办

HONSAM & CO., LTD.
INVOICE

DATE:2004/07/19   INVOICE NO.:K-9307190011

MESSR:W. &W. MICROMOTOR DALIAN LTD.
#88 HUANGHAI W. RD.
DALIAN ECONOMIC AND TECHNICAL DEVELOPMENT ZONE,CHINA
TEL:0411-8778-××××
FAX:0411-8778-××××
INVOICE OF: TAIWAN MADE NON METAL WASHER
TERMS SHIPPING: US $/C AND F DALIAN NET T/T 30 DAYS
SALES CONTRACT NO.: 03DL 022
SHIPPING BY FREIGHT:
SAILING ON OR ABOUT:

NO.	DESCRIPTION OF GOODS	QUANTITY	UNIT PRICE/KP	AMOUNT
104083	SHAFT SUPPORT MATERIAL 93-346	20 000M	0.2000	4 000.00
105525	WASHER 05-610M	1 000K	1.0000	1 000.00
105526	WASHER 05-610M	3 000K	1.0000	3 000.00
105527	WASHER 05-610M	3 000K	1.0000	3 000.00
105528	WASHER 05-358M	200K	0.7500	150.00
105614	WASHER 05-305M	200K	1.2500	250.00
105529	SHAFT SUPPORT MATERIAL 93-346	40 000M	0.2000	8 000.00

NOTE:1K = 1 000PCS

TOTAL: US $ 19 400.00

HONSAM & CO.,LTD.

图9-21

PACKING/WEIGHTLIST

MESSER：W. & W. MICROMOTOR DALIAN LTD.　　　DATE： 19 - Jul. - 04
　　　　　　　　　　　　　　　　　　　　　　　NO.： 20407032
SHIPPING FROM：TAIPEI
THROUGH： HONGKONG TO DALIAN
B/L：784 - 0084 1691（M. A. W. B./HK - DLC）

HONSAM & CO.，KTD，
6F NO.118，LANE 235，PAO CHIAO RD.，
HSIN DIEN CTY，TAIPEI，TAIWAN
TEL：886 - 2 - 89121×××-4 LINE
FAX：886 - 2 - 89121×××

Shipping Mark Carton No	Description of Goods	Remark Drawing No	Quantity K(pcs)	Weight		Total pcs
				Net	Gross	
No. 1	105525	1.97×3.4×0.25	05 - 610M	1 000	13.00	14.00	
	105526	1.97×3.4×0.25	05 - 610M	3 000			
	105527	1.97×3.4×0.25	05 - 610M	3 000			
	105528	1.50×3.2×0.25	05 - 358M	200			
	105614	1.50×3.6×0.25	05 - 305M	200			
No. 2 - 7	105529	0.25×7	93 - 346	6 000M×6	12.65×6	13.15×6	
No. 8	105529	0.25×7	93 - 346	4 000M	12.65	13.15	
	104083	0.25×7	93 - 346	2 000M			
No. 9 - 11	104083	0.25×7	93 - 346	6 000M×3	12.65×3	13.15×3	
				HONSAM &	CO，LTD		

图 9 - 22

4. 广州电梯有限公司(440193××××)持 C51066000019 号加工贸易手册向海关申报进口电梯用曳引机一批,该批货物列手册第 22 项,法定计量单位同成交计量单位。保险费率为 0.3%。

操作训练题：

(1)现有南京电梯有限公司用进料加工手册从国外进口料件生产电梯的安全部件,如限速器、安全钳、缓冲器、门锁等,如果广州电梯有限公司从南京电梯有限公司购买这些安全部件,再和自己生产的曳引机一起组装成电梯出口的话,这种购买业务属于加工贸易的哪种方式?

(2)这种料件国内采购的一般流程是什么?

(3)根据所提供的背景,模拟该业务的报关流程。

5. 某显示系统公司是一家经海关批准,采用加工贸易联网管理的企业。该公司从某保税仓库提取前期购买的 ABS 塑料粒子和色母料一批,用于生产显示器外壳返销境外。其中,色母料规格型号繁多,企业内部采用"料号级"方式管理。

该公司生产 A 型号的显示器外壳,每个显示器外壳中所含的 ABS 塑料粒子的重量为 1 千克,在生产过程中的工艺损耗率为 20%。该公司据此向海关进行单耗申报。

由于市场状况发生变化,该公司报经商务主管部门批准,将部分显示器外壳内销。

操作训练题:

(1)如果你作为该公司的报关员,应该为公司申请办理哪种加工贸易联网监管模式?

(2)根据提供的材料,计算该公司的单耗是多少?

(3)模拟该公司单耗申报的流程。

(4)模拟公司从保税仓库提货的报关流程,需要填制哪些单据?同时绘制出流程图。

特定减免税货物的报关流程

通过对下列业务情境的实操演练,应该达到以下操作技能训练目标:

(1)正确理解特定减免税货物的基本特征。

(2)对特定减免税货物的报关程序可以正确运用。

(3)对征免税证明的申请和使用能够正确准备有关文件和办理相关手续。

(4)对监管期满的特定减免税货物能够正确办理解除监管的手续。

1. 天津华海斟测服务有限公司(120722××××)在投资总额内进口泥浆泵(法定计量单位:台),向海关申请取得 Z02024A50706 号征免税证明(海关签注的征免性质为"鼓励项目")。泥浆泵随其他设备同批进口,单独向海关作出申报。保险费率:2.7‰。

相关单据见图 9-23、图 9-24。

操作训练题:

(1)该企业应该按照哪种特定货物向哪里申请减免税备案?

(2)征免税证明如何签发?

(3)根据业务背景,准备该设备进口时需要的单证并模拟进口流程。

BILL OF LADING

SHIPPER/EXPORTER PANTAINER EXPRESS LINE P.O.BOX 60164 AMF HOUSTON, TX 77205	BOKING No. HOU4A058270	BILL OF LADING No. HJSCLGBA00347202
	EXPORT REFERENCES	
CONSIGNEE PANALPINA CHINA LTD ROOM ×××× SINOTRANS LIAONING BLDG 85-1 RENMIN ROAD ZHONGSHAN DISTRICT DALIAN 116001 LIAONING CHIAN	FORWARDING AGENT REFERENCES PANALPINA HOUSTON PO BOX 60164 AMF HOUSTON,TEXAS,77205 U.REF:050-617630	
NOTIFY PARTY SAME AS CONSIGNEE	POINT AND COUNTRY OF ORIGIN	
	ALSONOTIFY/DOMESTIC ROUTING PANALPINA CHINA LTD.RM×××× DINOTRANS LIAONING BLDG,85-1 RENMIN ROAD, ZHONGSHAN DISTRICT DALIAN, 116001 LIAONING CHINA	
PIER OR PLACE OF RTCEIPT HOUSTON,TX	PRE-CARRIAGE BY	
VESSEL VOY (FLAG). YONG YUE 6 V0445W	PORT OF LOADING LONG BEACH, CA	TYPE OF MOVE	CONTAINERIZED (VESSEL ONLY)
PORT OF DISCHARGE BUSAN, KOREA	PLACE OF DELIVERY DALIAN SEAPORT, P.R.CHINA	FINAL DESTINATION (FOR THE MERCHANT'S REFERENCE ONLY)

PARTICULARS FURNISHED BY SHIPPER

CONTAINER No. MATKS & No.	No.OF PKGS. OR CONTAINERS		KIND OF PACKAGES; DESCRIPTION OF GOODS	TOTAL GROSS WEIGHT kg	TOTAL MEASUREMENT M^3(CFT)
				26 732.000	
			-SHIPPEN'S LOAD & COUNT- 1×20ST CONTAINER SAID TO CONTAIN: 1×40ST CONTAINER SAID TO CONTAIN:		
HJCU7492121 TARE 4 050kg HJCU8 030278 TARE 2 280kg WFHU4032026 TARE 4 050kg	8 819.000kg 10 068.000kg 7 836.000kg	8 PKGS 4 PKGS 12 PKGS	24 PACKAGES IN A TOTAL MUD CONDITIONING SYSTEM (OILWELL SUPPLIES) UNDER CONTRACT No.Z04SLCS-NO1005 4SHALE SHAKER, 2 DEGASSER, 11 MUD PUMPS L/C No. LC21A5756/04 FREIGHT PREPAID NO SED BEQUIRED 132564822-5HOU749809		

Total No. of container or packages(in words) ONE TWENTY AND TWO FORTY FOOT CONTAINERS ONLY

FREIGHT & CHARGES	RATE AS	RATE	PER	PREPAID	COLLECT	LADEN ON BOARD THE VESSEL
FREIGHT	ALL AS	ARRANGED				Date 22 OCT 2004 BY
						PLACE OF B(s)/L ISSUE
						No.OF ORIGINAL B(s)/L SIGNED
			TOTAL AT			DATE OF B(s)/L ISSUE
					HANJIN SHIPPING CO.,LTD. As Carrier By	

图 9-23

Shipper:
National Oilwell L. P.
1000 RICHMOND, HOUSTON, TX(TEXAS)
USA
77042

Number & Date Mud system 10/16/04
LC Number: LC21AQ5756/04

INVOICE

Sold to:
Tianjin HuaHai Reconnaissance Services Company Limited
Tianjin, China
TEL: +86 - 22 - 8452 - ××××
FAX: +86 - 22 - 8452 - ××××

Item	Commodity Description	CNTR	QTY (set)	AMOUNT (USD)
1	BEM - 600 Shale shaker with Flow Divider	HJCU7492121	4	382 434.60
2	Degasser, CD 14000	HJCU8030278	2	72 380.00
3	Mud pump for trip tank	WFHU4032026	2	11 142.00
4	Mud pump for mud mixing		2	23 000.00
5	Mud pump for mud charge		3	30 000.00
6	Mud pump for base oil transfer		2	24 572.00
7	Mud pump for brine transfer		1	8 214.00
8	Mud pump for LP shear		1	15 793.00
			Total: 17	
			Total: in USD	567 535.60

Covering:
UNDER CONTRACT NO. ZO4SLCS - NOI0005
4 SHALE SHAKER, 2DEGASSER, 11 MUD PUMPS
TOTAL AMOUNT: USD 567 535.60
PRICE TERM: C AND F DALIAN SEAPORT, P. R. CHINA
SHIPPING MARK: NO. ZO4SLCS - NOI0005

DALIAN, P. R. CHINA
PACKING CONDITIONS: PACKED IN STRONG WOODEN CASE(S) SUITABLE FOR LONG DISTANCE
OCEAN AND INLAND TRANSPORTATION AND TO CHANGE OF CLIMATE
MANUFACTURER: N. O. W., NORWAY
ISSUED BY THE NATIONAL OILWELL L. P.

NATIONAL OILWELL L. P.
10000 RICHMOND, HOUSTON, TEXAS
77042

图 9 - 24

2. 某食品饮料生产企业拟定了以生产果汁饮料、茶饮料和饮用水为主要产品的可行性研究报告,并按外商投资鼓励项目报所在地外经贸委审批。外经贸主管部门批准了该企业的可行性研究报告,并确认有关项目属于《外商投资产业指导目录》鼓励类第(一)条第13项"粮食、蔬菜、水果、肉食品、水产品的贮藏、保鲜、干燥加工新技术、新设备",同时出具了《国家鼓励发展的内外资项目确认书》。该项目确认书规定"项目产业政策审批条目"为"粮食、蔬菜、水果、肉食品、水产品的贮藏、保鲜、干燥加工新技术、新设备","项目内容"为"水果加工"。该企业持上述《国家鼓励发展的内外资项目确认书》,向主管地海关申请办理了吹瓶机、注塑设备、洗瓶灌装瓶盖三合一机、空气压缩机、液位瓶盖标签检测系统等灌装生产线设备及《进出口货物征免税证明》,并陆续以外资设备物品贸易方式免税进口上述设备,货物总价值为 3 846 032 美元。

操作训练题:
(1) 该食品饮料企业是按照哪种特定减免税货物申请办理的?
(2) 根据这段业务背景描述,整理出减免税申请备案流程图。
(3) 模拟该企业的征免税证明的申领过程。
(4) 模拟该企业的特定减免税货物的完整报关流程。
(5) 该货物应该在什么时候解除海关监管?应该如何办理手续?
(6) 如果该企业在水果加工产品投放市场后销路不畅,改用该套设备生产矿泉水后内销,是否符合海关监管的规定?为什么?

其他海关监管货物的报关程序

通过对下列业务情境的实操演练,应该达到以下操作技能训练目标:
(1) 对其他海关监管货物中的不同类型货物有基本清楚的认识;
(2) 对退运进口货物能够判断准确,并对其申报进口时的单据使用正确掌握;
(3) 能够正确判断无代价抵偿货物,对其报关要点能够正确运用;
(4) 能够正确判断货样广告品,对不同企业经营的货样广告品的税金和许可证件管理能够正确运用。

1. 江苏某港口机械制造股份有限公司(中外合资经营企业)向香港飞翼船务有限公司出口 40′集装箱半挂车 5 辆,总价 HKD608 000。经海关批准,该批货物运抵起运地海关监管现场前,先向该海关录入出口货物报关单电子数据。货物运至海关监管现场后,转关至上海吴淞口岸装运出境。上述货物出口后,其中 1 辆因质量不良被香港飞翼船务有限公司拒收而退运进口,整批货物因此未能收汇。

操作训练题：

（1）该批货物出口采用的是哪种转关方式？其基本操作流程是什么？

（2）一辆质量不良的车辆被退运时，应该按照哪种贸易方式申报？与其有逻辑关系的征免性质等栏目应如何填报？

（3）退运进口时应该提交哪些报关单证？

（4）该批货物未能收汇，外汇核销如何办理？

2. 华宁集团有限公司以 CIF 上海 USD9500/吨从法国进口 HHM5502BN 薄膜级低压高密度聚乙烯 200 吨（列入法检范围，属自动进口许可管理并实行"一批一证"制），进口合同还规定了数量装载的机动幅度为正负 5%。该批货物于 2005 年 7 月 20 日由"汉津"轮载运进口。收货单位申报前看货取样时，发现实际到货的数量为 210 吨，且其中混有型号为 HHMTR-144 的同类商品 20 吨。该公司即与国外商人交涉，外商同意补偿 HHM5502BN 货物 10 吨。外商同时要求将型号为 HHMTR-144 的商品降价留在境内，但收货人未予接受。

操作训练题：

（1）作为华宁集团的报关员，为该批货物申报进口时应该准备哪些单据？

（2）如果华宁集团没有在申报前看货取样，而同时又逢海关布控查验，发现实际到货数量与进口单证上的数量不符，作为报关员，你该如何处理这个问题？

（3）外商同意补偿的 10 吨货物应该按照什么贸易方式申报进口？

（4）华宁集团不同意将错发的 HHMTR-144 降价留在境内，那么该如何处理这 20 吨货物？

3. 无锡锡孚汽车配件有限公司（320392××××）委托无锡锡孚国际贸易有限公司（320231××××）向海关申报出口汽车发动机零件一批，法定计量单位千克，外汇核销单号为 045365427。

相关单据见图 9-25 至图 9-27。

操作训练题：

（1）该批货物应该按照什么货物向海关申报？

（2）请准备出该批货物申报出口时的相关单据。

（3）该批货物在报关程序上应该注意什么要点？

Shipper's Name and Address		Shipper's Acoount Number		Not negotiable **Air Waybill** Issued by	中国国际航空公司 **AIR CHINA** BEIJING CHINA
Consignee's Name and Address		Consignee's Acoount Number		Copies 1,2 and 3 of this Air Waybill are originels and have the same validity	
Issuing Carrier's Name and City STR. SHA HOUSE A.W.B. NEC10539636				Acoounting Informaton FREIGHT : PREPAID	
Agents IATA Code		Acoount No.			
Airport of Departure (Addr. Of First Carrier) and Requested Routing PVG					

To FRA	By First Carrier CA	Routing and Destination	to	by	to	by	Currency CNY	CHGS Code	WT VAL PPD COLL	Other PPD COLL	Dedared Value for Carriage NVD	Dedaerd Value for Customs NCV

Airport of Destination FRANKFURT	Flight/Date CA3202	For Carrier Use Only	Flight/Date JUL.22	Amount of Insurance NIL	INSURANCE-If carrier offers Insurance and such Insunance is requested in accordance with the conditions thereof, indicat amount to be insured in figures in box marked "Amount of Insunance".

Handling Information
NO SOLID WOOD PACKING MATERLALS

No.of Pieces RCP	Gross Weight	kg lb	Rate Class Commodity Item No	Chargeable Weight	Rate / Charge	Total	Nature and Quantity of Goods (ind.Dimensions or Volume)
	118	K	Q	118	42.69	5 037.42	CONSOLIDATION AS PER ATTACHED MANIFEST SHIPPER OR AGENT LOAD AND COUNT 0.70CBM

Prepaid 8.500	Weight Charge	Collect	Other Charges AWC:50.00 MYC:708.00 MSC:118.00
	Valuation Charge		
	Tax		
	Total Other Charges Due Agent		
	Total Other Charges Due Carrier 876.00		STR. SHA
			Signature of Shipper or his Agent
Total Prepaid 8.500		Total Collect	
Currency Conversion Rates		CC Charges in Dest Currency	27JUL.2007 OSAKA.JAPAN
			Executed on (date) at (place) Signature of Issuing Carrier
For Carriers Use only at Destination		Charges at Destination	Total Collecl Charges 999 - 8790 8844

图 9 - 25

PACKING LIST

1/1

XIFU

No.××× West Remin Road
Wuxi, Jiangsu, P.R.China
Tel:86-510-8270×××× Fax:86-510-8271××××

Invoice No. 06-WF-BS-061
Date. 2006-7-20

Sold to

Tecnologie Diesel & Sistemi Frenanti S.p.A.
Via delli Ortensie
70026 Modugno(BA) – Italia
Ust. –Nr. IT05616770722

Case Mark

Ship to

Tecnologie Diesel e
Sistemi Frenanti S.p.A. Div DS
Via delli Ortensie n° 17,
70026 Z.I. Modugno(BA) – Italia
TEL:+39 080 5879 ×××
FAX:+39 080 5878 ×××

Bank Information

Vessel or	On or About
BY AIR	

From	Via
SHANGHAI, CHINA	

To	Payment Terms
Italy	

Case No. MEASUREMENT	Description of Goods	Quantity (PCS)	NET WEIGHT (KGS)	GROSS WEIGHT (KGS)	(M³)
	Auto spare parts: flange				
No.1	F01M 100 031	5	2.13	3.23	0.010
TOTAL	ONE CARTON ONLY	5	2.13	3.23	0.010

Issued By: **XIFU INTERNATIONAL TRADE CO.,LTD.**

图 9-26

INVOICE

XIFU

No.×××West Remin Road
Wuxi, Jiangsu, P.R. China
Tel: 86-510-8270×××× Fax: 86-510-8271××××

1/1
Invoice No. 06-WF-BS-061
Date. 2006-7-20

Sold to	Case Mark
Tecnologie Diesel & Sistemi Frenanti S.p.A. Via delli Ortensie 70026 Modugno(BA) – Italia Ust. –Nr. IT05616770722	

Ship to
Tecnologie Diesel e Sistemi Frenanti S.p.A. Div DS Via delli Ortensie n° 17, 70026 Z.I. Modugno(BA) – Italia TEL:+39 080 5879××× FAX:+39 080 5878×××

Bank Information
Intermediary Bank:
Citibank N.A. NEW YORK
SWIFT BIC: CITIUS55
Beneficiary Bank:
Wuxi City Commercial Bank
Account with Citibank: 3601844×
SWIFT BIC: WXCBCNSH
Beneficiary:
Account Number: 89060148800000×××
Name: Xifu International Trade Co.,ltd.
Address: No.××× West Renmin Road,
Wuxi Jiangsu, P.R. China Tel: 86-510-8270××××

Vessel or	On or About
BY AIR	
From	Via
SHANGHAI, CHINA	
To	
Rome. Italy	

Payment Terms: T/T

Marks and Nos.	Description of Goods	Quantity	Unit Price	Amount
			FOB SHANGHAI	
			IN USD	
	(PPAP Samples)	PCS.	PER PC	Total
	Auto spare parts: flange			
Order No.				
DS 45164811	F01M 100 031	5	3.2040	16.02
TOTAL		5		16.02
	ONE CARTON ONLY			

Issued By: **XIFU INTERNATIONAL TRADE CO.,LTD.**

图 9-27

参考答案

说明:由于本书是实训教材,训练项目有主观题也有客观题,对于客观题,均摘选于近几年的报关员资格考试题目;对于主观训练项目,本书提供提纲挈领的解题思路,目的在于引导学生对有关问题有正确的思考方向,并能够在教师指导下得出较为合理的结论,这将有助于学生在将来的工作中多角度、全方位地考虑问题、解决问题。

第一章

知识点测试

价格与贸易术语

1. D 2. ACD 3. A 4. D 5. B 6. AB 7. 正确 8. D 9. B

支付方式

1. B 2. 正确 3. BCD 4. 错误 5. 错误 6. D 7. D 8. 正确 9. D

运 输

1. ABCD 2. 错误 3. 正确 4. 正确 5. ABCD 6. 正确 7. 正确 8. ABCD 9. 正确 10. C 11. 正确 12. 错误

商 品

1. B 2. A 3. 错误 4. 错误 5. ABC

保 险

1. BCD 2. ABD

单据与贸易流程

1. AB 2. ABC 3. ABC 4. 正确 5. 正确

实训项目

1.通过这个训练可以使学生明确在不同的贸易背景、价格术语、商品性质等条件下,其业务流程是有所区别的。例如,对于法检商品,就要求学生能够根据材料的情况决定是进行异地报检还是口岸报检,是否需要换取通关单。如果按照FOB成交的出口合同,是否能够在装船后及时发送装船通知。另外,流程设计可以使学生把平时学习的知识片段有机地串联起来,真正将纸面的内容立体化。

2. 快速熟练的看懂有关报关单据,从而了解业务内容,是报关工作的基本功之一。其关键之处在于不仅要会看,还要看"懂"。这里的看懂,不是单纯地看明白英文单词,而是通过看明白这些词汇,来理解整套单据之间的内在逻辑关联性,从而真正了解整票业务的内容,这样才不会在一些细节问题上疏忽而酿成大的失误。这种训练的目的是使学生养成关注全盘的良好职业素养。

3. 这个案例中涉及的关键知识点是报关单据之间的"单单相符",制单员在制作有关报关单据时,很可能不是一气呵成,今天做了发票和箱单,明天又做别的单据,也有可能实际情况变化了,改了发票,忘了改箱单,无论怎样,都要养成在做完一票单据之后,把整套单据检查一遍的好习惯,以保证"单单相符、单货相符"。

案例中,虽然是货主自拟的报关单,但是报关行并没有尽到专业职责。作为专业的报关服务机构,报关行有义务对客户提供的单据作出专业的审核,毕竟客户的专长并不在报关这个领域。如果报关行在向海关申报前,及时、专业地指出客户的问题所在并作出相应更正的话,是不会发生后面的麻烦的。

所谓"成也报关,败也报关",报关工作无小事,客户的利益高于一切。这样的口号切实贯彻到实际报关服务中就会使货主的通关速度大大提高,同时,报关企业的客户也会牢固并且源源不断了。

4. 在大量纸面训练的基础上,学生已经有了较好的基础,这时可以选择换一个角度去体会,角色扮演和角色互换就是深入体验的一种有效途径。根据业务流程的需要,可以将学生分成货主组、外商组、报关内勤组、报关外勤组、海关审单组、海关查验组、货代组、商检局组、仓库组等不同组别,在业务进程中,人为地设置一些"障碍",如,海关查验发现单货不符,货主如何处理。在演练的过程中,学生能够深切体会"分工不分家"的观念,相互理解不同工作岗位的艰辛,在潜移默化中深入理解配合、沟通、双赢等职业理念。

第二章

知识点测试

报关的含义

1. D 2. ACD 3. 正确

报关单位及报关员

1. C 2. D 3. D 4. D 5. B 6. C 7. C 8. B 9. A 10. D 11. C 12. C 13. ABC 14. BD 15. ABD 16. ABCD 17. 正确 18. 错误 19. 错误 20. 错误 21. ABC 22. CD 23. 错误 24. 错误 25. 正确 26. 正确 27. 正确 28. 正确

29. 错误　30. C　31. D　32. BCD　33. BCD　34. 错误　35. 错误　36. 错误

报关单位及报关员的法律责任

1. A　2. B　3. C　4. ABCD　5. BCD　6. ABCD　7. ABC　8. 正确　9. 错误　10. ABC　11. ABCD

海关权力

1. B　2. D　3. A　4. C　5. D　6. ABC　7. ABCD　8. BCD　9. AC　10. ABD　11. ABC　12. 正确　13. 正确　14. 正确　15. B　16. A　17. BC

实训项目

1. 这是摘自新华网的一段新闻。在2009年初的国际新闻中，俄乌"斗气"之争算是一个焦点问题了，我们暂且不论这场国际官司的原委，从国际贸易和报关的角度出发，这里有两个基本概念，一个是常见的国际贸易形式，采取买卖双方直接成交还是通过中间商成交。选择哪一种方式并无好坏之分，关键是取决于贸易背景、商品特征及交易双方的关系等因素。另一个是关于报关的货物，新闻中提及的天然气这种商品比较特殊，它不像普通商品那样看得见、摸得着，它需要通过特殊的运输设施和途径才能完成国际货物交换，所以这种货物，因为有了国际贸易的背景，也是需要报关过境的。这些特殊形态的货物，还有如以货品为载体的软件等，都属于报关的范围。

2. 这是中央电视台"东方时空"栏目在2006年采访上海浦东国际机场海关缉私小分队队长郑勇的文字材料，从中我们可以看出进出境行李物品报关的主要内容，如，海关对进出境物品的监管原则、海关对进出境旅客采取的红绿通道制度及海关的免验礼遇等内容。大家能不能从上面的叙述中找到这些基本理论呢？

什么叫免验礼遇？外交代表机关托运、寄运的公用品和外交人员的随身行李，托运、寄运的私用物品，一般享受免验的待遇。《维也纳外交关系公约》规定，外交代表私人行李免受查验，但有重大理由推定其中装有按驻在国规定禁止进出口或有检疫条例加以管制的物品时，即可检查。免验只是一种优遇，是出于国际交往的礼貌。各国海关法令都订有保留在必要时对外交代表行李物品进行检查的权利。但实际上，非在绝对必要的情况下，海关一般不行使这种权利。检查时，须有行李物品所有人或他授权的代理人在场。

3.

	报关单位类型	报关行为
天津对外贸易进出口总公司	进出口货物的收发货人	1. 自理报关行为 2. 委托报关企业报关
北京残疾人联合会	视为进出口货物的收发货人	从事非贸易性进出口活动
中美合资奥迪斯电梯有限公司	进出口货物的收发货人	1. 自理报关行为 2. 委托报关企业报关
通达报关行	报关企业	直接代理报关行为
DHL EXPRESS	报关企业	间接代理报关行为
天津新港保税品仓库	报关活动相关人	不能报关
顺达国际货运代理公司	报关企业	直接代理报关行为
锦州铁合金加工厂（已在锦州海关办理报关注册登记，①为天津对外贸易进出口总公司做加工；②自营进料加工）	1. 报关活动相关人 2. 进出口货物的收发货人	1. 不能报关 2. 自理报关行为或者委托报关企业报关

这个练习看起来简单，但是涵盖的基本概念全面，实践性很强。对报关单位的正确认识是学好、做好报关工作的基础。对于经验丰富的报关工作人员来讲，通常从一个企业的名称就可以判断出它属于哪一种报关单位，从而明确它的报关行为和相关的法律责任。上述这些单位名称典型，可以代表一种类型的报关单位。另外，关于报关活动相关人，这部分内容虽然从 2007 年开始不再作为报关员资格考试的内容，但是作为实际存在的一种与报关活动密切相关的企业，从事报关工作的人员还是应该对其加以了解和区分。

如果这个练习你可以准确快速地做出判断，说明你对这部分概念已经掌握得很好了。

4. 初次接触报关企业注册登记内容时，会感到这是个非常混乱的过程，要求的条件、文件、步骤看起来那么烦琐。但是再烦琐的手续也是有规律可循的，而且要做到不仅"知其然"，还要"知其所以然"，明白了这些也就明白了这些程序和要求的意义了。

这是在给一年级的新生讲授报关企业注册登记内容之后留的一项作业，要求学生以这部分内容为基础，用幻灯片的形式展示自己的理解，题目就叫"如果我要开一家报关行"。对于刚刚接触报关课程几个月的大一学生来讲，这名同学能够如此全面而巧妙地展示这些内容,让老师眼前一亮,也说明学生自己非常用心。可贵的是,她能够把这些枯燥的内容融进一个小故事里,而且让外行人看不出痕迹,如,最后一页的幻灯片上,"小熊两年之后又考虑如何开设跨关区分支机构了",这里面包含的一个专业内容就是跨关区分支机构的成立时间应该是在报关企业成立之后两年。

  正在学习报关专业的同学们,试试看,只要你肯用心,你们也可以对这些专业知识形成自己独到的见解。其实这也是要成为一名合格的专业报关工作人员的基本素质。基本素质的养成不是一朝一夕的事情,也不能靠工作以后"速成",做学生时就要有意识地进行培养。

  5. 这个图是海关的关徽。它是由一把金钥匙和一个商神手杖垂直交叉而成的。金钥匙源于1950年刘少奇在庆祝五一劳动节北京干部大会上的讲话。刘少奇同志在讲话中指出:"我们已把中国大门的钥匙放在自己的口袋里,而不是如过去一样放在帝国主义及其走狗的口袋里。"作为组成关徽的金钥匙,是象征海关守卫祖国的大门,维护国家的主权;金钥匙上的三个齿是代表海关肩负的三项基本任务。关徽上的商神手杖源于远古神话。在希腊神话中,有一个名叫赫尔墨斯的商业之神,他使用了带有翅膀的蛇的手杖,这手杖便被人们视为国际贸易的象征。

  了解关徽含义的意义主要在于明确海关在我国经济建设中的重要作用,它与后面将要提到的海关的基本任务和海关权力的理解有密切的关系。

  6. 关,是国家概念的外化。通关则有通过某一关卡、关隘及特定通道、门户之意。"关,界上门"(《礼记·王制》),即设立在边界上的门户。"关"字,古为"關",在《说文解字》中意为把守门户,"关"就有了国家门户的管理者的含义。千载悠悠,凡有国者,必设"关"。我国海关源于西周,走过秦汉唐宋元明的3000年之旅,及至清政府在广州、漳州、宁波、江南四处设置负责掌管海运进出口贸易的"关"后,"海关"一词逐步取代了"关"的称谓。近现代,"通关"一词也引申为办理有关货物、物品及其运输工具的进出境海关手续,接受海关查验的含义。

  要想做好报关工作,首先了解海关是什么样的机构是十分必要的。什么是海关?对这一问题的回答,如果单纯从定义的角度,可以从《海关法》中找到答案。我国《海关法》规定,中华人民共和国海关是国家的进出关境监督管理机关。而真正理解海关的含义,仅仅一个定义是远远不够的。"以铜为镜,可以正衣冠;以古为镜,可以知兴替;以人为镜,可以明得失",这是唐太宗李世民对著名的谏议大夫魏征的赞语,"以古为镜,可以知兴替",历史带给人们的思考往往是深刻和带有普遍规律性的,了解海关在我国的发展历程,同样有助于理解海关的含义。

  7. 海关征收关税的依据是什么呢?国家行政管理机关为进入本国境内的商品流通提供各种公共服务,如安全、交通、法律等,征收关税是对本国利益的必要补偿。因此,国家是关税征收的主体,海关就成为关税征收的机关。威廉·配第在《赋税论》中讲到:"关税是对输入或输出君主领地的货物所课的一种捐税……,关税最初是为了保护进出口货物免遭海盗劫掠而给君主的报酬。"据《大英百科全书》对 customs 的解释,古时商人进入市场时要向当地领主交纳一种例行的入市税 customary tolls,后来就把 customs 和 customs duty 作为海关和关税的专用英文名称。关税在英文中还有一个术语名称是 tariff。传说,古时在地中海西口,距直布罗陀 21 英里处,有一个海盗盘踞的港口名叫塔利法(Tariffa)。当时,进出地中海的商船为了避免被抢劫,被迫向塔利法港口的海盗缴纳一笔买路费。以后 tariff 就成为关税的另一通用名称,泛指关税、关税税则或关税制度等含义。

征税是海关的四项基本任务之一,海关的征税工作包括关税和进口环节海关代征税。这些税种是国家财政收入的重要来源,可见其工作的重要性。同时,关税作为一种宏观经济调控的工具,常被运用于保护境内经济,而海关执行国家关税政策的效果会对国内工农业生产、产业结构和贸易活动等产生直接的作用。这些内容从关税的含义、作用及海关征收关税的依据中都得到了体现。

8. 从这张全国海关的关区设置图中我们可以全面了解海关的设关原则,《海关法》以法律形式明确了海关的设关原则,"国家在对外开放的口岸和海关监管业务集中的地点设立海关。海关的隶属关系,不受行政区划的限制"。例如,山东省的省会是济南,但是山东省的直属海关是青岛海关,在山东省内,隶属海关的设置也不是按照行政区划进行划分的,可见海关的设置与行政区划并不一致。

大家也可以参考中国海关总署官方网站中有关更详细的关区设置的资料。

9. 本训练内容有助于大家理解海关权力的特点及了解海关权力的具体运用。海关权力作为一种行政权力,除了具有一般行政权力的单方性、强制性、无偿性等基本特征外,还具有以下特点:特定性、独立性、效力先定性、优益性。只有正确理解了海关权力的特征,才可以在日后的报关工作中以正确的心态与海关沟通和协调。

(1)天津至大连的转关运输

这种转关运输需要由进出口货物的收发货人提出,由海关审核通过后才可以进行,这属于海关权力中的行政审批权。

(2)天津进出口公司委托在海关注册的大利报关行办理进口报关业务

报关企业必须在海关注册取得合法的报关企业注册登记证书后方可办理报关业务,这属于海关行政许可的范围。海关行政许可的范围是由法律、行政法规、国务院决定设定的,海关规章仅对法律、行政法规、国务院决定设定的行政许可项目进行细化及制定实施的办法。

(3)转关延误,海关征收滞报金

这属于税费征收权。

(4)海关布控查验货物

这属于行政检查权中的查验权。

（5）企业申报商品编码26139000，海关裁定商品编码26131000

这属于海关其他权力中的行政裁定权。

（6）海关调阅有关合同、检验单，对报关员及相关人员询问有关情况

这属于行政检查权中查阅、复制权及查问权。

（7）进料加工余料由企业自行内销，被海关处罚。

这属于海关的行政处罚权。

第三章

知识点测试

1．D　2．ABC　3．ABCD　4．正确　5．错误　6．正确　7．A　8．ABCD　9．正确　10．B　11．ABCD　12．ABCD　13．正确　14．错误　15．错误　16．B　17．D　18．ABD　19．ABC　20．ABCD　21．错误　22．D　23．D　24．C　25．ABCD　26．ABD　27．ABCD　28．错误　29．错误　30．正确

实训项目

1．当前在我国，一家企业通过备案就可以获得外贸经营权，一个自然人通过法定程序也可以获得外贸经营权。然而，今天这种状况的获得却道路坎坷。在我国，由于历史原因，外贸经营权曾经被少数国有大型专业外贸公司所垄断。随着改革开放步伐的加快，以及我国成功加入世界贸易组织，外贸经营权逐步放开，外贸经营主体领域形成了"百花齐放"的局面。从我国外贸发展的角度来讲，这无疑是一种进步，但同时也对报关专业工作提出了更高的要求。不同的外贸经营者在进出口报关中的专业程度差异很大，国有外贸企业专业程度最高，在多年的外贸打拼中积累了丰富的经验，而对于一些刚刚获得外贸经营权的生产企业来讲，报关这个领域对它们是完全陌生的。这就需要报关企业针对不同的客户采取不同的服务策略，真正发挥专业报关服务的作用。

2．这是中央电视台《新闻调查》栏目对新中国成立以来最大的一起走私案件——厦门远华走私案的全景报道中的一段解说词。远华集团的所有走私活动都是以外贸代理制的形式进行的，这就为所有有外贸经营权的企业敲响了警钟，到底应该如何合理合法地使用进出口权。

首先，有进出口权的企业代理其他企业进出口商品，双方必须有代理协议作为约束，而不能像远华集团和开元外贸公司一样，仅凭"老板之间的朋友关系"。

其次，代理有代理的界限，合作有合作的规则。双方如果只是代理关系，则代理费是有限的，根据货值的高低，从百分之几到百分之十，都在合理范围之内，但是如果代理

费过高，就不是代理的范畴了。像开元外贸公司与远华公司三七分成，已经是双方合作，利润分成，开元公司已完全成了远华集团的走私伙伴之一了。

3. 发菜、劳改产品是禁止出口商品，右置方向盘汽车、旧服装是停止进口商品。这些商品都是目前我国货物进出口许可管理中的一部分。通过这些案例，可以看出商品许可管理与我国经济领域的方方面面是有着直接或者间接关系的，任何商品的禁止和限制的管理背后都有一段故事。

发菜禁止出口是环保的需要，劳改产品的禁止出口是遵循国际惯例的体现，右置方向盘汽车的停止进口是为了符合我国交通法规的规定，旧服装的停止进口是公共安全卫生的需要。

虽然报关工作的特点是操作性为主，但是与报关工作相关的经济大势、过往案例还是应该涉猎的，这对于提高报关工作人员的人文素质，进而全面提升整体素质都是有帮助的。

4. 报关在进出口链条中是一个承上启下的环节，"启下"更为重要。在报关基本环节结束后，并不意味着报关员工作的结束，还有一个环节必须注意，那就是向海关申请签发有关证明联，以便于企业后续完成外汇核销和出口退税等相关事宜。这部分内容在一般进出口货物的报关程序中还会重现。

高效率地完成报关与外汇核销衔接的关键是早日拿到海关签发的出口外汇核销证明联，有了报关单的这一联，再配合出口发票（上面载有出口金额）、出口收汇的银行水单（用以证明安全收汇）、外汇核销单等文件，就可以办理出口外汇核销手续了。

虽然这步工作不是由报关员完成，但是作为报关员，如果知道这个环节的重要性，就会提醒自己注意不要在这个环节出现不应有的纰漏，以免使企业的"启下"环节无法操作。

5. 东西方舆论、文化、价值观念的差异，导致西方对中国存在很多偏见和误解，对中国的产品和企业尤其如此。很多西方主流媒体不能对中国的产品做出客观公正的判断。中国与贸易伙伴之间频发的贸易摩擦更能说明这个差异的存在。但是，中国的企业是否很无辜？我们自己的问题到底出在哪里？"远离反倾销的根本途径"这篇文章可以给我们一些启示。

6. 凡是涉及许可证管理的商品，除国家另有规定外，对外贸易经营者应当在进口或者出口前按规定向指定的发证机构申领进出口许可证件，海关凭进出口许可证件接受申报和验放。而作为报关企业，绝不可为了私利，越俎代庖，做出害人害己的事情。

7. 该案例中涉及两种东西，一个是进口的废纸，对其进行检验应该属于进出口商品检验范畴；另一个是商品检验过程中发现的蚂蚁，对其进行确认的过程应该属于动植物检验检疫范畴。

废纸因为是法检商品，因此在进口时应该提交入境通关单。

报关和报检两个环节，在一般情况下，应该是先报检再报关。

第四章

知识点测试

一般进出口货物的报关程序

1. D 2. C 3. ABCD 4. ACD 5. D 6. D 7. CD 8. ABD 9. ABC
10. 错误 11. 错误 12. 错误 13. ABD 14. 正确 15. C 16. 正确 17. D
18. 错误

保税加工货物的报关程序

1. C 2. A 3. C 4. AC 5. ABD 6. ABCD 7. 错误 8. BCD 9. ABCD
10. C 11. AC 12. ACD 13. ABC 14. ABCD 15. ABCD 16. BCD 17. 正确
18. 正确

保税物流货物的报关程序

1. A 2. D 3. ABD 4. AB 5. AC 6. C 7. A 8. 正确 9. B 10. 正确
11. A 12. ABD 13. 错误

暂准进出境货物的报关程序

1. ABCD 2. 正确 3. AB 4. 错误 5. B 6. 正确

其他进出境货物的报关程序

1. ABC 2. 错误 3. 错误 4. 正确 5. 正确 6. D 7. BCD 8. 正确 9. 正确
10. C 11. BD 12. ABC 13. A 14. BCD 15. D 16. B 17. AC 18. BCD

特定减免税货物的报关程序

1. 正确 2. B 3. D

综合实务题

（一）
1. A 2. B 3. BD 4. BD 5. AD

（二）
1. D 2. AD 3. B 4. D 5. ACD

（三）
1. ABC 2. A 3. B 4. ABC 5. D

（四）
1. A 2. B 3. BCD 4. C 5. ACD

（五）
1. C 2. AC 3. D 4. C 5. ABCD

（六）

1. AC 2. A 3. ABC 4. D 5. A

实训项目

一般进出口货物

1. 报关员最常接触的是一般进出口货物。

首先,在我国的对外贸易统计中,占半数左右的货物类型是一般进出口货物,这是我国最常见也是最重要的一种进出口货物,自然也是海关最常见的监管货物。

其次,基于一般进出口货物的特征,其报关程序设定为四个环节,从海关监管的角度讲,就是:审单、查验、征税、放行,而从报关单位的角度讲,就是:申报、配合查验、缴税、提取或者装运货物。在进出境阶段的这四个环节同样也是其他海关监管货物在此阶段的必经环节,因此,举一反三,一般进出口货物是根本。

图示的一般排列顺序应该为:5-4-2-3-1-6-9-8-7-10。对于出口货物来讲,如果没有出口税,则不会涉及图4-3的出口税费签发和图4-1的出口征税放行,在图4-2的查验环节完成后,可以直接进入图4-8的出口放行等后面的一系列环节。

2. 在实际海关监管业务中,因为货物的特征不同、企业的需求各异,也就为报关和申报的模式提出了不同的要求,海关为适应企业的需要,创设了各种不同的报关和申报模式,而且这种模式还会不断翻新。作为报关行业的工作人员,要有这种创新的意识和精神,以适应不断快速发展的客户及国际贸易的需要。

上述案例中提到的"先装船,后报关"、"属地申报,口岸验放"、"集中申报"等模式,无论从申报的时间、地点、步骤上都做出了大胆的创新,在不影响海关监管的前提下,便利了企业,激活了经济,可谓一举多得的良策。

3. 报关工作是讲求效益的工作,因而对时间的要求非常严格,错过了,不仅是违规的问题,还会产生直接或者间接的经济损失,因此一定不能忽视。

《海关法》中对进出口货物的申报期限做出了明确的规定,在实际操作中,由于出口货物的申报有出口截关时间,截关后就不会再接受企业的申报,客观上避免了滞报的出现,所以就不会产生"出口滞报金"的问题了。

4. 海关查验本身是普通的海关监管手段,但是因为涉及与之关联的诸多企业和环节,如,要调箱、掏货、动用机力等,总会产生额外费用,占用宝贵的通关时间,所以容易招致企业的抵触,也有企业充分调动自己的聪明才智,分析种种"蛛丝马迹",总结出了林林总总的可避免查验的"秘籍",但是,查验总是要面对的。

实际上,可以避免查验的"独家秘籍"就是守法经营。守法经营的企业在海关的资信档案中是优质企业,自然可以享受到海关不断推出的便捷通关措施,而越是心存侥幸、以身试法的企业越容易在海关查验时受到"青睐"。

同时,企业要真正做到"配合查验",就要在每个环节细致入微,像一些企业因为忽略了在查验前自己先进行"单货相符"的核实,才引出这样那样不必要的麻烦。

5. 一般进出口货物的一个基本特征就是在进出境阶段必须缴纳关税和海关代征增值税,而对于特定减免税货物、保税货物等则不是这样。虽然海关会出具税款缴款书给企业,但是很多企业对税款的数值是如何计算出来的不明就里,作为报关企业应该能够给企业一个专业和满意的答案。

对于进口货物的税基,很多企业误认为进口合同是多少海关就按照多少征税,实际上这是把进口货物的成交价格和完税价格混为一谈了。

海关对进口货物完税价格的审定首先以成交价格估价方法审查确定,同时应该包括货物运抵中华人民共和国境内输入地点起卸前的运输及相关费用、保险费。

6. 从海关监管程序来讲,在海关放行后,出口货物可以装运上船,进口货物可以办理提取手续,似乎一切事情都圆满结束了。但是,作为报关企业还有一个重要环节应该关注,就是向海关申请签发报关单证明联和办理其他证明手续。如果忽略了这个环节,意味着很多企业无法办理外汇核销,无法办理出口退税,无法办理汽车证照等,从而会给企业带来很多麻烦甚至直接经济损失,故万不可轻视。

保税加工货物

1. 可以说,香农开发区的发展就是保税加工模式的一个缩影,它不仅让我们看到了这种模式出现的历史必然性,也让我们看到了这种模式的广泛适应性,以至于在香农之后,世界各国、各地区相继效仿,纷纷建立各种开发区。在结合本国、本地区情况的前提下,正是利用这种模式,"亚洲四小龙"迅速崛起,中国迅速成为世界瞩目的贸易大国。然而,更加重要的是,香农开发区同时为我们展现了可持续发展的美好前景:从劳动密集型向技术密集型的转变,从服务型经济向知识型经济的飞跃。有了可资借鉴的模式,中国的保税加工同样也可以在这条路上走出自己的特色。

2. 这两个片段,从1979年中国第一笔加工贸易合同的签订,到2009年纸质手册电子化的广泛推广,在时间上横跨30年,空间上穿越中国内地和香港,给我们展现了中国改革开放以来,加工贸易海关监管模式的升级换代。纸质手册的出现,是加工贸易初期散布在海关辖区内星罗棋布般的企业的需要,而随着加工贸易方式的不断成熟,纸质手册的弊端也不断显现出来,耗时的备案、复杂的变更,一家企业多本手册之间的平衡、海关监管人力的不足等等,因此才有了后来的电子围网模式。

中国加工贸易的良性发展有赖于海关监管模式的便利有效,无论将来监管模式如何升级换代,纸质手册作为中国加工贸易的历史见证,将永远不会被人们遗忘。

在我国开展加工贸易的初期,主要以来料加工、来件装配、来样组装和补偿贸易的形式,也叫"三来一补",加工费的收入比较微薄,以后逐渐过渡到进料加工的形式,可以有比较大的利润空间。

3.电子账册、电子化手册这两种海关监管模式,因为都借助计算机,因此也被叫做"电子围网"。被监管的企业虽然仍然在各自的厂区位置,但是通过计算机联网,海关就可以进行常规监管,企业好似被无形的"电子网"围起来一样。

电子化手册从实质上看,与纸质手册的监管模式相同,可以称之为将纸质电子化了的手册。

电子账册则不同,与纸质手册相比,电子账册模式从备案手续、备案商品、通关费用到平衡管理等方面都有了极大的改进,从相关报道中可以明显地体会出这种变化。

从前期备案的手续来讲,纸质手册的备案手续烦琐、时间长,而采用电子账册的方式,虽然费用会高些,但是手续简化、便于管理,而且可以分段备案,大大降低了企业因为合同修改带来的备案变更的麻烦,非常便于企业的生产管理。当然,对于一家企业来讲,如果本身加工贸易的业务量不大就没有必要采用电子账册的形式,电子账册对大型加工贸易企业更为适用。

从商品备案的角度讲,纸质手册的商品需要逐一备案,哪个是料件,哪个是成品,而电子账册可以建立商品归并关系,将备案的料件和成品简化。

相对应的,电子账册在报关费用和平衡管理上的成本都大大降低了。

4.出口加工区是国务院批准的、由海关对保税加工进出口货物进行封闭式监管的特定区域。

从这两则报道中,我们可以看到这种海关监管特定区域对地区经济的重要作用,它既可以是当地经济的排头兵,对当地经济起到示范和拉动作用,又可以是当地经济的先锋,为当地经济的发展提供可资借鉴的方向。

昆明出口加工区虽然历经 8 年才获得批准,但是已经有了转型升级的思路,广西北海出口加工区已经先行一步,开始了转型的尝试。两个案例体现了我国对出口加工区发展思路上的连贯性,因此,对于这些海关特殊监管区域、特定区域,以及后面将要提到的保税物流的特殊区域,关键还是对其功能定位的理解,定位理解准确了,那么其对应的报关程序也就好理解了。

保税物流货物

1.保税物流货物的海关监管类型较多,容易让人产生混乱,因此将功能接近的监管类型放在一起学习,可以更好地理解。两仓就是对保税仓和出口监管仓的合并简称。

两仓的类型虽然各异,但是功能单一,保税仓主要用于存放进口货物,出口监管仓主要用于存放出口货物。

2.两中心是指保税物流中心 A 型和保税物流中心 B 型,它们的出现与物流的快速发展密不可分。可以说,两中心是海关为配合快速发展的物流业的需要而在海关监管方面给予的支持。两中心在功能上整合了两仓的功能,同时更进一步将功能向口岸、退税等方向拓展,使其能对有关企业的实际需要提供更多的便利。两中心在地域上有所区分,A型在沿海,B型在内地;功能上的主要区别在于,A型是一家物流企业,而B型是一个平台,是由多家保税物流企业组成的公共监管场所。

3. 保税物流园区是在原保税区的基础上建立的,针对保税区发展中的问题,拓展了"区港联动"的功能。

4. 保税港区将前面叙述的那些保税物流监管场所、特殊监管区域及特定区域的所有优惠政策集于一身,使其成为目前我国开放程度最高的海关特殊监管区域。目前这12个保税港区分别是:上海洋山、天津东疆、大连大窑湾、海南洋浦、宁波梅山、广西钦州、厦门海沧、青岛前湾、广州南沙、深圳前海湾、重庆两路寸滩及张家港保税港区。

保税港区未来的发展模式应该是向自由港方向发展。

正像"保税物流之七剑下天山"描述的历史脉络一样,保税加工和保税物流并不是割裂开的,只是在海关监管方面的功能各有侧重。因此,在这节再回过头来看,就会对我国海关监管与经济发展的密切关系有更深切的体会了。

5. 这是对保税货物的一种全面总结,通过对这些项目的比较,可以更清楚地体会出这些特殊海关监管区域的特点。同时,通过在网络上搜索实际运作的监管区域,也可以加深理解这些区域的不同功能。如,吴中出口加工区、天津保税区、宁波保税物流园区、上海闵行国际物流中心(A型)、北京空港保税物流中心(B型)、海南洋浦保税港区等。

特定减免税货物

海关释疑:

对于特定减免税货物,在实践中,企业较常见的违规行为主要有三种:

(1)擅自转让。擅自转让即企业进口减免税货物后有偿或无偿将货物转让给其他单位,以关联公司之间的转让最为常见。这种转让有的很好区分和发现,如A公司将设备售于B公司,双方签订了买卖合同;有的则具有相当的隐蔽性,当事人常误以为不是转让,如C公司成立子公司D公司,C公司将设备作为投资转让给D公司,或者E公司进行资产重组,与另外公司合作成立F公司,其减免税设备带入新的F公司。

(2)擅自抵押。现实中,很多公司都和案例中的乳业公司一样,以减免税进口设备向银行抵押贷款,它们以为设备是自己的,银行又认可,抵押合同合法有效。但这种抵押是有问题的。

《担保法》第37条规定了不得抵押的情形,其中第(六)项是"依法被查封、扣押、监管的财产"。《最高人民法院关于适用〈担保法〉若干问题的解释》第5条规定:"以法律、法规禁止流通的财产或者不可转让的财产设定担保的,担保合同无效"。

企业减免税进口货物属于海关监管货物,在海关监管期限内,未经海关许可不得擅自进行转让、出租、移作他用等处置。因此,企业与银行私下就尚在海关监管期限内的减免税进口货物签订的抵押贷款协议由于违反了法律的强制性规定,是无效的。

(3) 移作他用。移作他用的表现很多,如某公司用减免税设备生产农用塑料薄膜,后擅自用部分设备参与 PVC 管的生产;又如广东发生的一个实际案件:某公司用自己的减免税设备为其他公司加工生产产品,收取一定加工费用。

如何避免"麻烦"

现实中有的企业一旦因减免税货物违规被海关处罚后,便视减免税货物为禁区,干脆完全放弃享受国家减免税优惠措施的机会,这种因噎废食的做法是不可取的。虽然我国加入世界贸易组织后关税税率逐年降低,但如今的综合税率(考虑到13%或17%的进口环节增值税)在世界上仍处于比较高的行列,税负仍然是广大进出口企业比较大的开支。如果国家对此有优惠措施,能够减免这部分成本,企业何乐而不为呢?

但要使这些优惠真正拿到手,企业必须自始至终依照法律的规定严谨操作,避免意外的"麻烦"。因此,企业需要从以下几方面分别注意:

(1) 减免税货物的抵押。减免税货物虽然是海关监管货物,但并非不可抵押,只是需履行一定程序。具体是:在与银行签订抵押贷款合同时,一定要事先了解拟抵押标的的性质,如果系海关监管的减免税进口货物,在抵押贷款合同后要特别注明:本合同自海关批准之日起生效。同时要主动与海关联系,提交申请函、保证函、进口设备清单、协议等资料,领取《海关特定减免税进口货物抵押贷款协议》的制式合同作为主合同生效条件的副合同,银行、海关、企业三方签字盖章后再履行主合同(抵押贷款合同)。一般来讲,需海关签字的副合同对抵押贷款有两个要求:一是银行抵押贷款数额与减免税进口货物应缴税款之和,应小于该货物的实际价值。二是抵押贷款无法清偿需以减免税进口货物变价抵偿时,企业应优先补缴税款。

(2) 减免税货物的转让、出租和移作他用。此情况下有两种处理方式:

如果受让或承租单位同样享有减免税资格,经海关审批同意后,转入企业向所在地海关办理减免税货物的审批手续,转出企业向所在地海关办理减免税货物的结转手续。

如果受让或承租单位不享受减免税资格,由转让或出租企业向所在地海关补缴税款,提前解除减免税货物的海关监管。

由此可见,减免税货物进口后在监管期限内转让的时间越晚,需补缴的税额越少;反之,减免税货物进口后在监管期限内转让的时间越早,需补缴的税额越多。

终结"麻烦"

对于本案例,海关经过严格审理后认为:

(1) 关于擅自出租行为。该公司的出租合同违反了《海关法》、《海关行政处罚实施条例》相关内容的规定,有违规嫌疑。但合同最后一个条款规定:此合同自承租人拨付租金 50 万元到达出租人账户后生效。由于承租人最近资金紧张,要求合同先行履行,租金最晚 11 月底前到位,乳业公司正研究承租人此建议,尚未正式答复。可见,此合同系一个附条件合同,因条件未成就,双方也未就合同变更达成协议,故合同未生效。因此,乳业公司违反海关监管规定的行为尚处于谋划阶段,未形成现实的行为。根据《行政处罚法》的相关规定,对此行为不予处罚。

(2)关于擅自抵押行为。乳业公司未经海关许可,擅自将海关监管货物进行抵押,其行为违反了《海关行政处罚实施条例》第十八条第一款(一)项之规定,构成违规。但抵押合同于 2006 年 9 月终止,海关于 2008 年 11 月才发现,已经超过了两年的追溯时效,根据《行政处罚法》第 29 条的规定,将不予处罚。

暂准进出境货物

四个例子中,只有用于郑常庄发电厂的、从德国西门子公司进口的发电设备属于一般进口货物,其余三例都属于暂准进出境货物。

第五章

知识点测试

商品编码

2008 年真题

1. 0402.2100	2. 3004.2013	3. 7404.0000	4. 3903.3000
5. 5514.1110	6. 8471.3000	7. 3506.9190	8. 2005.9999
9. 1602.5090	10. 8518.9000	11. 7009.1000	12. 4411.1419
13. 9401.4090	14. 2202.1000	15. 5404.9000	16. 8526.9110
17. 8705.9110	18. 8531.1000	19. 6105.1000	20. 6307.9000

2007 年真题

1. 0902.3020	2. 3305.1000	3. 5402.3310	4. 9011.1000
5. 9506.3200	6. 7228.1000	7. 0403.1000	8. 8443.3110
9. 3208.9090	10. 6210.1030	11. 5903.2090	12. 7320.2090
13. 1605.9090	14. 3920.6200	15. 6302.9300	16. 8421.2300
17. 2852.0000	18. 3004.2090	19. 8517.7030(2007 年编码书)	20. 4811.5190

2006 年真题

1. 3204.1200	2. 3920.3000	3. 3306.9000	4. 3004.9090
5. 1904.9000	6. 1904.1000	7. 1211.2010	8. 0306.2990
9. 8423.8290	10. 8519.8131	11. 4412.9992	12. 7117.1900

13. 9018.9090 14. 8708.2941 15. 5510.3000 16. 9403.5010
17. 7214.2000 18. 5515.1300 19. 6302.4010 20. 6204.6200
21. 正确 22. AD

2005 年真题

1. 模拟式 8528.7291 数字式 8528.7292 2. 8705.3010 3. 5209.2100
4. 4202.1190 5. 1212.9994 6. 3405.2000 7. 9018.1990
8. 3822.0010 9. 8476.2100 10. 7117.9000 11. 0306.2491
12. 2206.0010 13. 5516.4300 14. 2005.5110 15. 0902.1090
16. 3901.9020 17. 4818.2000 18. 3004.9090 19. 1602.3991
20. 9616.2000 21. AD 22. 错误

2004 年真题

1. 1515.2900 2. 3701.2000 3. 6117.1011 4. 8510.1000
5. 6908.9000 6. 7210.7000 7. 3401.3000 8. 8422.3010
9. 8481.8090 10. 8516.3200 11. 0712.3100 12. 2008.1999
13. 1602.3299 14. 9018.1210 15. 3003.9090 16. 3904.4000
17. 5801.3200 18. 6201.3000 19. 4802.5600 20. 8214.9000
21. ABCD 22. 错误

实训项目

1. 在现实生活中，我们都听说过海关缉私的案件。走私中常见的一种做法是，明知是这种商品，偏偏要申报成其他商品，品名换了，与之相关的商品编码也变了，于是，原本高进口税的商品变成了低税率的商品，原本需要申领进口许可证的商品成了普通商品。这些伪报品名、故意瞒报商品编码的企业，是想借此逃避海关监管、偷逃税款及逃避国家许可证件管理，以达到赚取高额利润的目的。

但是，这些企业终究逃脱不了法律的制裁，因此，作为未来的报关从业者，一定要谨记教训，不要以身试法。

2. 现实工作中，有关商品编码的申报不仅出现在向海关申报的环节中，还会出现在这些报道所涉及的原产地证申领及商品检验等领域，而无论商品编码的申报在哪个环节出现，其重要性都是不言而喻的。

综合这些报道的内容，我们可以将现实中涉及商品编码的问题归纳为两种类型，一种属于企业"明知故犯"，企业虽然知道某种商品的确切归类，但是出于某些原因，以侥幸心理擅自更改。这种情况属于"申报不实"。第二种属于企业的专业水平不高，对商品不熟悉，对国家政策不了解，凭借对商品的皮毛了解擅自归类。这种情况属于"归类差错"。

3. 上述在商品检验领域和一般进出口货物申报领域出现的商品编码问题都可以归纳为"申报不实"。有关企业对商品的归类应该不存在问题，但是出于对法定检验的逃避、对高退税率的追求才使企业"明知故犯"。

例如，在"石墨碎？石墨粉末？"这个案例中，货物的正确归类并无太大难度，企业只要找出《税则》原文比对就能迅速确定正确编码。根据《税则》的规定，85章主要是指石墨或碳精制品，用于电器设备。品目包括炉用碳电极、电解用碳电极、碳焊条、碳刷、电池碳棒等。本章还明文指出：本品目不包括粉状、粒状石墨，彼类石墨应归入38章。

案例中的企业在已被退单一次的情况下，仍坚持以往的错误申报，其过错是非常明显的。尤其联系到两个商品编码退税率的巨大差异（38章商品多退税7%），不能不对企业申报的动机产生怀疑。当然，在海关不能掌握其伪报和骗税主观故意的情况下，将其限定在申报不实的违规行为内还是可行的。

4. 上述几个案例中，有的企业因为对商品归类的规律不了解，想当然地将产品归类到自己熟悉的商品品目下；有的企业按照日常的习惯称呼和理解对商品进行归类，这些都导致了最终归类的错误。这些情况在实践中的惯称为"归类差错"，它在概念上的界定为，指不能证实当事人主观过错情形下的申报商品归类与海关最终认定不一致的行为。

如何避免此类问题的出现，第三个案例实际上已经给了我们一个可行的方案，那就是向有关部门进行咨询。但是，如何从根本上杜绝这种低效率的企业行为，大家能不能找到更好的办法呢？

5.
元通公司商品归类案

元通公司出口的钢铁制品在行业内俗称"镍铁"、"镍生铁"、"镍烙铁"，是通过进口的红土镍矿，运用创新技术冶炼而成，含镍量不超过8%，其出口价格的构成是按照伦敦金属期货市场的每1%镍铁价格计价。按照《中华人民共和国进出口税则》的有关规定，税目7202的铁合金中包括镍铁这一品名，镍含量必须超过10%才能按照镍铁归类，元通公司出口的含镍量不超过8%的钢铁制品，应归入税目7201项下的合金生铁。

元通公司在被A海关纠正商品归类后，对此归类不服，曾希望通过钢铁协会与海关协商，改变其产品的商品归类，未果。事后，元通公司仍坚持自己的观点，于是便发生其后故意向B海关申报错误的商品名称与商品编码的事情。B海关考虑到元通公司故意错误申报品名与编码，更多表现出采取了不正确、不合适的方式表达对海关商品归类的不满，而非出于偷逃税款的主观故意，且向海关提供了正确的发票等相关材料，因此将其故意错误申报行为定性为申报不实而非走私行为。

元通公司在对A海关商品归类不服时,没有采取正确的方式表达诉求、化解争议,反而采用更换申报海关的方式规避海关对其商品归类的纠正,最终导致自身必须承担违法的后果。

是水泥添加剂吗?

英文名称为ETHYLENE MATERIAL的货物,汉译名五花八门,有的叫乙烯胶粉,有的称为水泥添加剂,还有的称混合剂等。公司申报的名称基本符合英文名称含义,与该货物的实际用途也基本相称。这样的申报符合一个水泥行业内中等规模企业进出口部门相关人员的正常理解,企业申报时在当时的条件下已经尽到了谨慎义务,考虑到了能够考虑到的各方面因素,企业提交海关的申报材料除报关单上的商品编码外其他均真实可靠,海关不能发现其他证实走私违规嫌疑的证据。在这样的情况下,认定A公司此两票货物申报属于归类差错不予处罚是相对公平的。

至于已经放行的前三票货物,基于同样的理由也可以认定不应处罚。

与税率有关系吗?

这个案例非常典型地体现出海关归类工作难度大的特点。正因为如此,海关总署不仅设立了北京归类办公室,还在大连、天津、上海、广州设立归类分中心。考虑到商品种类繁复,单独一个归类分中心难以对所有商品准确界定税号,所以四个归类分中心在归类认定上还有不同侧重,如上海分中心仅负责《税则》第八十四至九十三章商品,天津分中心负责第四十七至四十九章、七十二至八十三章的商品。在本案中,要求B公司在当时的情况下准确认定海关短时间都难以统一意见的商品编码,似不合乎情理,也与行政处罚的本意相悖,故不予处罚应是首要选择。

需要说明的是,有的海关在此情况下对当事人不予处罚主要是考虑到企业申报的商品编码与海关总署认定的编码税率相同,贸易管制条件也一样。这是不妥的。税率的高低、管制条件的有无显然不是判定申报不实的必要条件,不能仅仅因为企业申报的商品编码税率比正确编码低就杯弓蛇影,指控其为申报不实甚至是伪报走私。

根据现行海关相关法律规定,出现当事人申报的商品编码与海关认定不一致的情况时,有两种处理模式:一是归类争议的处理。当事人可以与海关进行归类磋商,也可以提起复议和行政诉讼。二是作为行政案件处理。由海关审单或通关部门作为申报不实的案件移交海关缉私部门做行政处罚。当个案发生时启动哪种模式法律并未明示。一般情况下是海关审单部门认为申报人的申报明显不合常理、有牟利动机和空间,且申报人对错误申报不能自圆其说或有其他可疑行为时倾向移交缉私部门处理。

建议企业遇到海关不认可归类申报时一定要及时与审单人员沟通,讲清自己对货物归类的理解,并提供相应证据,争取得到海关的理解、认可。如最终各种努力都未起到作用,则退而求其次,要求海关做退单处理。如果认为自己的归类正确,海关认定不妥,也要敢于坚持意见,必要时运用法律手段维护自己的合法权益。

第六章

实训点测试

有关税种基本概念

1. C 2. AB 3. ABCD 4. 错误 5. 错误 6. AB 7. ABC 8. C 9. AC 10. 正确

原产地认定

1. A 2. 错误 3. ABC 4. 正确 5. 错误 6. A 7. 错误

税率适用

1. C 2. ABCD 3. 正确 4. B 5. BCD 6. D 7. CD 8. AC

进出口货物的完税价格

1. D 2. ABC 3. B 4. C 5. ABCD 6. 错误 7. 错误 8. B 9. ABC 10. ABCD 11. BC 12. ABC 13. 错误 14. D 15. C 16. CD

税费计算

1. A 2. D 3. C 4. ABD 5. AC 6. 错误 7. B 8. D 9. A

税费的减免等特殊情况

1. ABC 2. 正确 3. ACD 4. 错误 5. 错误 6. 正确 7. B 8. 错误 9. C 10. 正确 11. BC 12. ABCD 13. 正确 14. 正确

税费与其他专业内容的综合

1. C 2. CD 3. BC 4. AB 5. ACD

实训项目

参考答案:本训练项目的目的是使学生熟悉各种原产地申报的内容,在演练过程中,首先要明确原产地证明书申报时需要提交的相关单证,其次是将原产地证明填报完整,最后再演练完整的申报过程。

材料中涉及的原产地规则分别为、中国与东盟合作框架协议、亚太贸易协定、中智自贸协定原产地规则。

为更好地完成这个项目,大家可以查询和参考签发原产地证明的各地商检局的网站。

第七章

实训项目

模块一：

1

备案号	贸易方式	征免性质	用途（进口时）	征免
B	来料加工	来料加工	加工返销	全免

2

备案号	贸易方式	征免性质	用途（进口时）	征免
为空	一般贸易	一般征税	外贸自营内销	照章征税

模块二：

	经营单位	收/发货单位	境内目的地/货源地
1	ABC 广州	4401241234	广州经济技术开发区
2	上海兰生	3101915020	上海其他
3	浙海	3313920237	浙江其他
4	辽宁外贸	2101930…	辽宁其他
5	大连化工	长春特钢	

模块三：

1
口岸：吴淞海关（×××）　　进口日期：2003.07.30　　申报日期：2003.07.31

2
口岸：大连海关（×××）　　进口日期：2002.02.27　　申报日期：2002.02.28

3
口岸：吴淞海关（×××）　　申报日期：2000.05.22　　出口日期：免于填报

模块四:

1

运输方式:江海运输　运输工具名称:HANJIN DALIAN/014E　提运单号:HJSHB142939

2

运输方式:江海运输　运输工具名称:HEUNG ANAGOYA/423S　提运单号:HNA12345

3

运输方式:江海运输　运输工具名称:ANDALUSIAN EXPRESS/405N　提运单号:21929HKQD405

模块五:

1

起运地:中国香港　装货港:香港　原产国:美国

2

运抵国:美国　指运港:洛杉矶　最终目的国:美国

3

起运地:中国香港　装货港:群山　原产国:韩国

4

运抵地:中国香港　指运港:洛杉矶　最终目的国:美国

模块六:

1

成交方式:CFR　运费:为空　保费:0.3　杂费:为空

2

成交方式:FOB　运费:为空　保费:为空　杂费:502/－15606/3

模块七:

件数:12　包装种类:木箱　集装箱号:WFHU4032026/40/4050

模块八:

毛重:14　净重:13　数量及单位:7 400 千个

参考答案

模块九：

合同号：04A3272
项号：01
　　　02
商品编号：64039900
商品名称及规格型号：胶底皮鞋 ART NO. CC10758-112
　　　　　　　　　　COL. WHITE
　　　　　　　　　　SZ：5-10
单价：3.15
总价：6 633.90
币制：502

模块十：

本题不需要出具许可证。
随附单据：B：310050204415308000
唛码及备注：BRIGHT
　　　　　　CHITTAGONG

模块十一：

结汇方式：D/P
征税比例：现不要求填报
批准文号：319403360
用途、生产厂家：仅在必要时填报

第八章　准咨询员

实训项目

1. 企业在向外经贸部门申请《加工贸易业务批准证》的时候要根据自身的实际情况申报加工贸易方式,海关根据《加工贸易业务批准证》的内容办理加工贸易备案业务。企业只要符合商务部门和海关关于进料加工和来料加工的相关规定,同一企业既可办理来料加工业务,也可办理进料加工业务。

2. 根据《海关总署关于修改〈中华人民共和国海关对加工贸易货物监管办法〉的决定》,总署令第168号,"外发加工的成品、剩余料件以及生产过程中产生的边角料、残次品、副产品等加工贸易货物,经经营企业所在地主管海关批准,可以不运回本企业",该决定从2008年3月1日起实施,故你公司可以向主管海关申请,经批准后外发加工的剩余料件可以不运回本公司。

3. 在海关监管期内的减免税设备不可以擅自租赁,如企业申请办理提前解除监管,经批准后补税则可以租赁。

4. 样品可以按照货样广告品A来申报进口。关于检验,根据《中华人民共和国进出口商品检验法实施条例》第六条规定,进出境的样品、礼品、暂准进出境的货物以及其他非贸易性物品,免于检验,贵公司描述的是这种免于检验的情况。

5. 退运出口到境外的如果属于保税料件退运,监管方式为进料料件复出,征免性质为其他法定,单价栏内容填报货值,如果属于成品、半成品退运,监管方式为进料成品退换,征免性质为其他法定,单价栏内容填报货值。税则号对应的监管条件针对的是一般贸易等贸易方式出口的证件,针对此特殊情况海关不需要凭出境货物通关单验放。

6. 如确因质量、技术问题需要出境维修后复运进境的,则由该货物的原收货人或其代理人向原申报地海关提出申请,并提供相关资料后,经海关核准同意后可以修理物品的贸易方式申报出境。

7. 外发加工对于承接企业来说,仅对外发企业提供的原材料进行加工,承接企业提供料件进行加工不在外发加工范畴之内,如有此情况视同内销。

8. "因品质或者规格原因,出口货物自出口放行之日起1年内原状退货复运进境的,纳税义务人在办理进口申报手续时,应当按照规定提交有关单证和证明文件。经海关确认后,对复运进境的原出口货物不予征收进口关税和进口环节海关代征税。"因此,对出口货物除因品质和规格以外的其他原因退货复运进境的,海关应依法照章征税。

品质规格原因,是指货物本身存在的质量(包括内在质量和表面、外观质量)缺陷或者货物的规格、型号、成分、含量、技术指标等,与买卖双方在交易合同或协议中约定的不符。

贵公司的货物不是因为质量问题,因此不能以此为理由按退运进口办理。

9. "因品质或者规格原因,出口货物自出口放行之日起1年内原状退货复运进境的,纳税义务人在办理进口申报手续时,应当按照规定提交有关单证和证明文件。经海关确认后,对复运进境的原出口货物不予征收进口关税和进口环节海关代征税。"因此,对出口货物超过自出口放行之日起1年期限退货复运进口的,海关应依法照章征税。该木制工艺品公司原出口日期在2005年3月,目前已是2007年3月,已经超过1年的期限,因此不能按照退运进口办理。

10. 如果是反复使用的包装材料,可以暂时进出口方式进行申报,进出口相对应。

参考答案

11. 首先，贵公司的经营范围是否包括经营租赁业务，如有，可以办理。租期一年及以上的，简称租赁贸易1523，租期一年及以上的进出口货物分期办理征税手续的，每期征税适用监管方式租赁征税9800，租期不满一年，监管代码1500，简称租赁不满一年。

12. 根据现有描述，这种情况不属于无代价抵偿范围，应照章征税。贸易方式可用"进出口免费提供"。如果有免表，也可以按投资设备报关。

13. 根据现有描述，应该都按照"保税仓库货物"（代码：1233）监管方式申报进出口。

14. 保税仓库直接出口的货物报关时，申报的贸易方式为"保税仓库货物"（代码：1233）。根据《国家外汇管理局、海关总署关于按照进出口货物监管方式分类使用出口收汇核销单的通知》（汇发〔2001〕120号）规定，"保税仓库货物"属于不需要使用出口收汇核销单的监管方式，有关具体情况建议咨询外管局，这不属于海关业务范围。由于不清楚具体是在哪个保税仓库报关，有关具体单证的问题建议与现场海关联系咨询。

15. "进料料件复出"是指复运出境不再进口的原进口料件。而"进料料件退换"是指复运出境后在规定的期限内仍需复运进境的原进口料件。实际操作必须按照各自的规定来执行。

16. 按照暂时进出货物申报进境时，报关单上征免填写"保证金"或"保函"，用途栏填写"其他"。

17. 按照修理物品申报出境时，征免栏填写"照章征税"。

18. 提前报关和直转是转关的两种方式。简单地说，提前报关是录入报关单时同时录入转关申报单的转关方式。对进口而言，进口转关申报单由口岸海关审核放行后，自动激活报关单；而出口是在报关单放行后，由起运地海关审核放行出口转关申报单。而直转一般适用于进口，是直接录入转关申报单，由口岸海关审核放行的转关方式。这两种方式下，海关对实际货物的监管基本是一样的，具体操作有一些不同，如进口提前报关就不需要做关封。

19. 如果您企业的商品当时是按照一般贸易方式出口的，由于品质原因再次进境和出境时可以按照修理物品的监管方式进行申报，具体操作流程请您查看海关总署令第124号《中华人民共和国海关进出口货物征税管理办法》第4节"进出境修理货物和出境加工货物"了解相关规定。若当时是按照加工贸易方式出口的，由于品质原因再次进境和出境时可以按照成品退换的监管方式进行申报。

20. 经营企业开展外发加工业务必须经海关批准，外发加工应当在加工贸易手册有效期内进行。承揽企业须经海关注册登记，具有相应的加工生产能力。经营企业开展外发加工，不得将加工贸易货物转卖给承揽企业。承揽企业不得将加工贸易货物再次外发其他企业进行加工。外发加工的成品、边角料、剩余料件、残次品、副产品等加工贸易货物应当共同接受海关监管。经营企业和承揽企业应当共同接受海关监管。

经营企业申请外发加工,需提交下列单证:
(1) 经营企业签章的《加工贸易货物外发加工申请审批表》;
(2) 经营企业与承揽企业签订的加工合同或协议;
(3) 承揽企业营业执照复印件。

21. 按照退运货物贸易方式含义,该批设备只能退回日本。

不作价设备自进口之日起至退运出口并按海关规定解除监管止,属海关监管货物,监管期限5年。在监管期限内,不得擅自在境内销售、串换、转让、抵押或移作他用。加工贸易经营企业因故终止或解除加工贸易合同,经商务主管部门批准,主管海关核准,将不作价设备退运出境。

22. 根据《中华人民共和国海关关于加工贸易边角料、剩余料件、残次品、副产品和受灾保税货物的管理办法》(海关总署令第111号)第11条规定,加工贸易企业因故无法内销或者退运而申请放弃边角料、剩余料件、残次品、副产品或者受灾保税货物的,凭企业放弃该批货物的申请和海关受理企业放弃货物的有关单证经海关核实无误后办理核销手续。所以,企业边角料因故无法内销征税或者退运后,才可放弃。

23. 此种情形可以按照暂时进出口货物贸易方式(代码:2600)申报进口,暂时进境货物除因正常使用而产生的折旧或损耗外,应当按照原状复运出境。待试用期满后,不合格可申请复运出境;合格可办理正式进口手续。

24. 燕窝的税号为04100010,指的是未经加工的原始燕窝(不可直接食用),最惠国关税税率25%。如果从东盟国家进口,凭中国—东盟FROM E产地证可以享受零关税优惠。

25. 如果这些设备已超过海关监管年限,企业就可以直接处理了(参见《中华人民共和国海关进出口货物征管办法》76条第2款)。

26. 在破损货物不退运境外的情况下,同时也不申明放弃交由海关处理,客户再次发运新货,只能按照一般贸易进口处理,算作是不同批次的进口货物,照章纳税。

27. 按退运货物申报即可。

28. 对巴基斯坦可以签发《〈中国与巴基斯坦自由贸易区〉优惠原产地证明书》,2006年1月1日起双方先期实施降税的3 000多个税目产品,分别实施零关税和优惠关税。原产于中国的486个8位零关税税目产品的关税在2年内分3次逐步下降,2008年1月1日全部降为零,原产于中国的486个8位零关税税目产品实施优惠关税,平均优惠幅度为22%。给予关税优惠的商品其关税优惠幅度从1%到10%不等。

29. 减免税货物收货人在申请减免税时,应向主管海关具体申报其报关口岸,并在海关出具《征免税证明》所列的进出口口岸办理通关手续。如进口口岸确需改变的,可向主管海关申请办理口岸变更手续。

30. 暂时进出口属于海关行政许可事项,现场海关须经实际审核企业提供的有关单据后才能给予准确答复,若你公司已经与通关业务现场联系,具体情况请以业务现场的办理结果为准。

31. 能否享受东盟协定税率应根据货物运输、贸易的实际情况判断。请在互联网查阅《中华人民共和国海关进出口货物优惠原产地管理规定》以及《中国—东盟自由贸易区原产地规则》。

32. 正常情况下可以。

33. 根据一般贸易定义,一般贸易是指我国境内有进出口经营权的企业单边进口或单边出口的贸易。而监管方式"一般贸易(代码:0110)"的适用范围中涉及外商投资企业的有:①外商投资企业为加工内销产品而进口的料件,属非保税加工的;②外商投资企业用国产原材料加工成品出口或采购产品出口;③外商投资企业全部使用国内料件加工的出口成品。基于上述情况,若贵公司经营范围内无出口设备的经营权,建议可考虑委托进出口企业办理有关手续。

34. 符合《中华人民共和国海关对保税物流园区的管理办法》(中华人民共和国海关总署令第134号)第7条的业务可在物流园区办理,符合第22条的货物可进区保税仓储,由境外进区货物按保税仓储申报进区,国内出口进入区内的按实际贸易方式申报,中化集团可按一般贸易出口方式报关进入区内。目前由于物流园区没有口岸功能,出区供船时必须以转关方式转到船舶停靠口岸海关办理供船。

35. 根据《中华人民共和国海关审定进出口货物完税价格办法》的规定,进口货物的完税价格,由海关以该货物的成交价格为基础审查确定,并应当包括货物运抵中华人民共和国境内输入地点起卸前的运输及其相关费用、保险费。进口货物的成交价格,是指卖方向中华人民共和国境内销售该货物时买方为进口该货物向卖方实付、应付的,并且按照《中华人民共和国海关审定进出口货物完税价格办法》第二章第三节的规定调整后的价款总额,包括直接支付的价款和间接支付的价款。进口货物的境内报检费用不属于以上范畴,无须计入进口货物完税价格。

36. 你公司原出口的货物因故退运进境,适用何种监管方式应视原出口贸易方式而定。如原以一般贸易出口的,退运进境适用的监管方式为退运货物(代码4561),申报退运进境时需交验原出口货物报关单证,按规定需要检验检疫的,还应提供入境货物通关单。

37. 展览品出口不需要使用出口收汇核销单,不退税,因此不签发报关单收汇证明联和退税证明联。

38. 贵公司可以税号1902200000、商品名包馅面食统一申报,不需要按各式面食分别申报。

39. ①包装种类按照进出口货物的实际外包装种类填报。如托盘只用于搬运而非实际外包装,则包装种类填写"纸箱"。②件数按照有外包装的进出口货物的实际件数填报。如托盘只用于搬运而非实际外包装,则件数按照实际外包装"纸箱"的实际件数填报。特殊情况填报要求如下:舱单件数为集装箱的,填报集装箱个数;舱单件数为托盘的,填报托盘数。

40. 此种情况可以按照无代价抵偿贸易方式申报。申报时,需提供原出口报关单、收货方提供的缺货证明及现场海关认为需要提供的其他相关证明资料。该贸易方式下可不提供出口收汇核销单。申报价格如实填写。

第九章 报关职业实操训练

实训项目

实操训练索引

题 号	情境主题	备 注
一般进出口货物的报关流程		
1	一般出口货物	2004年报关单改错第二题
2	农药(危险品)出口	2005年报关单改错第一题
3	退运进口、转关货物	2008年报关单单项选择题
4	国企代理其他企业的一般进口	2004年报关单填制题
5	木材的一般进口	2007年报关单改错第一题
6	空运进口货物	2007年报关单改错第二题
7	废纸进口	2008年报关单改错
8	分单填报	2008年综合实务第一题
保税加工货物报关流程		
1	来料加工料件进口,异地加工贸易	2005年报关单填制题
2	来料加工料件进口	2006年报关单改错第一题

续表

题 号	情境主题	备 注
3	空运进料加工料件进口	2004年报关单改错第一题
4	进料加工料件进口	2006年报关单填制
5	电子账册	2008年综合实务第二题
特定减免税货物的报关流程		
1	特定企业	2005年报关单改错第二题
2	特定用途	
其他海关监管货物的报关流程		
1	退运进口	2004年综合实务题二
2	判断无代价抵偿	2005年综合实务题二
3	货样广告品	2006年报关单改错第二题

一般进出口货物的报关流程

1.

（1）流程图略。

（2）应该填制出口发票、装箱单、报关单、核销单、换取出境通关单。

INVOICE（发票）

To Messrs.　　　　　　　　　　　　　　　DATE：May. 12, 2004

PANMARK IMPEX PTE LTD.

432 BELESTIER ROAD PUBLIC MANSION

#6 – 440E SINGAPORE 329813

Invoice No.　SUNJ04M3109

S/C No.　CB0406 BMC　　　　　　　　Marks & Numbers：

L/C No.　T/T　　　　　　　　　　　　　BRIGHT

　　　　　　　　　　　　　　　　　　　　CHITTAGONG

Shipped Per：JOLLY

VOY：031S

From SHANGHAI To CHITTAGONG with transshipment via SINGAPORE

B/L No. PSHSINO4Y8039

Description	Packages	Quantity	Unit Price	Amount

TOOLS & HARDWARE EQUIPMENTS CFR SINGAPORE				
MEASURING TAPE	120 CTNS	100.00 GROSS	@ USD 29.414 0/GROSS	USD2 941.40
THREADED TOOLS	106 CTNS	1 700.00 DOZS	@ USD 3.289 2/DOZ	USD5 591.64
CUTTING FILE	544CTNS	4 425.00 GROSS	@ USD 15.331 6/GROSS	USD67 842.33
SUB TOTAL		USD76 375.37（FREIGHT USD3 000.00 INCLUDED）		
			INSURANCE：USD250.00	
TOTAL：				USD76 625.37
PACKAGES：	770 CTNS			
QUANTITY：	6 225.00S			
1 DOZEN = 12PCS				
1GROSS = 12DOZS				
		NANJING MACHINERY，METALS，MINERALS.		
		MEDCINES&HEALTH PRODUCTS I/ E CORP. LTD.		
		CHINA		

PACKING LIST（装箱单）

DATE：May. 12，2004
Invoice No.　　　SUNJ04M3109　　　　Marks&Numbers：
S/C No.　　　　CB0406 BMC　　　　　BRIGHT
L/C No.　　　　T/T　　　　　　　　CHITTAGONG
Shipped Per：　　JOLLY
VOY：　　　　　031S
From SHANGHAI To CHITTAGONG with transshipment via SINGAPORE
B/L No.　　　　PSHSINO4Y8039

Description	Packages	Quantity	Gross	Nets
TOOLS & HARDWARE EQUIPMENTS				
MEASURING TAPE	120 CTNS	100.00 GROSS	1 800.00KGS	1 560.00KGS
THREADED TOOLS	106 CTNS	1 700.00 DOZS	4 040.00KGS	3 404.00KGS
CUTTING FILE	544 CTNS	4 425.00 GROSS	12 774.00KGS	10 598.00KGS
TOTAL：			18 614.00KGS	15 562.00KGS

　　PACKAGES：770 CTNS 1×20' CONTAINER（GMDU2414620）
　　QUANTITY：6 225.00S
　　MEASS：26.00 CBM
　　　　　　　NANJING MACHINERY. METALS. MINERALS.
　　　　　　　MEDCINES&HEALTH PRODUCTS I/E CORP. LTD.
　　　　　　　CHINA

参考答案

中华人民共和国海关出口货物报关单

预录入编号：　　　　　　　　　　　　　　　　海关编号：

出口口岸		备案号	出口日期	申报日期
经营单位 南京某进出口公司（××××）		运输方式 江海运输	运输工具名称 JOLLY/031S	提运单号 PSHSIN04Y8039
发货单位 南京某进出口公司（××××）		贸易方式 一般贸易	征免性质 一般征税	结汇方式 T/T
许可证号	运抵国（地区） 新加坡		指运港 吉大港	境内货源地
批准文号 32C199255	成交方式 CFR	运费 502/3000/3	保费 502/250/3	杂费
合同协议号 CB0406BMC	件数 770	包装种类 纸箱	毛重（千克） 18 614	净重（千克） 15 562
集装箱号 GMDU2414620/20/××××		随附单据 B:310050204415308000		生产厂家
标记唛码及备注 BRIGHT CHITTAGONG				

项号	商品编号	商品名称、规格型号	数量及单位	最终目的国（地区）	单价	总价	币制	征免
01	××××	钢卷尺 MEASURING RAPE	14 400 个 100 罗	孟加拉国	29.414 0	2941.40	USD	照章征税
02	××××	攻丝工具 THREADED TOOLS	3 404 千克 20 400 个 1 700 打	孟加拉国	3.289 2	5 591.64	USD	照章征税
03	××××	锉刀 CUTTING FILE	10 598 千克 637 200 个 4 425 罗	孟加拉国	15.331 6	67 842.33	USD	照章征税

税费征收情况				
录入员　　录入单位		兹声明以上申报无讹并承担法律责任	海关审单批注放行日期（签章）	
报关员			审单	审价
单位地址		申报单位（签章）	征税	统计
邮编　　　电话		填制日期	查验	放行

中华人民共和国出入境检验检疫

出境货物通关单

编号：120600208174669000

1. 发货人 南京某进出口公司			5. 标记及号码 BRIGHT CHITTAGONG
2. 收货人 PANMARK IMPEX PTE LTD			
3. 合同/信用证号 CB0406BMC	4. 输往国家或地区 孟加拉国		
6. 运输工具名称及号码 JOLLY V.031S	7. 发货日期 2004 年 5 月		8. 集装箱规格及数量 1×20' FCL
9. 货物名称及规格 钢卷尺 攻丝工具 锉刀	10. H.S 编码 ×××× ×××× ××××	11. 申报总值 2 941.40 美元 5 591.64 美元 67 842.33 美元	12. 数/重量、包装数量及种类 14 400 个 1 560 千克 12 纸箱 20 400 个 3 404 千克 106 纸箱 637 200 个 10 598 千克 544 纸箱
13. 证明 上述货物业经检验检疫，请海关予以放行 本通关单有效期至二○○四年六月六日 签字：　　　　　　日期：年 月 日			
14. 备注			

参考答案

出口收汇核销单
存根

编号:32C199255

出口单位(盖章):南京某进出口公司
出口总价:76 375.37 美元
收汇方式:T/T
预计收款日期:2004.8.
报关日期:2004.5
出口单位备注:
此单报关有效期截止到:　　　年　月　日

出口收汇核销单

编号:32C199255

出口单位:南京某进出口公司
单位代码:××××
海关签注栏:准予放行
外汇局签注栏: 　　　　　　　　　　　　　　年　月　日

出口收汇核销单
出口退税专用

编号:32C199255

出口单位(盖章):南京某进出口公司
货物名称:小五金
货物数量:672 000 个
出口总价:76 375.37 美元
报关单编号:×××××××
外汇局签注栏: 　　　　　　　　　　　　　　年　月　日

(3)如果还没有到结关时间,就可以申报出口;如果已经结关,并且没有变通的处理办法,只能改配下一航次或者其他船。

(4)首先分清责任原因,留下现场记录,再做后续处理。关键是为确保货物顺利装船,先将破损的包装替换好。

(5)此时,提单已经签发,无法更改,为取得数据一致,可以争取向海关修改报关单后再签发证明联。

2.

(1)流程图略。注意:作为一种常见的进出口货物,化工品的报关过程有其突出的特点,重点需关注化工品的种类,如果是一般化工品,则通关过程与一般进出口货物无异;如果属于危险品范畴,则注意其所属的危险品类别。该题中的货物属于第六类毒害品和感染性物品,应该在发运前将危险品标识粘贴或者刷制在货物外包装上。

(2)有毒化学品出口放行单申报程序。

申办出口放行单的单位应向环境保护部化学品登记中心提交以下申请资料:

①《有毒化学品出口环境管理放行通知单申请表》(申请单位处加盖单位公章);

有毒化学品出口环境管理放行通知单申请表

Ⅰ申请单位信息	
1. 申请单位名称	(单位公章)
2. 申请单位地址	
3. 申请单位组织机构代码	
4. 申请单位海关代码	
5. 申请登记代表姓名及职务	
6. 申请登记代表签名	
7. 联系人	
(1)姓名	(2)电话
(3)传真	(4)电子邮件
(5)通信地址及邮政编码	
8. 申请日期	
9. 备注	

续表

Ⅱ 出口信息	
1. 化学名称（国际纯化学及应用化学联合会化学品名） 中文化学名 英文化学名	
2. 商品名称（□ 纯物质 □ 制剂，若为制剂，注明产品剂型） 中文商品名 英文商品名	
3. 其他名称 中文其他名 英文其他名	
4. 美国化学文摘社（CAS）登记号	
5. 纯度（%）	6. 商品编码
7. 出口数量	8. 出口用途
9. 包装方式	10. 出口报关口岸及关区代码
11. 最终目的国（地区）	12. 贸易方式
13. 合同对方名称	14. 合同号
15. 发货单位名称	
16. 发货单位组织机构代码	17. 发货单位海关代码
Ⅲ 审查意见（申请人请勿填写）	
初审意见： 签章 日期	
初审单位：	
申请号：	
放行通知单号：	

国家环境保护总局化学品登记中心印制

② 涉外合同正本；
③ 货物来源证明；
④ 进出口资格证明（复印件）。

登记中心在收到资料5日内对申请资料是否齐全、合格进行检查。对不符合要求的，向申请者发出有毒化学品进出口登记资料补正通知，要求其补正资料。对符合要求的，受理其申请。

登记中心对已受理的申请，经初审并提出处理建议后，连同申请资料一同上报环境保护部门审批。环境保护部门予以批准的，向申请单位发放出口放行单（第二联）；环境保护部门不予批准的，通知申请单位并说明不予批准的原因。

（更多详细资料可参见http://www.crc-mep.org.cn/，此处主要是给学生一个解决问题的途径。）

（3）我国对进出口农药实行目录管理。进出口列入上述目录的农药，应事先向农业部农药检定所申领进出口农药登记证明，凭此向海关办理进出口报关手续。该证明实行"一批一证"制。对一些既可用做农药，又可用做工业原料的商品，如果企业以工业原料用途进出口，则不需要办理进出口农药登记证明，海关凭农业部出具的"非农药登记管理证明"验放。

（4）出口许可证管理的商品每年都有变化，报关员应该关注国家公示的许可证管理目录，按照许可证申领的机构，或向配额许可证事务局签发，或向各地特派员办事处签发，或向各地方发证机构签发。

（5）该票货物报关所需单据包括：发票、装箱单、出口报关单、核销单（填制内容参考第1题核销单答案，此处略）、有毒化学品出口环境管理放行通知单（答案略）、出口农药登记证明、出口许可证。

— 参考答案 —

① 发票

大连万凯化工贸易公司
DALIAN PAN – CHEM TRADING CORPORATION

INVOICE(发票)

Invoice No. 82N3430213   Dalian, 23 MAY 2005

To: PAN – CHEM COMPOUNDS SINGAPORE LTD.   Contract No. XM2004NA266

Shipped per _____ from DALIAN to SINGAPORE on or about

Shipping Mark		Amount
SINGAPORE FOR TRANSSHIPMENT TO CHITTAGONG, BANGLADESH GROSS WEIGHT: 294KGS TARE WEIGHT: 24KGS SHIPMENT NO.: 2	CHLOROPICRIN 99.5% MIN. AT USD 459/DRUM FOB DALIAN QUANTITY: 680 DRUMS TERM: D/A 60 DAYS FROM B/L DATE BCL REF NO.: 02/3314 ACIDITY: 70PPM MAX. WATER: 150PPM MAX. DENSITY: 1.654~1.663 TOXOCITY: HIGH POISONOUS	USD312 120.00
	LESS PREPAYMENT 10%	USD31 212.00
	LESS DISCOUNT 5%	USD15 606.00
	TOTAL TO BE INVOICED	USD265 302.00

② 装箱单

大连万凯化工贸易公司
DALIAN PAN – CHEM TRADING CORPORATION

PACKING LIST(装箱单)

Invoice No. 82N3430213   Dalian, 23 MAY 2005

COMMODITY CHLOROPICRIN 99.5% MIN

NAME OF STEAMER CSCL YANTIAN 0042S NO. & DATE OF B/L ZIMUDA927057/31.05.05

Shipping Mark

SINGAPORE	183.6 MT CHLOROPICRIN 99.5% MIN.
FOR TRANSSHIPMENT TO	PACKING: 270KGS NET IN GALVANIZED IRON DRUMS
CHITTAGONG, BANGLADESH	QUANTITY: 680 DRUMS IN 170 PALLETS
GROSS WEIGHT: 294KGS	GROSS WEIGHT:
TARE WEIGHT: 24KGS	MEASUREMENT:
SHIPMENT NO.: 2	BCL P.O. NO.: 02/3341
	DELIVERY UNDER 2 CONSECUTIVE SHIPMENTS

③出口货物报关单

中华人民共和国海关出口货物报关单

预录入编号：　　　　　　　　　　　　　　海关编号：

出口口岸	备案号	出口日期	申报日期 20050531
经营单位 大连万凯化工贸易公司 （210291××××）	运输方式 江海运输	运输工具名称 CSCL YANTIFN/0042S	提运单号 ZIMUDA927057
收货单位 210225××××	贸易方式 一般贸易	征免性质 一般征税	结汇方式 承兑交单
许可证号 05-AA-701226	运抵国(地区) 新加坡	指运港 吉大港	境内货源地 大连经济技术开发区
批准文号 ××××	成交方式 FOB	运费 为空	保费 为空	杂费 502/-15606/3
合同协议号 XM2004NA266	件数 170	包装种类 托盘	毛重(千克) 199 920	净重(千克) 183 600
集装箱号 CLHU0762612/40/4080	随附单据 S:CH200511818		生产厂家

续表

标记唛码及备注 SINGAPORE FOR TRANSSHIPMENT TO CHITTAGONG BANGLADESH GROSS WLIGHT:294KGS TARE WEIGHT:24KGS SHIPMENT NO:2 X:TE050616005 CLHU3122339/20/2275　CLHU3122597/20/2275　CLHU3122811/20/2275　CLHU3122827/20/2275 CLHU3122979/20/2275　CLHU3122869/20/2275　CLHU3122940/20/2275　CLHU3122961/20/2275 CLHU3122977/20/2275										
项号	商品编号	商品名称、规格型号		数量及单位	最终目的国（地区）		单价	总价	币制	征免
01	××××	三氯硝基甲烷 99.5% MIN		183 600 千克	孟加拉国		459	312 120	USD	照章征税
				680 桶						
税费征收情况										
录入员		录入单位	兹声明以上申报无讹并承担法律责任				海关审单批注放行日期(签章)			
报关员			申报单位(签章)				审单		审价	
单位地址							征税		统计	
邮编		电话	填制日期				查验		放行	

④出口农药登记证明

出口农药登记证明

编号：_____

出口单位：_____ 出口数量：_____

出口农药名称：_____ 农药登记证号：_____

出口农药商品编号：_____ 出口国家(地区)：_____

上述农药已在中华人民共和国登记，请海关凭单放行。

此证明有效期截止到　　　年　　月　　日

（盖章）

年　　月　　日

第二联：交海关办理出口

⑤出口许可证

中华人民共和国出口许可证
EXPORT LICENCE OF THE PEOPLE'S REPUBLIC OF CHINA

No.

1. 出口商： Exporter	3. 出口许可证号： Export licence No.
2. 发货人： Consignor	4. 出口许可证有效截止日期： Export licence expiry date
5. 贸易方式： Terms of trade	8. 进口国(地区)： Country /Region of purchase
6. 合同号： Contract No.	9. 支付方式： Payment conditions
7. 报关口岸： Place of clearance	10. 运输方式： Mode of transport

续表

11. 商品名称： Description of goods				商品编码： Code of goods			
12. 规格、等级 Specification	13. 单位 Unit	14. 数量 Quantity	15. 单价（ ） Unit price	16. 总值（ ） Amount		17. 总值折美元 Amount in USD	
18. 总计 Total							
19. 备注 Supplementary details				20. 发证机关签章 Issuing authority's stamp &. signature 21. 发证日期 Licence date			

3.

第一部分：

(1) 按照一般贸易申报。

(2) 可以自行申报出口，也可以委托报关公司代理报关。如果选择代理报关，应该注意在报关时需要报关委托书。

第二部分：

(1) 退运的打孔机铁件属于退运进口货物，旧点焊机属于外资设备物品，由于贸易方式不同，因此不能在同一份报关单中申报进口，应该分单填报。

(2)

①退运打孔机铁件的报关单：

中华人民共和国海关进口货物报关单

预录入编号：　　　　　　　　　　　　　海关编号：

进口口岸		备案号	进口日期	申报日期
经营单位 杭州凌云文具有限公司 (3301944018)		运输方式 江海运输	运输工具名称 ROTTERDAM BRIDGE/226W	提运单号 KKLUUS0681814
收货单位 3301944018		贸易方式 退运货物	征免性质 其他法定	征税比例
许可证号	起运国(地区) 美国		装货港 长滩	境内目的地 杭州其他
批准文号	成交方式 FOB	运费 ×××	保费 ×××	杂费
合同协议号	件数 2	包装种类 箱	毛重(千克)	净重(千克)
集装箱号 PRSU2208522/20/××××		随附单据		用途
标记唛码及备注 310420070546636188				

项号	商品编号	商品名称、规格型号	数量及单位	原产国(地区)	单价	总价	币制	征免
01	××××	打孔机铁件	40 400 件	中国	0.15	6 060	USD	其他法定

税费征收情况

录入员　　录入单位	兹声明以上申报无讹并承担法律责任	海关审单批注放行日期(签章)	
报关员	申报单位(签章)	审单	审价
单位地址		征税	统计
邮编　　　电话	填制日期	查验	放行

参考答案

②旧点焊机的进口报关单:

中华人民共和国海关进口货物报关单

预录入编号:　　　　　　　　　　　　　　海关编号:

进口口岸		备案号 Z:××××××		进口日期		申报日期	
经营单位 杭州凌云文具有限公司 (3301944018)		运输方式 江海运输		运输工具名称 ROTTERDAM BRIDGE/226W		提运单号 KKLUUS0681814	
收货单位 3301944018		贸易方式 外资设备物品		征免性质 鼓励项目		征税比例	
许可证号		起运国(地区) 美国		装货港 长滩		境内目的地 杭州其他	
批准文号		成交方式 FOB		运费 502/3300/3	保费 ×××	杂费	
合同协议号		件数 16		包装种类 托盘		毛重(千克) 16 000	净重(千克) 15 600
集装箱号 KKFU7044043/40/××××		随附单据 A:×××××××××				用途 企业自用	
标记唛码及备注 O:××××××××							
项号	商品编号	商品名称、规格型号	数量及单位	原产国(地区)	单价	总价	币制	征免
01	××××	旧点焊机	8套	美国	17 100	136 800	USD	全免
税费征收情况								
录入员	录入单位	兹声明以上申报无讹并承担法律责任				海关审单批注放行日期(签章)		
报关员			申报单位(签章)			审单	审价	
单位地址						征税	统计	
邮编	电话		填制日期			查验	放行	

(3)打孔机铁件属于一般退运进口,退运进口时,如果还未收汇,杭州凌云文具有限公司应该提交下列单据向进口地海关申报退运进口:原出口货物报关单、出口收汇核销单、报关单退税证明联,同时填制一份进口货物报关单。

(4)属于进口直转转关。杭州凌云文具有限公司应在进境地海关录入转关申报数据,同时持进口转关申报单办理转关手续,待货物运抵指运地后再在指运地海关办理申报手续。

4.
(1)首先应该搞清合同关系,从而明确贸易方式是什么,这是正确填报报关单和完成报关作业的第一步,如果这个基调定错了,报关单的逻辑关系就会错,从而影响企业在贸易流程中的后续环节。该批货物的合同是沈阳贝沈钢帘有限公司和巴西签订的,而由上海新元五矿贸易公司代理进口,货物属于三资企业利用自有资金购买的一般生产原料,因此属于国有外贸企业代理其他企业进口一般进口货物的情形,应该按照一般贸易申报进口。

(2)进口报关前应该准备的单据包括:由上海新元五矿贸易公司盖章的代理报关委托书,用材料中所给的提单向船公司换取的提货单、自动进口许可证、熏蒸证。

(3)熏蒸环节出现在进出口货物的包装涉及木质材料时。对进口货物而言,如果货物来自美国、日本、韩国、欧盟(德国、瑞典、西班牙、意大利等)等国,需提供国外的包装证明,木质包装(含木托盘)需出具国外官方的熏蒸证明,其他包装(如纸、塑料)需出具国外的非木质证明。

如果出口的货物包装是天然的木质包装,要根据出口的目的国加标识 IPPC,IPPC 即国际植物保护公约组织。根据我国国家质量监督检验检疫总局 2005 年第 4 号公告通知,自 2005 年 3 月 1 日输往欧盟、美国、加拿大、澳大利亚等国家的带木质包装的货物,其木质包装要加盖 IPPC 的专用标识(胶合板、刨花板、纤维板等除外)。出口到欧盟、美国、加拿大、日本、澳大利亚等一些国家的货物包装如果为针叶木包装的,则必须做熏蒸。其操作过程一般为:第一步,报关员填写熏蒸联系单,上面一般显示客户名称、国家、箱号、使用药剂等。第二步,熏蒸队贴标签,约半天时间。第三,做熏蒸 24 小时。第四步,散药 4 小时。

(4)①交易双方:卖方(Seller):BMB BRAZIL　买方(Buyer):BMB SHENYANG STEELCORD CO. LTD.
②货物情况:品名、规格:PLATED STEEL WIRE,1.8MM HT
　　　　　数量:30 个木托盘,两个 20 尺集装箱
成交单价及总价:USD0.8063/1 000kg CIF DALIAN,TOTAL USD29482.41
付款条件,发票中只给出 60DAYS OF B/L DATE,没有明确付款方式
③装运情况:从巴西桑托斯装运,在香港中转,运至大连
　　　　　一程船为 COSCO HONGKONG V. 302N,
　　　　　二程船为 COSCO HONGKONG V. 208N

(5)

中华人民共和国海关进口货物报关单

预录入编号：　　　　　　　　　　　　　海关编号：

进口口岸	备案号 为空		进口日期	申报日期
经营单位 上海新元五矿贸易公司 （3105913429）	运输方式 江海运输		运输工具名称 COSCO HONGKONG/208N	提运单号 ×××××××
收货单位 2101232999	贸易方式 一般贸易		征免性质 一般征税	征税比例
许可证号	起运国（地区） 巴西		装货港 桑托斯	境内目的地 沈阳经济技术开发区
批准文号	成交方式 CIF	运费 为空	保费 为空	杂费
合同协议号 64306	件数 30	包装种类 托盘	毛重（千克） 38 692	净重（千克） 36 562
集装箱号 CBHU075206-2/20/2250	随附单据 7：2100-2003-WZ-00717			用途 外贸自营内销
标记唛码及备注 CBHU306851-5/20/2210				

项号	商品编号	商品名称、规格型号	数量及单位	原产国（地区）	单价	总价	币制	征免
01	72173000	镀黄铜钢丝 1.8MM HT	36 562 千克	巴西	0.8063	29 482.41	USD	照章征税

税费征收情况

录入员	录入单位	兹声明以上申报无讹并承担法律责任	海关审单批注放行日期（签章）	
报关员			审单	审价
单位地址		申报单位（签章）	征税	统计
邮编	电话	填制日期	查验	放行

5.
(1)该业务背景是外商独资企业厦门世新海正家具有限公司委托国有外贸公司厦门世伟进出口有限公司进口货物,用于生产内销的家具。这种情况属于一般贸易,与其对应的有关栏目为:

贸易方式	备案号	征免性质	征免	用途
一般贸易	为空	一般征税	照章征税	其他内销

(2)厦门世新海正家具有限公司与厦门世伟进出口有限公司之间是委托代理关系,属于外商独资企业委托国有外贸企业进口一般贸易货物的委托代理进口关系,在报关单中的经营单位和收货单位中可以体现两者的关系,经营单位是厦门世伟进出口有限公司,收货单位是厦门世新海正家具有限公司。

(3)①交易双方:SOUTH PINE LTD NEW ZEALAND 与 XIAMEN WORLD GREAT IMP/EXP CO LTD

②货物情况,品名:NEW ZEALAND KILN DRIED RADIATE PINE

规格:150 -250MMX50MMX2.4 -6MM

数量:毛重25 520KG,净重21 570KG,43.154 立方米

成交单价及总价:USD280/M^3 CIF XIAMEN,43.154M^3,总价 12 083.12 美元

付款条件:部分预付,其余装前电汇。

③装运情况,从新西兰 NELSON 装运,香港换装二程船,运至厦门

④包装情况,13 个包装,1×40 尺集装箱。

(4)

中华人民共和国海关进口货物报关单

预录入编号： 　　　　　　　　　　　　　　　　海关编号：

进口口岸	备案号 为空		进口日期	申报日期
经营单位 厦门世伟进出口有限公司 (350211×××)	运输方式 江海运输		运输工具名称 ×××××	提运单号 ×××××××
收货单位 厦门世新海正家具有限公司 (350294×××)	贸易方式 一般贸易		征免性质 一般征税	征税比例
许可证号	起运国（地区） 新西兰		装货港 内尔森	境内目的地 厦门其他
批准文号	成交方式 CIF	运费 为空	保费 为空	杂费
合同协议号 JK07-48	件数 1	包装种类 裸装	毛重（千克） 25 520	净重（千克） 21 570
集装箱号 GVCU5134714/40/××××	随附单据 A:××××××××××			用途 其他内销
标记唛码及备注				

项号	商品编号	商品名称、规格型号	数量及单位	原产国（地区）	单价	总价	币制	征免
01	×××××	辐射松木板材	21 570 千克	新西兰	280	12 083.12	USD	照章征税
		150-250MMX50MMX2.4-6MM						
			43.154 立方米					

税费征收情况

录入员　录入单位	兹声明以上申报无讹并承担法律责任	海关审单批注放行日期(签章)	
报关员	申报单位（签章）	审单	审价
单位地址		征税	统计
邮编　　电话	填制日期	查验	放行

(5)木材属于法检商品,进口申报前要完成法定检验手续,并获得入境通关单,由海关验放。

6.

(1)空运进口报关代理业务的主要环节如下:

①代理预报。在国外发货前,由国外代理公司将运单、航班、件数、重量、品名、实际收货人及其他地址、联系电话等内容发给目的地代理公司。

②交接单、货。航空货物入境时,与货物相关的单据也随机到达,运输工具及货物处于海关监管之下。货物卸下后,将货物存入航空公司或机场的监管仓库,进行进口货物舱单录入,将舱单上总运单号、收货人、始发站、目的站、件数、重量、货物品名、航班号等信息通过电脑传输给海关留存,供报关用。同时根据运单上的收货人地址寄发取单、提货通知。

交接时做到单、单核对,即交接清单与总运单核对;单、货核对,即交接清单与货物核对。

③理货与仓储。

理货:逐一核对每票件数,再次检查货物破损情况,确有接货时未发现的问题,可向民航提出交涉;按大货、小货、重货、轻货、单票货、混载货、危险品、贵重品、冷冻品、冷藏品,分别堆存、进仓;登记每票货储存区号,并输入电脑。

仓储:注意防雨、防潮、防重压、防变形、防温长变质、防暴晒,独立设危险品仓库。

④理单与到货通知。

理单:集中托运,总运单项下拆单;分类理单、编号;编制种类单证。

到货通知:尽早、尽快地通知货主到货情况。

正本运单处理:电脑打制海关监管进口货物入仓清单一式五份用于商检、卫检、动检各一份,海关二份。

⑤制单、报关。

制单、报关、运输的形式:货代公司代办制单、报关、运输;货主自行办理制单、报关、运输;货代公司代办制单、报关,货主自办运输;货主自行办理制单、报关后,委托货代公司运输;货主自办制单,委托货代公司报关和办理运输。

进口制单:长期协作的货主单位,有进口批文、证明手册等放于货代处的,货物到达,发出到货通知后,即可制单、报关,通知货主运输或代办运输;部分进口货,因货主单位缺少有关批文、证明,亦可将运单及随机寄来单证、提货单以快递形式寄货主单位,由其备齐有关批文、证明后再决定制单、报关事宜;无需批文和证明的,可即行制单、报关,通知货主提货或代办运输;部分货主要求异地清关时,在符合海关规定的情况下,制作《转关运输申报单》办理转关手续。

进口报关:大致分为初审、审单、征税、验放四个主要环节。

报关期限与滞报金。进口货物报关期限为:自运输工具进境之日起14日内,超过这一期限报关的,由海关征收滞报金;征收标准为货物到岸价格的万分之五。

开验工作的实施:客户自行报关的货物,一般由货主到货代监管仓库借出货物,由代理公司派人陪同货主一并协助海关开验。客户委托代理公司报关的,代理公司通知货主,由其派人前来或书面委托代办开验。开验后,代理公司须将已开验的货物封存,运回监管仓库储存。

⑥收费、发货。

发货:办完报关、报检等手续后,货主须凭盖有海关放行章、动植物报验章、卫生检疫报验章的进口提货单到所属监管仓库付费提货。

收费:货代公司仓库在发放货物前,一般先将费用收妥。收费内容有:到付运费及垫付佣金;单证、报关费;仓储费;装卸、铲车费;航空公司到港仓储费;海关预录入,动植检、卫检报验等代收代付费;关税及垫付佣金。

⑦送货与转运。

送货上门业务:主要指进口清关后货物直接运送至货主单位,运输工具一般为汽车。

转运业务:主要指将进口清关后货物转运至内地的货运代理公司,运输方式主要为飞机、汽车、火车、水运、邮政。

进口货物转关及监管运输:指货物入境后不在进境地海关办理进口报关手续,而运往另一设关地点办理进口海关手续,在办理进口报关手续前,货物一直处于海关监管之下,转关运输亦称监管运输,意谓此运输过程置于海关监管之中。

（2）运单号:781-51500083

从日本的横滨到上海浦东,航班号:MU730/28

从上海浦东到厦门高崎机场,航班号:MU245 0/29

数量:1 纸箱

重量:5.3 公斤

运费:8 500 日元

7.

（1）杭州华云纸业有限公司是有进出口经营权的国有企业,其自行从国外采购原料加工成产品内销,属于一般贸易,有关栏目的逻辑关系如下:

贸易方式	备案号	征免性质	征免	用途
一般贸易	为空	一般征税	照章征税	外贸自营内销

（2）废纸通关所需要的单据包括:正本报关委托书(如果杭州华云纸业有限公司委托报关企业报关)、箱单、发票、合同、提单复印件、提货单、废物进口许可证、入境通关单、进口报关单。

(3)略。

8.

(1)工业缝纫机因为适用非优惠原产地规则,需要出具原产地证明,数控镗床虽为B国生产,但不需要出具原产地证明,因此该两种货物需要分单填报。

(2)工业缝纫机需要的报关单证有:进口报关单、发票、装箱单、提货单、入境通关单、原产地证明。

数控镗床需要的报关单证有:进口报关单、发票、装箱单、提货单、入境通关单。

(3)流程图略。

保税货物报关流程

1.

(1)应该按照来料加工申领手册。

(2)该合同的经营企业是中国矿产钢铁有限责任公司,加工企业是辽宁抚顺辽抚锅炉厂有限责任公司,是异地加工贸易,因此,合同备案应该在辽宁抚顺进行。

异地加工贸易流程图略。

(3)经营企业异地加工贸易申请,须向主管海关提交下列文件:

所在地外经贸主管部门核发的《加工贸易业务批准证》;

加工企业所在地外经贸主管部门出具的《加工贸易加工企业生产能力证明》;

填制《中华人民共和国海关异地加工贸易申请表》。

加工贸易业务(合同)批准证申请表

1.申请文号：		2.批准证号：	
3.加工贸易项目名称：		4.加工贸易方式：	
5.经营单位名称(签章)：		6.经营单位代码： 海关注册编码：	
7.加工企业名称(签章)：		8.加工企业类别：	
9.进料加工	10.进口合同号：	13.来料加工	14.合作外商：
	11.出口合同号：		15.合同号：
	12.客供辅料合同号：		16.加工费(美元)
17.进口料件总值(美元)：		24.加工企业审查单位： (审查证明作为附件)	
18.进口料件品种、数量、价值详见《进口料件申请备案清单》			
19.出口制成品总值(美元)：		25.来料加工项目协议号 或外商投资企业批准证书号：	
20.出口成品品种、数量、价值详见《出口成品申请备案清单》			
21.申请批准合同有效期： 年 月 日		26.外经贸部批件文号： (外经贸部批件作为附件)	
22.加工地 (加工企业地址)：			
23.其他需要批准或注明事项：		27.主管海关：	
28.备注： 1.凭此批准证一个月内办理海关备案及有关事项； 2.进口料件、出口成品数量以海关核定为准； 3.本批准证一式3~4份，经营单位(含申领许可证用)、主管海关、税务机关(进料加工用)、批准单位各执1份； 4.批准证内容变更，需在原审批单位办理批准手续； 5.批准证及《进口料件申请备案清单》、《出口成品申请备案清单》经批准单位盖章有效； 6.批准合同有效期内如不能全部出口，须到原审批机关办理延期手续； 7.涂改无效。		29. 经办人： 审核： 签发： 日期：	

广东省对外经济贸易委员会监制

加工贸易企业经营情况及生产能力证明

表三:加工贸易生产能力证明(由无进出口经营权、承接委托加工贸易业务的企业填写)

企业名称:				
企业代码:		海关代码:		法人代表或企业负责人:
税务登记号:		外汇登记号:		注册时间:
基本账号及开户银行:				
联系电话/传真:				
通信地址及邮编:				
企业类型(选中划"√"):□1.国有企业　　□2.外商投资企业　　□3.其他企业				
海关分类评定级别(选中划"√"):　□A类　　□B类　　□C类　　□D类　　(以填表时为准)				
是否对外加工装配服务公司或外经发展公司的加工企业　　□是　　□否				
注册资本(万¥):	资产总额(万¥): (截至填表时)	净资产额(万¥): (截至填表时)		本年度拟投资额(万¥): 下年度拟投资额(万¥):
研发机构数量:□改进型　　□自主型　　□核心　　□外围				
研发机构投资总额(万$):				
产品技术水平:	□A 世界先进水平　　□B 国内先进水平　　□C 行业先进水平			
累计获得专利情况:	1. 国外(　　个)　　2. 国内(　　个)			
企业员工总数:	文化程度:1.本科以上(　)　2.高中、大专(　) 　　　　　3.初中及以下(　)　　(在括号内填入人数)			
经营范围:(按营业执照)				

	总产值(万¥):(进料加工企业填写)		出口额(万$):(来料加工企业填写)
	营业额(万¥):(进料加工企业填写)		工缴费(万$):(来料加工企业填写)
上年度	利润总额(万¥):		
	纳税总额(万¥):	企业所得税(万¥):	
	工资总额(万¥):	个人所得税总计(万¥):	
	加工贸易进口料件总值(万$):	加工贸易出口成品总值(万$):	
	进料加工合同份数:	来料加工合同份数:	
	进料加工进口料件总值(万$):	进料加工出口成品总值(万$):	
	加工贸易转内销额(万$):	内销补税额:(万¥,含利息)	

续表

内销主要原因：□1. 国外市场方面 □2. 国外企业方面 □3. 国外法规调整(可多项选择) □4. 国内市场方面 □5. 国内企业方面 □6. 国内法规调整 □7. 客户 □8. 产品质量		
深加工结转转入料件总值(万$)：		深加工结转转出料件总值(万$)：
国内上游配套企业家数：		国内下游用户企业家数：
本企业采购国产料件额(万$)：		
上年度加工贸易主要投入商品(按以下分类序号选择"√",每类可多项选择) 大类：□1. 初级产品 □2. 工业制成品 中类：□A 机电 □B 高新技术 □C 纺织品 □D 工业品 □E 农产品 □F 化工产品 小类：□a 电子信息 □b 机械设备 □c 纺织服装 □d 鞋类 □e 旅行品、箱包 □f 玩具 □g 家具 □h 塑料制品 □i 金属制品 □j 其他 □k 化工产品		
上年度加工贸易主要产出商品(按以下分类序号选择"√",每类可多项选择) 大类：□1. 初级产品 □2. 工业制成品 中类：□A 机电 □B 高新技术 □C 纺织品 □D 工业品 □E 农产品 □F 化工产品 小类：□a 电子信息 □b 机械设备 □c 纺织服装 □d 鞋类 □e 旅行品、箱包 □f 玩具 □g 家具 □h 塑料制品 □i 金属制品 □j 其他 □k 化工产品		

生产能力	厂房面积：	仓库面积：
	生产规模：(主要产出成品数量及单位)	
	累计生产设备投资额(万$):(截至填表时)	
	累计加工贸易进口不作价设备额(万$):(截至填表时)	

企业承诺:以上情况真实无讹并愿承担法律责任	法人人代表签字：	企业盖章 　年　月　日
商务部门审核意见：	审核人：	审核部门签章 　年　月　日

备注：

填表说明：　1. 有关数据如无特殊说明均填写上年度数据；
　　　　　　2. 如无特殊说明,金额最小单位为"万美元"和"万元"；
　　　　　　3. 涉及数值、年月均填写阿拉伯数字；
　　　　　　4. 进出口额、深加工结转额以海关统计或实际发生额为准；
　　　　　　5. 此证明自填报之日起有效期为一年。

中华人民共和国海关异地加工贸易申请表

海关编号：_____

_____ 海关：

我_____（公司、厂）需将加工贸易合同（合同号：_____）委托_____（公司、厂）进行加工，委托合同号：_____。我们保证遵守《海关法》及有关规定，如有违反，我们愿承担相应的法律责任。

主要进口料件名称	数量	价值	出口成品名称	数量	价值

经营单位：

地址： 电话：

企业法定代表人（签名）：

年　月　日　（盖章）

企业管理类别：

经营单位主管海关意见

年　月　日　（盖章）

1. 本申请表一式二联：第一联经营单位主管海关留存，第二联加工企业主管海关留存。
2. 企业管理类别由海关填写。

海关编号：_____

更多信息可以参看商务部加工贸易企业办事之窗，网址是http://jm.ec.com.cn/channel/jmbskk.shtml。

(4)

中华人民共和国海关进口货物报关单

预录入编号：　　　　　　　　　　　　　海关编号：

进口口岸		备案号 C××××××	进口日期 20050410	申报日期	
经营单位 中国矿产钢铁有限责任公司 （110891××××）		运输方式 江海运输	运输工具名称 APL HONGKONG/116E	提运单号 MOLU803364874	
收货单位 110891×××		贸易方式 进料对口	征免性质 进料加工	征税比例	
许可证号	起运国（地区） 德国		装货港 安特卫普	境内目的地 辽宁抚顺其他	
批准文号	成交方式 CFR	运费 为空	保费 0.3	杂费	
合同协议号 04EUWTJ7304317T054	件数 1	包装种类 裸装	毛重（千克）	净重（千克） 28 795	
集装箱号 MOFU0455437/40/××××		随附单据 A：××××××××××		用途 加工返销	
标记唛码及备注 04EUWTJ7304317T054 …………………… DALIAN					
项号	商品编号	商品名称、规格型号	数量及单位	原产国（地区） 单价	总价　　币制　　征免
01	××××××	热拔合金钢无缝锅炉管 787×39×5000－7000M	28 795 千克 28.795 公吨	德国　　　　3.80	88 688.60　USD　全免
税费征收情况					
录入员　　录入单位		兹声明以上申报无讹并承担法律责任		海关审单批注放行日期（签章）	
报关员				审单	审价
单位地址		申报单位（签章）		征税	统计
邮编　　　电话		填制日期		查验	放行

(5) 手册应该在成品全部出运完毕的一个月之内,填写手册核销申请表向海关报核。

(6) 保税进口料件内销需要事先获得海关的批准,如果私自内销,在海关调查清楚后会给予处罚;如果涉及走私,还要追究相关责任人员的刑事责任。

2.
(1) 根据企业的管理类别和料件的管理类别,确定该公司的保证金台账应该是实转。

(2) 合同条件可自拟,用中文也可以。

(3)

中华人民共和国海关进口货物报关单

预录入编号: 　　　　　　　　　　　　海关编号:

进口口岸	备案号 B51055200188		进口日期	申报日期
经营单位 广州斯达电子有限公司 ×××××××	运输方式 江海运输		运输工具名称 5101550125/ 510100607200	提运单号 XH666002495
收货单位 ×××××××	贸易方式 来料加工		征免性质 来料加工	征税比例
许可证号	起运国(地区) 中国香港		装货港 香港	境内目的地
批准文号	成交方式 CIF	运费 为空	保费 为空	杂费
合同协议号	件数 17	包装种类 捆	毛重(千克) 15 009	净重(千克) 14 958
集装箱号 YMLU3129802/20×××	随附单据 A:44013016008121			用途 加工返销
标记唛码及备注				

项号	商品编号	商品名称、规格型号	数量及单位	原产国(地区)	单价	总价	币制	征免
01	××××××××	冷扎铁条 18MM	4 039 千克	台澎金马关税区	0.4	1 615.6	USD	全免
07								
02	××××××××	冷扎铁条 13.9MM	10 919 千克	台澎金马关税区	0.4	4 367.6	USD	全免
08								

税费征收情况

续表

录入员　　录入单位	兹声明以上申报无讹并承担法律责任	海关审单批注放行日期(签章)
报关员		审单　　审价
单位地址	申报单位(签章)	
		征税　　统计
邮编　　电话　　填制日期		查验　　放行

3.

（1）这是一票空运进口的保税料件，料件进口时需要准备进料加工手册、发票、箱单、合同、进口报关单和外汇核销单。

（2）

```
                        PURCHASE CONTRACT
    The Sellers: HONSAM & CO. ,LTD
    Address: 6F NO.118,LANE 235,PAO CHIAO RD. ,
    HSIN DIEN CTY, TAIPEI, TAIWAN

    The Buyers: W. & W. MICROMOTOR DALIAN LTD.
    Address: DALIAN ECONOMIC AND TECHNICAL DEVELOPMENT ZONE,CHINA

    Contract No. : 03DL022
    Date: MAY. 20, 2004

    This contract is made by and between the Buyers and the Sellers, whereby the Buyers agree to buy and the Sellers
    agree to sell the under-mentioned commodity according to the terms and conditions stipulated below:
    1.  COMMODITY AND SPECIFICATIONS:
    WASHER
    Unit price: USD1/K CFR DALIAN(1K = 1 000PCS)
    Quantity: 7400K
    Total amount: USD7400.00
    2.  REGION OF ORIGIN: Taiwan
    3.  PACKING: In One Carton.
    4.  TIME OF SHIPMENT: During Aug. 2004
    5.  PORT OF SHIPMENT: Taipei By Air
    6.  PORT OF DESTINATION: Dalian, China
    7.  INSURANCE: To be covered by the Buyer.
    8.  PAYMENT: BY T/T 30 DAYS
    9.  INSPECTION: Inspection result of CCIB at destination should be final.
    The Sellers:                                                          The Buyers:
```

(3)合同条件可以自拟,合同内容略。

4.

(1)加工贸易企业在国内购买用保税料件加工而成的零部件,属于加工贸易的深加工结转业务。

(2)深加工结转的程序一般分为计划备案、收发货登记、结转报关三个环节。

(3)结转报关流程略。

5.

(1)因该企业的色母料规格型号较多,同时企业也有完整的料号级内部管理,适合电子账册的联网监管方式。

(2)$1/(1-20\%)=1.25$

(3)流程略。单耗申报单图示如下。

进口料件单耗清单						
经营单位盖章:							
出口成品			对应进口料件			
1.序号	2.序号	3.品名 规格	4.序号	5.品名 规格	6.单位耗用量	7.单位损耗率

(4)这种情况属于保税仓库货物出仓用于加工贸易,应该由加工贸易企业按保税加工货物的报关程序办理进口报关手续。流程图略。

特定减免税货物的报关流程

1.

(1)该企业应该按照特定企业(中外合资企业)向企业所在地的主管海关天津海关申请办理减免税备案。

(2)该企业应该在设备进口前,向天津海关提交"外商投资企业征免税手册"、发票、装箱单,并将申请进口货物的有关数据输入海关计算机系统,海关核准后签发进出口货物征免税证明。

（3）基本流程分为三步：首先，申请减免税备案，应该提交商务主管部门的批准文件、营业执照、企业合同、章程等，海关审核后准予备案，签发"外商投资企业免税手册"；其次，海关签发征免税证明；最后是特定减免税货物的进口报关。

进出口货物征免税证明

编号：

申请单位：					项目名称：			
发证日期： 年　月　日					有效期： 年　月　日止			
到货口岸：					合同号：			
序号	货名	规格	数量	单位	金额	币制	主管海关审批征免意见	
1								
2								
3								
4								
备注								
注意事项： 1. 本表使用一次有效。如同一合同货物分口岸进口的，应分别填写，一份合同内货物分期到货的，应向审批海关申明，并按到货期分填此表。 2. 此表中"项目名称"栏应按减免税项目填写，如：技术改造、世行贷款等。 3. 货物进口时应向海关交验本表，复印件无效。 4. 自签发之日起半年内有效，逾期应向原审批海关申请展期或退单。 5. 经批准进口的货物，如拟移作他用、转让或出售，原申请免税单位应事先报请原批准海关核准，并应依法补税；否则，海关将依法处理。					审批海关签章 负责人 年　月　日		核放海关批注 负责人 年　月　日	

2.

（1）按照特定用途减免税货物办理。

（2）（3）（4）略。

（5）该减免税货物的海关监管期限应该是5年。

（6）不符合海关监管规定，因为该设备是按照"水果加工"的项目内容报批的，因此在海关监管期限内不可以随意更改货物的用途。

其他海关监管货物的报关流程

1.

（1）该批货物采用的是提前报关的转关方式。基本操作流程略。

（2）

贸易方式	备案号	征免性质
退运货物	为空	其他法定

（3）质量不良的退运进口车辆是属于原出口货物没有收汇的情况下，在退运进口时，应该提交原出口货物报关单、出口收汇核销单、报关单退税证明联向进口地海关申报退运进口，同时填制一份进口货物报关单。同时，因为该货物是部分退运进口，海关会在原出口货物报关单上批注退运的实际数量、金额后退回企业并留存复印件，海关核实无误后，验放有关货物进境。

（4）出口货物因故退运时，出口货物发货人应先到外汇管理局办理出口收汇核销单注销手续。外汇管理局应给出口货物发货人出具证明，出口货物发货人持证明和原海关出具的专为出口收汇核销用的报关单向海关办理退运货物的报关手续。退运货物如属出口退税货物，出口货物发货人还应向海关交验审批出口退税的税务机关出具的未退税或出口退税款已收回的证明和原出口退税专用报关单，凭以办理退运手续。

2.

（1）该批货物申报进口时，除了常规的发票、箱单、提货单、进口报关单外，还要有入境通关单、自动进口许可证。

（2）对进口货物收货人来讲，如果对发运的货物不熟悉的话，应该在申报前看货取样，以便确定货物的确切数量和品种，否则，如果恰逢海关查验时才发现问题，那么这个单货不符的情况就不容易说清楚了，很可能会被海关进行涉嫌走私的调查，从而直接影响企业通关的速度。

（3）该货物实际到货210吨，除了华宁集团不同意接受的另外型号的20吨货外，应该以190吨的数量申报进口，外商同意补偿的10吨货，应该作为第二批货物单独申报入境,按照一般贸易申报进口,不属于无代价抵偿货物的范畴。

(4)错发的20吨货可以按照溢卸误卸货物对待,由发货人或者承运人出具书面证明文书,当事人可以办理直接退运手续。

3.

(1)该批货物的发票中显示 PPAP SAMPLES,PPAP 一般译为生产件批准程序,即生产件认可过程,是对生产件的控制程序,也是对质量的一种管理方法。说明这是一种供客户检验的样品,因此可以按照货样广告品申报,同时申报单位有进出口经营权,因此按照货样、广告品 A 来申报。

(2)货样的出口申报应该提交发票、箱单、出口报关单、外汇核销单。

(3)该批货物在报关时应该注意,因为货样货值在人民币3万元以下,因此免领出口许可证。虽然外汇金额较低,但是也需要外汇核销管理。管理规定,对其中单笔不收汇金额超过等值500美元的货样广告品出口核销时,取消需提供贸易双方签订的合同或协议的规定,外汇局直接按不收汇差额核销处理。

中华人民共和国海关出口货物报关单

预录入编号:　　　　　　　　　　　　　　　海关编号:

出口口岸	备案号	出口日期	申报日期
经营单位 无锡锡孚国际贸易有限公司 (320231×××)	运输方式 航空运输	运输工具名称 CA3202	提运单号 99987908844_10539636
收货单位 无锡锡孚汽车配件有限公司	贸易方式 货样广告品 A	征免性质 一般征税	结汇方式 T/T
许可证号	运抵国(地区) 意大利	指运港 罗马	境内货源地 无锡其他
批准文号 045365427	成交方式 FOB	运费 为空	保费 为空	杂费
合同协议号 DS45164811	件数 1	包装种类 纸箱	毛重(千克) 3.23	净重(千克) 2.13
集装箱号 0	随附单据		生产厂家	
标记唛码及备注				

续表

项号	商品编号	商品名称、规格型号	数量及单位	最终目的国(地区)	单价	总价	币制	征免
01	×××××	汽车发动机专用法兰	2.13 千克	意大利	3.2040	16.02	USD	照章征税
		Folm100031	5 件					

税费征收情况

录入员	录入单位	兹声明以上申报无讹并承担法律责任	海关审单批注放行日期(签章)	
报关员			审单	审价
单位地址		申报单位(签章)	征税	统计
邮编	电话	填制日期	查验	放行

主要参考书目

[1] 海关总署报关员资格考试教材编写委员会. 报关员资格全国统一考试教材[M]. 北京:中国海关出版社,2009.

[2] 海关总署报关员资格考试教材编写委员会. 2001-2005年报关员资格全国统一考试试题新解[M]. 北京:中国海关出版社,2006.

[3] 海关总署报关员资格考试教材编写委员会. 历年试题标准答案及详解[M]. 北京:中国海关出版社,2009.

[4] 中国海关[J]. 2007~2008. 中国海关杂志社.

[5] 张援越. 报关原理与实务[M]. 天津:天津大学出版社,2008.

主要参考网络资源

[1] 中国海关网 www.customs.gov.cn
[2] 萧山出入境检验检疫局网站 www.xs.zip.gov.cn
[3] 中国外向型企业网 www.customs.168.com
[4] 江苏省地方税务局网站 www.jsds.gov.cn
[5] 海关通 www.customslawyer.cn
[6] 北京报关协会网站 www.jbeport.gov.cn
[7] 中国报关协会 http//chinacba.org/
[8] 中国关贸网 www.cctnet.com.cn
[9] 中国海关事务网 www.51cus.com
[10] 上海闵行出口加工区网站 www.fengpu.com

图书在版编目(CIP)数据

报关实训/刘庆珠主编. —北京:首都经济贸易大学出版社,2009.9
ISBN 978 – 7 – 5638 – 1707 – 8

Ⅰ.报… Ⅱ.刘… Ⅲ.进出口贸易—海关手续—中国—高等学校—教材 Ⅳ.F752.5

中国版本图书馆 CIP 数据核字(2009)第 130944 号

报关实训
刘庆珠　主编

出版发行	首都经济贸易大学出版社
地　　址	北京市朝阳区红庙（邮编 100026）
电　　话	（010）65976483　65065761　65071505（传真）
网　　址	http://www.sjmcb.com
E – mail	publish@ cueb.edu.cn
经　　销	全国新华书店
照　　排	首都经济贸易大学出版社激光照排服务部
印　　刷	北京地泰德印刷有限责任公司
开　　本	787 毫米×980 毫米　1/16
字　　数	374 千字
印　　张	19.5
版　　次	2009 年 9 月第 1 版第 1 次印刷
印　　数	1 ~ 4 000
书　　号	ISBN 978 – 7 – 5638 – 1707 – 8/ F · 981
定　　价	28.00 元

图书印装若有质量问题,本社负责调换
版权所有　侵权必究